365
tips para
cambiar tu vida

Héctor *Apio* Quijano

365
tips para
cambiar tu vida

Agradecimientos

Quiero agradecer principalmente a mis ángeles y a mis maestros espirituales, a Rosa Mística, a San Charbel, a las hadas y duendes, y a todos aquellos que brillan por protegernos.

Gracias a Editorial Planeta, y a cada uno de ustedes, en especial a José y a Doris por su amor, su paciencia, enseñanza, pero sobre todo por seguir creyendo en mí.

Gracias a la Roska por ser mi fuerza, por crecer juntos, por el corazón dorado que lograste unir y por los sueños que he alcanzado a tu lado, por ser mi seguridad, mi calma. Eres la razón de mi día a día, eres el camino de mi historia, eres mi verdad, lo tangible y lo intangible, ¡eres Cuerna! El lugarcito en medio de tanto ruido que se ha convertido en nuestro refugio.

Mamá, porque eres grande en mi corazón, siento lindo cuando me dices que me admiras, pero mucho más al saber que te tengo como mamá, y que la admiración es mutua. Gracias por estar en los momentos más importantes de mi historia, y por darme lecciones de vida tan significativas que me convirtieron en lo que soy; gracias por aceptarme y cuidarme como lo has hecho, porque no importa dónde viva, tus brazos siempre son mi casita, gracias.

Heri: gracias por unir a la familia y aceptarla como es. No ha sido tarea fácil, pero qué buen equipo hemos hecho. Todo mi agradecimiento.

Gracias, Jessa, por ser camino, has sido mi pasado, presente y futuro; y sin importar lo que hayamos vivido, eres eterna; ya estamos grandes, jajaja, pero juntos, la juventud siempre nos acompañará.

Pon: hay cosas en la vida de las que no me arrepiento cómo han sucedido, pero la más importante es que sigas en mi vida. Te convertiste en mi mejor amigo y en mi hermano porque seguimos platicando con la intensidad que nos caracteriza, con el sentido del humor que siempre nos ha hecho llorar de risa; gracias por saberte cerca y seguir siendo familia.

Fede, hermana, aunque los pasos no han sido fáciles, admiro tu fuerza y valentía ante la vida, me siento orgulloso de tener una hermana que sin necesidad de nada ni de nadie ha logrado brillar; no se me olvida lo que te dijo una vez la bruja: que serías tan famosa como el sol y la luna, y no sé si eso sea en el mundo, pero para mí brillas como el sol y la luna. María y Sebas creen en la magia y la calle de las sirenas, que su má y su tío venimos de ese hermoso lugar.

Lal: no sabes la emoción que me da verte contento con la vida que siempre deseaste tener, y que yo siga siendo parte de ella. Qué lindo es saber que tengo a mi sobris Luciana y que ahora tu corazón será compartido. Fer: gracias por hacer tan feliz a mi hermano, por traer un solecito a la casa y, sobre todo, por llenar a la familia con flores y tu amor.

Steps: me gusta descubrir lo madura que eres para vivir la vida, siempre me llenas de lecciones; por ser tan parecidos hemos sabido divertirnos, desde un café a un viaje a Las Vegas. Nunca olvides ser una princesa, que la vida te regalará castillos y, mientras suceda, yo estaré ahí.

Rod y Dari: aunque la vida no nos haya dado la cercanía para convivir a diario, sé que los tengo.

A mi papá: porque en un punto nos encontramos, y qué lindo fue saber que lo hicimos soñando; pronto volveremos a enseñarle al mundo que de todo sueño nace una realidad.

Tía Paty: gracias por tus consejos y los múltiples viajes a Acapulco, donde no importaba qué tan bien o mal nos encontráramos, nos unió para curarnos las heridas y cuidarnos uno al otro.

A Pau y tío Julián: por ser parte de mi familia, y por las comidas tan llenas de anécdotas y gratos momentos.

Mali-Mal: siempre que te pienso se me corta la voz, eres una debilidad en mí, no conozco a persona más entregada, fuerte y dedicada por aquellos a quienes ama, me siento tan afortunado de ser uno de ellos. Siempre que quiero escaparme de la realidad para encontrarme, estás ahí con un *scone*, una camita que me apapache y un tecito caliente; gracias, Mal, por ser certeza. Bobby thanks for being part of the family history, for being such a beautiful human being, but specially for taking such good care of Mali.

A las del corazón roto: Juana, Mary, Gimey, Jessa, Fede, Car, Adri, Aline, Mali, Steps, Ana, y agrego a Mich, Fer y Jacky. Son mis hermanas, nunca duden de su capacidad de amar, ya vieron lo que hicieron con mi corazón, lo expandieron como nunca creí. Amo a mis 14 princesas y las llevo siempre conmigo.

A Jose: mi nana, mi protectora, mi amiga que en silencio cuidas de mi alma, gracias.

A la familia Brand de Lara: sigamos prendiendo año con año nuestra velita, que no hay ritual más bonito; siempre juntos, siempre de la mano.

Pita: sabes lo mucho que te quiero, y aunque hablemos poco, te llevo siempre a donde vaya.

Dianis: una amiga que me dieron los ángeles, gracias, y aunque pase el tiempo, seguimos dándonos tanto amor.

Amigos que descubrí por la Roska: los llevo siempre conmigo.

A mis fans, amigos, pacientes, alumnos, pero, sobre todo, a mis lectores: les entrego mi tercer libro, fue creado para ustedes, lleva una parte de quien soy y una gran parte de quien eres. Espero que en cada página encuentres un aprendizaje, una sonrisa o un buen momento para llevarlo contigo.

A Yordi por apoyarme y creer en mí.

Picnic, Angie, Mel, Oli, Elsa, Malu: son lo máximo; reunirme con ustedes es como estar en casa, es encontrarme con un equipo único y auténtico, es sonreír y saber que todo está bien.

Montse y Yolanda: por su amistad incondicional, y aunque pasen los años, la vida nos sigue propiciando encuentros.

Pepillo: porque siempre he recibido tu apoyo, no importa cómo ni cuándo, sé que puedo confiar en ti; gracias por darme esta certeza.

Maxim: encontrarte en mi vida me llena de emoción, siempre lees mis libros y les pones la atención necesaria, gracias por apoyarme y ser mi amiga.

Al programa *Hoy*: gracias, Carmen, por creer en mis palabras y darme un espacio para expresar lo que llevo dentro; qué lindo es ver a una persona espiritual como tú en un mundo tan complejo; demuestras que la espiritualidad está en todos lados.

Ahora quiero comentarles que en mis cursos de psiquismo o en el de sexto sentido han estado muchos hermosos seres humanos, entre ellos un equipo que ha trabajado conmigo mucho tiempo, el cual creo capaz de ayudar a quien lo necesite; son consejeros espirituales. Aquí les dejo sus nombres y *mails* para que cuando necesiten de su ayuda, los busquen y reciban su apoyo:

Héctor Luna <hec333@gmail.com>
Karla Fernández <kfer34@hotmail.com>
Itzel Güemes <nicecrazygirl@hotmail.com>
Nadia León <nadia_leon@hotmail.com>
Irma Obregón <irmaobregon@prodigy.net.mx>
Alejandra Gallardo <alegallard@hotmail.com>
Andrea Cornejo <andreacornejo403@hotmail.com>
Claudia Carbo <claudiacarbo@hotmail.com>
Adriana Vega <addyvs@hotmail.com>
Alejandro Castro <ACAstroc2004@yahoo.com.mx>
Alejandro Esquivel <alexer7@gmail.com>

Introducción

Puedo decir que *365 tips para cambiar tu vida*, cambió la mía, la de muchos pacientes que he tratado en terapia, así como la de otras tantas personas que he conocido.

Los lectores de mis libros anteriores se preguntarán por qué en éste cambié de temática y enfoque. La razón es simple: porque estamos en la Nueva Era, donde todo debe ser más claro entre los seres humanos y, de hecho, considero que nos faltan herramientas para llegar a la verdad interna, ésa que está dentro de nosotros. Necesitamos estar mucho más preparados emocionalmente y, sobre todo, más fuertes para lo que vendrá...

Llevamos un ritmo de vida en el que nuestro día a día se ha convertido en una guerra de supervivencia; ¿a cuántas personas cercanas o a ti mismo les han roto el corazón? ¿O no encontramos salida a los problemas, o nuestro trabajo es un martirio diario y no podemos salir corriendo y dejar todo?

¿Cuántos vivimos preocupados por tener dinero y lo perseguimos con miedo a dejar de tenerlo en un futuro próximo?

¿Cuántos nos sentimos vulnerables ante la influenza, el cáncer o virus y enfermedades que ni sabemos de dónde salen?

¿Cuántos sentimos que la vida no tiene sentido?

¿Cuántos nos preguntamos para qué vivir?

Tenemos miedo de salir a la calle, de los secuestros, de las mafias, pero sobre todo escuchamos malas noticias, una tras otra. ¿Por qué no existen noticiarios positivos? Claro, porque no venderían. Pero entonces, ¿por qué aceptamos ver los aspectos malos de la vida?

Uno de los principales problemas con que me encuentro al ayudar a la gente es que nos sentimos solos. Todo el tiempo oigo: *Solo a mí me pasa esto. Solo yo puedo pensar en eso. Solo yo sufro, la vida me sigue tratando mal.*

¿Sabes? Una vez yo me sentí así, y una amiga me dijo: *No te creas tan especial, que solo a ti te pasan cosas, y solo tú sufres; nos pasa a todos, pero depende de cada uno querer salir adelante o aferrarse a seguir sufriendo.*

¡Wow!, ese comentario me transformó. Efectivamente, somos muchos a los que no nos salen bien las cosas o que pensamos de manera negativa. Somos todos, o la mayoría, que seguimos comparándonos con los demás: *Él sí tiene eso. A ella le va bien. Ella encontró el amor. Ella es más bonita. Él tiene un mejor sueldo…* y la lista no termina.

¿Realmente quieres seguir en esa negatividad? Si uno desea cambiar, tiene que tomar la decisión de hacerlo, no esperar a que algún día por sí mismo cambie; eres tú quien tiene que dar el primer paso. Cuando menos cuenta te des, te sentirás satisfecho de quien eres y de tus logros.

¡No venimos a esta vida a ser los más eficientes, sino los más vivos!

¿Estás realmente preocupado por vivir? ¿O sigues esperando tener algo que aún no tienes?

Todos queremos que las cosas se resuelvan a la de ya; *Si me enfermo, dame una pastilla, y ya.* Si buscas el amor, tiene que estar en la esquina, si no, la vida no vale nada. Queremos ganar mucho dinero en el mejor empleo, en el mejor ambiente y con el mejor horario, ¡pero ya! Si de eso se trata, entonces todos queremos lo mismo y, claro, todos podemos lograrlo, pero la iniciativa y la perseverancia tienen que ser nuestras.

La pregunta eterna es: *Ya sé que debo ser feliz, ¿pero cómooooo? ¿Por dónde empiezo?*

Y te entiendo.

Te dicen:

—¡Échale ganas, tú puedes!

Contestas:

—Ajá, ¿y cóoomoo?

Bueno, lo mismo me pasó; las palabras no eran suficientes para cambiarme, necesitaba hacer tareas, actividades y ejercicios con los que realmente sintiera que estaba haciendo algo por mí.

365 tips para cambiar tu vida probablemente no será la varita mágica ni la pastilla que te cambie la vida de un día para otro, pero sí puede ser tu compañero, tu amigo y, a la larga, tu consejero espiritual. Aquí encontrarás consejos, cuentos, canciones, ejercicios, terapias, datos curiosos, rituales, magia y mucho más. Abarco tus problemas personales de la A a la Z, valiéndome de enseñanzas de maestros, libros, vivencias personales y tips con los que te identificarás fácilmente.

Date la oportunidad de leerlo, escúchalo, siéntelo, hazlo tuyo, abrázalo, y deja que los consejos abran tu perspectiva de vida. Recuerda que lo que tu mente piensa o dice no es lo único que existe.

Tienes en tus manos una posibilidad de cambio con las respuestas a tu cotidiano *¿cómo le hago?*

Aquí está la señal y la oportunidad. Estará en ti si en verdad quieres ser feliz y hacer algo por tu ser.

Espero que disfrutes este libro tanto como yo al escribirlo.

Libro en blanco (tu *scrapbook*)

Este es tu primer día, el inicio de una etapa en tu vida y, por ello, el más importante. Es el comienzo de un cambio, con todas sus nuevas experiencias, emociones y aventuras a las que vas a enfrentarte. La mejor forma de empezarlo es conseguir un libro o cuaderno con las hojas en blanco. ¿Para qué? ¿Has escuchado alguna vez del *scrapbook*? Es el álbum que decoras con tus fotos y dibujos, estampas y muchas otras cosas; digamos, como tu diario.

En forma dinámica y autodidacta, en tu *scrapbook* podrás escribir y monitorear todo tu desarrollo personal. Por ejemplo, si es el día de sembrar un árbol, puedes pegar en tu libro una semilla, una hoja, una foto, y en la parte superior escribir: *el árbol que sembré*. Trata de hacerlo día con día, no sabes qué librazo tendrás al terminar estos 365 días de cambio.

Eso demuestra interés y las ganas de llevar un control sobre cualquier cosa que inicies en tu vida. Siempre que le ponemos empeño a lo que queremos, resultan cosas favorables; entonces, tu primera misión es ir a comprarte un libro o cuaderno especial. Una vez que lo tengas, le pones palomita a tu primer día y es el momento de comenzar...

Tómate tu tiempo

Es muy fácil decir *quiero hacerlo*, pero del plato a la boca se cae la sopa. Lo primero que debes saber acerca de este libro es que te pondrá tareas constantes sin importar si es invierno o verano, lunes o domingo; tú deberás ponerle la atención que se merece. Por lo tanto, dedícale el tiempo que se te pide para así conseguir tus objetivos.

Esto lo digo porque los cambios se logran cumpliendo tareas como las que aquí te propongo, las cuales se llevan su tiempo, pero en tu completo beneficio. Cualquier cosa que desees puede lograrse, solo necesitas trabajar en ello y darle el tiempo necesario para que se realice.

Siempre que empieces una tarea, un trabajo o un objetivo, piensa muy bien en el tiempo que le vas a dedicar, en la intención, y en todo lo que se necesite para lograrlo. ¡Sin prisas! Así no tendrás problema alguno para cumplir con tus retos. El tiempo es oro, no por lo breve sino por lo que puedes hacer con él. La ciencia del tiempo es saber administrarlo.

Trabaja en ello...

Dispuestos al cambio

Puede ser que ya tengas el libro o cuaderno en blanco para empezar tu *scrapbook*; que ya hayas planeado el tiempo que vas a dedicarle, pero dime algo, ¿estás consciente de qué cosas de tu persona quieres cambiar? Y aun sabiendo esto, ¿estás dispuesto a cambiar?

No basta con que una persona sepa que quiere hacer modificaciones en su vida, se requiere de mucho más que solo saberlo, se necesita tener convicción para llegar hasta el final. Si realmente quieres que tu mundo cambie, necesitas estar listo y comprometido contigo mismo.

Vas a conocer y a realizar cada ejercicio y actividad que he incorporado en este libro, sin importarte qué tan difícil o fácil sea, te guste o te dé flojera; es un compromiso contigo mismo para que tu vida dé un giro total y cumplas con lo que te propones.

Al final sabrás que la recompensa es realmente valiosa y gratificante y, sin darte cuenta, tú y tu entorno habrán cambiado, generando así las oportunidades que jamás creíste obtener.

Empieza un proyecto

Imagínate que tu coche o el de un amigo se descompone, y no hay de otra más que empujarlo a la orilla; puedes darte cuenta de que el primer empujón es el más pesado, ¿cierto? ¿Pero qué sucede después? El coche se mueve y fluye sin problema. Es lo mismo cuando uno decide ser emprendedor y comenzar un proyecto; el principio puede ser muy tedioso, pero ya encarrerado no hay quien te pare.

Debo comentarte que arrancar con las tareas que te doy en este libro no es cosa de dos o tres días. Para realmente comenzar y agarrar vuelo, necesitas haber cumplido con los retos y metas que aquí te propongo por lo menos 30 días seguidos, ya después te será muy fácil seguir paso por paso.

Si hoy en tu vida te encuentras en una situación difícil y no sabes cómo actuar, recuerda que la parte más complicada es la que estás viviendo, pero al tomar la decisión que sea el siguiente paso será más sencillo.

No te preocupes y da el primer paso, no es necesario ver las consecuencias que acarrearán, solo empieza, después ya veremos...

Sonríe todas las mañanas

Siempre en la mañana, al despertar, es importante ir al espejo y sonreír por tres minutos. Te preguntarás por qué.

Una sonrisa crea un aspecto positivo en tu día que empieza; genera mejores expectativas sobre tu futuro; potencializa tu capacidad de reírte y tu sencillez; produce serotonina y endorfinas, que son sustancias químicas generadas por nuestro cuerpo y que promueven la felicidad.

Sonreír ayuda a vivir de una forma más sana porque tu energía no disminuye; por el contrario, aumenta y, por lo tanto, tu cuerpo no atrae los virus y enfermedades que están en el medio ambiente. Si sonríes, lograrás superar el dolor físico y emocional con mayor facilidad, apreciarás más la vida y mejorarás tu sueño.

Lo más importante: es probable que tu mente no esté acostumbrada a sonreír porque no lo siente, pero si la obligas a que sonría diariamente durante tres minutos, después de 21 días se lo va a creer y sentirás una energía muy distinta de la que ahora sientes.

¡Date la oportunidad de regalarte una sonrisa todos los días!

Aprende a visualizar

Cuando vamos a terapia o tomamos algún curso en el que necesitamos activar nuestra imaginación, siempre nos piden visualizar. La verdad de las cosas es que existen personas que no saben cómo hacerlo, cierran los ojos y se les complica mantener una imagen, o ni siquiera pueden verla.

En este libro existen varios ejercicios donde te voy a poner a visualizar porque es una herramienta fundamental para entrar en conexión con tu centro, por eso el día de hoy te voy a dar estos tips para que aprendas a hacerlo:

Cierra los ojos e imagina un círculo rojo, ¿puedes verlo?

Ahora imagina que ese círculo está en un lugar verde, ¿lo puedes ver?

Abre los ojos.

Ciérralos nuevamente y ve que lo verde tiene forma de hojas y árboles, ¿los ves?

Abre los ojos.

Ciérralos otra vez y observa que no es un círculo, sino más bien es una pelota roja en medio de un bosque, ¿puedes verla?

Abre los ojos.

Cierra los ojos y ve cómo esa pelota se hace más pequeña hasta desaparecer, y solo queda el bosque, ¿lo ves?

Abre los ojos.

Cierra los ojos una última vez y ve que llega al bosque un hermoso caballo blanco que se acerca a ti con mucha ternura.

Ahora abre los ojos.

¿Pudiste ver todo lo que te pedí? Si no es así, inténtalo una vez más, aunque sé que te fue muy bien.

Esto es visualizar.

La belleza

Un día, platicando con mi maestro de herbolaria, me contó una historia que me conmovió mucho.

Me preguntó si sabía por qué las rosas no deben colocarse cerca de otra flor, como las margaritas. Lo primero que vino a mi mente fue: *por presumidas*, pero me dijo que no; por el contrario, cuando las rosas se sienten rodeadas de otras flores, piensan que son las más feas y se dejan morir. Una rosa nunca ha creído ser la flor más hermosa, aunque siempre lucha por serlo, si bien nosotros sabemos que es de las flores más bellas del jardín.

Cuántas historias no he escuchado de mujeres y hombres que se sienten como las rosas. Cuando ven que la belleza de su entorno es de una forma, entonces tratan de asemejarse y ser una o uno más, y se hacen cirugías y otras cosas para parecerse a algo que les aleja de su verdadera belleza. Sin embargo, los demás notamos que, precisamente por ser tan diferentes y únicos, son una belleza exótica y diferente.

¿Te queda el saco? ¿Te has sentido fea o feo frente a tus amigos o familiares? Pero qué importa…, si tú eres la rosa y no las miles de margaritas.

No tengas miedo

Hacer algo que te dé miedo amplía tu capacidad evolutiva y espiritual, te ofrece seguridad en tus proyectos y logra superar momentos complicados.

¿Tienes miedo de cantar frente a la gente? Hoy es el día para hacerlo.

¿No te atreves a acercarte a la persona que te gusta? Hoy es tu día.

Como de entrada ya tienes el *no*, ahora ve por el *sí*.

Ponte a bailar en plena calle, diviértete contigo.

Hoy haz algo que rompa con tu yo cotidiano.

No tengas miedo de quien eres y quien puedes llegar a ser.

Yo siempre tuve miedo a los paracaídas y todo lo que fuera aventarse de las alturas; sin embargo, cuando fue mi día de superar miedos, decidí aventarme en paracaídas. Lo primero que pasó por mi mente fue no pensar en nada, ni siquiera en las consecuencias de mis actos a un futuro próximo, simplemente dije que sí y sería fiel a mi palabra. Sabiendo esto, me aventé sin titubear. Créanme que la primera sensación no fue tan agradable, pero al final disfrute mucho el viaje, y no solo eso, sino que creí mucho en mí arriesgándome a vivir mis miedos.

Entendí que el miedo no es tu enemigo, simplemente te dice por dónde es tu camino.

La importancia de la palabra

Cuántas veces nos hemos descubierto diciendo: *juro que dejaré de hacer esto o lo otro*. Por ejemplo: *A partir de hoy, ya no voy a fumar,* y tres días después dices: *Ash, no lo logré, ni modo.*

¿Sabes lo que estás haciendo? Devaluando tu palabra. ¿Sabías que el sonido y la luz son las únicas frecuencias que pueden atravesar el tiempo y el espacio? Imagínate que tu voz tiene el poder de atraer magnéticamente cualquier cosa que deseas, ¿pero qué pasa si cada vez que dices algo no lo cumples? La energía universal podría no favorecerte, y cuando realmente quieras algo del universo, es posible que te cueste más trabajo conseguirlo.

Hoy como tarea proponte una meta, por ejemplo: *Voy a hacer ejercicio toda la semana.* Debes cumplirlo como si fuera lo último que hicieras. Si vas logrando pequeñas metas, créeme que el universo, la gente y tú confiarán en tu palabra y obtendrás mejores cosas cumpliendo tus objetivos, teniendo más satisfacciones y menos desilusiones.

Aceptar y pedir perdón

Pedir perdón no es más que aceptar los sucesos sin buscar culpables; siempre que nos duele algo lo primero que hacemos es buscar quién nos la hizo o quién nos la paga, pero al final qué importa quién te lo hizo si a quien le duele es a ti. Entonces, resuélvelo tú mismo. Repite conmigo estas palabras:

Acepto que (dices el nombre de la persona) es (dices la forma como tú crees que es). Admito que es un ser humano con situaciones y vivencias que lo han llevado a reaccionar como muchos no esperábamos, mas no pretendo cambiarlo, pero sí aceptarlo.

No es necesario tener a la persona cerca de ti para que te sientas lastimado, simplemente acepta los hechos y decide rodearte de quienes te hagan feliz y te ayuden a crecer. Recuerda también que nadie te hace daño, tú eres quien elige lastimarse.

Deja de maldecir al vecino, quien lo resiente es tu cuerpo y tu alma, no la otra persona. Pedir perdón es un reto, y si lo logras, habrás ganado victorias.

Ritual de la manzana roja

Se necesita una manzana roja y una pluma. ¿Por qué manzana roja? Porque está cargada de un compuesto llamado antociani- na, que se detona cuando recibe los rayos del sol. Por lo tanto, si una manzana está completamente roja es por la activación energética solar, lo cual le va a proporcionar poder a tu deseo que escribirás con la pluma alrededor de la manzana. Debes meditar muy bien en tu deseo para que el ritual tenga efecto.

Hay que estar en un jardín o en el campo para que puedas cavar un pequeño hueco en la tierra; ahí vas a enterrar tus pies descalzos; sostienes en una mano la manzana roja donde escri- birás lo que deseas, tomando en cuenta ser lo más claro y conciso posible. Escríbelo manteniendo los pies enterrados, y cuando ter- mines, desentiérralos.

Entierra la manzana en ese mismo hueco donde enterraste tus pies, diciendo estas palabras:

Creo en la energía universal que me da lo que necesito.
Lo dejo en sus manos.

Cierra los ojos, visualiza cómo se logra tu deseo y eso es todo.

Cambia el sentido de las frases

Nuestro vocabulario se ha vuelto nuestro mayor enemigo, es el que nos mete el pie y nos complica la vida. ¿Sabías que cada vez que decimos *no tengo, no puedo, quisiera, ojalá, es difícil, me duele, trato, qué tonto soy*, etc., nos hacemos más difícil el camino? La vida no solo se trata de llegar a la recta final, más bien es disfrutar el trayecto antes de la meta. ¿Pero cómo vamos a llegar si para todo decimos que la vida es difícil? Obvio, la vida será más complicada. Sigue este ejemplo para que veas la diferencia entre las frases; repite conmigo:

Tengo que ir a trabajar (es una obligación), por

Quiero ir a trabajar (es una opción).

Soy culpable (nos flagelamos), por

Soy responsable (somos personas fuertes aceptando una acción).

Me duele el cuerpo (aquí todo tu cuerpo se bloquea), por

Tengo una sensación en el cuerpo (el cuerpo descubre lo que siente y lo libera).

Soy un tonto (nos hacemos menos), por

Estoy aprendiendo de esta experiencia (crecemos con la experiencia).

Es difícil (es casi imposible), por

Es viable (es posible).

¿Percibes diferencia en tus sensaciones corporales? Si observas, ninguna frase es mentira, pero una te hace el camino más fácil y la otra no.

Hoy escribe todas las frases que comúnmente te dices y te sientes mal al hacerlo, y transfórmalas en oportunidades como en los ejemplos anteriores.

Día de silencio

Vivimos en una constante de hablar todo el tiempo y originalmente se dice que Dios o la vida misma crearon nuestras cuerdas vocales para transmitir lo que el corazón siente, pero creo que al paso del tiempo ya nada más hablamos por hablar. Empezamos a decir cosas que no son, con frecuencia nos equivocamos, ni siquiera pensamos en lo que vamos a decir, nos soltamos como merolicos y sin finalidad alguna.

Cuando uno deja de hablar, empieza a recordar qué es lo que verdaderamente vale la pena decir y las cuerdas vocales se limpian. No te pido que dejes de hablar un año, solo un día, y trates de comunicarte con los demás utilizando otros sentidos, o actúa y exprésate con los ojos, con movimientos corporales, busca todas las maneras posibles, excepto escribir (ese es otro ejercicio), y cuando menos te des cuenta, habrás recuperado tu voz y agradecerás el sonido de tus cuerdas porque te escucharás como nunca antes.

El silencio es el primer paso para oír a tu ser interno.

Los cinco sentidos

Siempre nos referimos a lo que *nos falta*, a lo que *no nos gusta* o a que en nuestra vida *no pasa nada*. ¿Pero qué tan cierto es esto?

En este mes que ha pasado dime algo auditivo que haya cambiado tu vida. Tienes que recordar el día y el momento. Si no llega algo a tu mente, vamos con las siguientes preguntas:

- Dime algo olfativo que haya transformado tu vida. ¿Te llega algo a la mente?
- Ahora dime algo del gusto que haya influido en tu vida.
- Dime algo visual que haya cambiado tu vida.
- Dime algo sensible al tacto que haya cambiado tu vida.
- ¿Te costó trabajo saber? ¿Hubo alguno que no supieras?

Los cinco sentidos son los medios para recibir estímulos de nuestro entorno, y si no prestamos atención a todo cuanto ocurre en éste, perderemos el sentido de la vida misma. Una vacación es bien recordada porque nuestros sentidos se abren: olemos el aroma del coco, sentimos la arena, comemos pescado, vemos el mar, escuchamos las olas, etc. Pero solo recordamos eso, las vacaciones. Nuestra vida es mucho más que eso.

Tu ejercicio de hoy es buscar los cinco sentidos de tu día; observa con mayor detenimiento las cosas, busca un olor que te envuelva, prueba algo de comer que te encante, busca en tu música una canción favorita; en fin, encuentra tus cinco sentidos y descríbelos.

Este ejercicio debe hacerse a diario, aunque está en ti querer hacerlo o no... pero hoy es importante que lo hagas.

Ser protagonista

Vivimos una obra de teatro en la cual todos los seres que amamos, y aquellos a quienes no queremos tanto, se encuentran en el mismo escenario. Mis preguntas son:

- ¿Te sientes el protagonista de tu historia?
- ¿Estás en medio del escenario o dónde te encuentras?
- ¿Existe alguien como protagonista?
- ¿Quién es?

Muchas veces estás tan ensimismado con la frustración, la tristeza o el enojo hacia alguien que esa persona se convierte en tu protagonista. Pero perdóname, aquí el *mero mero* eres tú, y nadie más. No dejes que te quiten tu papel, eres una persona única y auténtica. No hay nadie en este mundo como tú. ¿Entonces por qué vas a ser un personaje X de tu obra de teatro o el que no quiere salir y confrontar su vida?

Retoma tu lugar y desde ahí observa a todos los personajes que se encuentran contigo. ¿Qué tanto te quieren decir los aparentemente buenos como los que parecen ser malos?

Aprende y para la próxima vez no pierdas tu papel de ser el número uno.

Hay que saber rendirse

A veces nos topamos con que somos tan agresivos con nosotros mismos que no nos permitimos equivocarnos ni un segundo. *No me puedo caer, no puedo llorar, tengo que ser fuerte, debo callarme las cosas, nadie me puede ver así, no puedo fracasar, no debo rendirme...*, y esto puede convertirse en algo de todos los días.

Forzarte puede convertirse en una agresión contra ti mismo. ¿Pero sabes algo? Todos nos equivocamos constantemente, todos nos perdemos en el camino alguna vez. ¡Basta de sentir que debemos luchar todo el tiempo como si viviéramos una guerra que tenemos que ganar!

Hoy en lugar de luchar y desgarrarte por la vida, te doy permiso de que te rindas, suéltalo, déjalo ir... **¡Relájate!** Te juro que no se te va a acabar el mundo; por el contrario, cuando te rindes das el primer paso que se convertirá en un gran logro. Aunque sea girar la manija de tu puerta se convierte en un éxito.

Hoy, ríndete, deja a un lado las cosas que no te dejan dormir y disfruta el día. Hazlo.

Revisión de tu pasado

Esta revisión es una meditación que te ayuda a desechar todo lo que ya no quieres de tu pasado, y lo que sí deseas conservar.

Busca un lugar cómodo, siéntate o acuéstate y cierra los ojos. Imagina que llega un ave y te lleva por todo tu pasado, mientras inhalas y exhalas profundamente. Al tiempo que te encuentres volando, puedes ver las cosas que no te gustaron, tus miedos, mala salud, frustraciones, relaciones destructivas, etc.

Ahora el ave toma una nueva dirección y te enseña todas las cosas que sí te gustan de tu pasado: tus viajes, ganancias, logros, amores, diversión, espiritualidad, servicio, ayuda, etc.

Una vez hecho el trayecto, le pides a tu ave que te regrese a donde te encuentras.

Respira profundo y abre los ojos. Toma un cuaderno por la mitad y del lado izquierdo escribe todo lo que no te gustó, mientras que del lado derecho anota lo que sí te gusta. Así representamos el lado izquierdo como pasado y el derecho como presente y futuro.

Una vez hecho esto, toma la hoja del lado izquierdo con todo lo que no te gustó, arráncala y tírala a la basura, cierra el cuaderno y quédate con todo lo que sí te gusta.

Día de campo

Hoy vas a improvisar un día de campo, posiblemente si es entre semana y tienes trabajo con horario no quieras hacerlo, pero no es tan complicado y si le echas ganas tendrás un día de campo muy especial.

Sales del trabajo o suspendes las ocupaciones que tengas, y solo necesitas ir a un súper para comprar bolillo, jamón, queso, una botella de agua o de vino tinto si gustas, tal vez un chocolate de postre. Buscas el parque más cercano, escoges un paraje que te agrade y te das tu rico banquete.

Cuando comes entre lo verde de la naturaleza, tu estado físico y mental cambia, te relajas, te limpias, te liberas de las presiones del trabajo, aunque sea por un par de horas. Por eso es que te recomiendo hacerlo en un día de trabajo normal, es mejor; y por qué no invitar a alguien y disfrutar de una agradable compañía, y por qué no hacerlo una vez por semana.

Tenemos a nuestro alrededor miles de oportunidades para hacer de un día cotidiano uno diferente y sanador. Sal un día de la semana del rutinario restaurante o de la comida casera, enséñate a apreciar un buen rato en compañía, con una rica comida en medio de árboles y flores.

Solamente ser

Todo el tiempo estamos buscando el equilibrio en nuestras vidas para así ser felices. Sin embargo, ¿te imaginas cómo podría ser equilibrado el día sin la noche?, ¿o cómo puede equilibrarse el blanco sin el negro?

Siempre huimos de nosotros mismos, de nuestra oscuridad y de lo que no nos gusta de nuestro ser, pero ponte a pensar: ¿qué seríamos sin eso?

¿Cómo crees que sea la naturaleza? ¿Buena o mala? De seguro pensarás que buena, por sus creaciones tan hermosas que vemos en el mundo, ¿pero qué pasa con aquellos desastres naturales que acaban con toda una ciudad o las escenas tan salvajes que podríamos ver en el mundo animal? ¿Qué hay con eso?

¿Sabes algo? La naturaleza nunca ha pretendido ser ni buena ni mala: **solo es...** Y así también nosotros, no es que queramos ser buenos o malos, la vida misma nos empuja por diferentes caminos a cada quien, creando diferentes tipos de acciones y reacciones, pero no es que nuestras acciones sean buenas o malas: **solo son**.

Deja de juzgarte a ti y a los demás y vivirás mucho más tranquilo.

No huyas de tu propia oscuridad; por el contrario, confróntala. Cuando vemos nuestra oscuridad, estamos dándole oportunidad de que se ilumine y aceptar lo que somos.

Di siempre la verdad

Todos tenemos una forma de decir las cosas, pero muchas veces, con tal de evitar un conflicto, hacemos o expresamos algo que de corazón no sentíamos. No hay cosa más importante en este mundo que ser honesto. ¿Cuántas veces pedimos que la gente sea honesta con nosotros?

Mi pregunta para ti es: ¿siempre has sido honesto ante los demás? Puede ser que nuestro jefe nos caiga mal y, sin embargo, le sonreímos hipócritamente. Por supuesto, nos enseñaron a ser cordiales y no groseros, pero también aprendimos a ser honestos con nuestros sentimientos. No estoy diciendo que le digamos al jefe: *Sabes qué, me caes en el hígado*; pero sí podrías acercarte a él y decirle: *Creo que lo que me dijo el otro día me lastimó y le agradeceré que sea más amable*. El chiste es que si nosotros decimos las cosas desde el corazón, la verdad será sutil y con tacto.

¿Por qué le tenemos tanto miedo a la verdad? Porque creemos que la verdad duele y, como te digo, no necesariamente dolerá si hablas con palabras que vienen del corazón. Por ejemplo, cuando te preguntan si deseas ir a cenar o a bailar, y tú en lugar de decir: *Pues no tengo ganas, pero ni modo, voy*; dices: *Creo que hoy no tengo ánimo de salir, prefiero estar con mi familia*, la gente te lo agradecerá.

Por lo tanto, tu tarea del día de hoy es ser honesto con tus sentimientos. No importa lo que sea, siempre di la verdad.

Garigolear

Me encanta la palabra garigolear, y aunque no la aplico bien, pues *garigol* significa muy adornado, exagerado... entenderán por qué la uso; para mí, garigolear es cuando das mil vueltas para llegar a un mismo punto.

Hay personas que cuando les preguntas *¿Cómo estás?*, contestan: *Es chistoso que me lo preguntes, pues fíjate que ayer vi a una amiga y me preguntó lo mismo, y no sabes lo enojona que es ella, como se peleó con su novio Carlos, ¿alguna vez te hablé de Carlos?, el que estudia en la escuela de tu hermana; ay, tu hermana tan linda, ¿cuántos años tiene?, supongo que ya creció, con sus enormes ojos, qué bonita familia son, bla, bla, bla...*

¡Y ni siquiera contestan tu pregunta! Si eres de esas personas, las cosas no te serán tan fáciles, ¡porque tu garigoleo retarda el proceso de tu vida misma! Cuando te pregunten:

- *¿Cómo estás?*, debes responder: *bien o mal, o triste o feliz.*
- *¿Qué color te gusta, verde o azul?*, no contestes que en primavera te gusta uno, y cuando hace frío tienes un abrigo tal y tal... No te pierdas en el camino, responde directo, sin perderte. Es tan fácil.

¿En qué te ayuda? A serle fiel a tu intuición, a ser directo con tu objetivo, a ser claro. Responde rápido a estas preguntas:

- ¿Qué helado te gusta más, fresa o chocolate?
- ¿Mujer u hombre?
- ¿Blanco o negro?
- ¿Día o noche?
- ¿Ves qué fácil y sencillo es?

Este será tu ejercicio de hoy: hablar sin garigolear.

Utiliza la ruda

¿Has escuchado hablar de la ruda? Es un arbusto de aroma muy penetrante que seguramente habrás olido y sirve para aliviar numerosos malestares físicos, como el dolor de cabeza.

Pero eso no es todo, brujas y chamanes utilizan la ruda como un muy importante símbolo de protección. Ya que ellos ven las energías de las personas, valiéndose de la ruda pueden detectar y repeler la energía negativa de alguien que intenta hacer daño energéticamente.

Es posible que a tu casa pueda colarse algún tipo de energía negativa que llega a alterar tu estado de ánimo. Para protegerte de ello, te recomiendo que compres una planta de ruda y la pongas en la entrada de tu casa… sentirás la diferencia.

Para que veas que es cierto lo que te digo, observa si la planta se seca con facilidad, y si al poco tiempo empieza a secarse a pesar del buen trato que le des, esto se debe a que la planta está absorbiendo energía negativa que de alguna manera irrumpió en tu espacio.

El día de hoy consíguete una planta de ruda para la entrada de tu casa.

Conoce tus límites

Voy a pedirte que en este momento busques un objeto, el que quieras. Puedes tomarlo de tu bolsa, de tu escritorio, de tu mochila o simplemente búscalo a tu alrededor. Ya que lo encontraste, vas a escribir en una hoja todas las descripciones posibles acerca de este objeto. A partir de este momento describe todo lo que venga a tu mente (no leas abajo).

¿Terminaste? Ahora vas a hacer nuevas descripciones del mismo objeto, lo más distintas posible de las anteriores. ¡Empieza ya!

¿Listo? Nuevamente, vuelve a escribir más descripciones. ¡Ahora!

Hemos terminado. Este ejercicio es para darnos cuenta de cómo vemos la vida y nuestros límites.

¿Cómo ves la vida? Si describiste el objeto de una manera superficial (líneas, formas, colores, letras), es porque eres muy mental y tienes un caparazón que no permite que tu corazón se abra. Si tus descripciones refieren a eventos, emociones o sensaciones, entonces eres muy emocional y a veces es mejor pensar con cabeza fría.

¿Tus límites? Bueno, cuando te dije que escribieras más, y luego más, lograste hacerlo, lo cual te demuestra que aunque tú mismo te pongas límites, hay más. Los límites los pones tú en tu vida, dices: *hasta aquí y ya no más*, sin darte cuenta de que siempre hay más, mucho más...

Siempre esperamos...

Ese día que tanto esperamos y nada más no llega... Si vivimos enfocados en los macroeventos de la vida, permanecemos en actitud de espera continua a que llegue ese gran momento en que pueda suceder algo: la fiesta esperada, la boda, la comida, el ascenso en tu trabajo, etc.

¿Qué pasa cuando esperamos esos macroeventos? La vida se nos va esperando. ¿Y si no llegan? Nos vamos para abajo, nos deprimimos y todo porque eso que tanto esperábamos nomás no llegó. Ahora bien, ¿qué pasa si logramos ver los pequeños detalles de la vida? ¿Los microeventos?

Observa tu cuerpo por un minuto, ve de qué estas hecho. ¿Puedes ver los vellos, la piel? Pon atención y podrás ver los pequeños poros de tu piel, y si nos fuéramos a lo más profundo, podríamos llegar a ver las células que nos conforman. Es decir, te darías cuenta de que estamos hechos de microcosas que se han ido acumulando hasta formar una macrocosa.

Así es la vida. Si logras ver sus pequeños eventos, como salir a comer, emocionarte por bañarte con el champú que elegiste, hablar con tu mejor amigo, etc., te darás cuenta de que esos pequeños momentos pueden hacer tu día..., y no solo de tu día, sino de toda tu vida, ¡un macroevento!

Día sin quejas

Bienvenido al día de no quejarse. Lo primero que voy a pedirte es que busques un listón y lo amarres en el pulgar de tu mano derecha, de tal forma que puedas quitarlo con facilidad. No importa el color, solo amárralo a tu pulgar.

Hoy harás un compromiso contigo mismo; hoy será el día de *no quejas*, así como lo oyes. Cuando te descubras quejándote por algo que te suceda en el día, cambiarás el listón de dedo y ahora lo mandarás al dedo índice de tu mismo lado derecho.

El chiste de este ejercicio es no cambiar el listón de dedo, sino solo pensar y desechar la queja. Te darás cuenta de que no es tan fácil, porque nuestro cerebro, de una forma mecánica, dice lo que está acostumbrado a decir y todo el tiempo nos quejamos. Espero que pases la prueba de quedarte en un solo dedo y no lo vayas pasando de dedo en dedo recorriendo tus dos manos, y que tengas que repetir la secuencia.

Recuerda, si llega a tu mente el pensamiento quejoso, deséchalo lo más pronto posible para que no se convierta en una queja real.

¡Suerte en tu día!

Dar gracias

Si estás leyendo este libro durante las mañanas, lo cual es lo más recomendable, te voy a pedir que vuelvas a abrirlo por la noche para hacer este ejercicio.

Lo que vas a hacer el día de hoy es recordar todo lo que ha pasado en tu jornada y, al irte acordando, busca las cosas por las cuales agradecerle a la vida. Puedes agradecerle porque te encontraste con un amigo querido, o platicaste con un familiar o comiste algo rico. Puede ser porque te sentiste bien de salud o porque hay nuevas propuestas en tu vida. Quizá sea porque tu esposo o esposa, novia o novio, te llenó de besos… en fin, revisa tu día.

La idea es agradecer al final del día todo lo que puedas agradecer. Si bien es cierto que te esté pidiendo que hagas este ejercicio el día de hoy, en realidad es un ejercicio que tendrías que hacer todos los días de tu vida. Si me preguntaras a mí cuál ejercicio de este libro me ha ayudado mucho a ser feliz, es éste. Te lo recomiendo plenamente.

Una piedra liberadora

El ejercicio que vas a hacer hoy es tan simple como buscar una piedra. Búscala en un parque o un jardín, no importa dónde puedas encontrarla ni tampoco importa su volumen, pero escoge la que te parezca más pesada.

Una vez que la tengas, voy a pedirte que la traigas contigo todo el día; si ya no pudiste hoy, hazlo mañana. Si es grande, métela en tu bolsa, o en tu portafolio o en el bolsillo del pantalón si es pequeña. Lo importante es que la lleves a donde vayas. (No leas lo que sigue hasta que hayas cargado la piedra todo el día.)

Al terminar el día, quiero que me platiques acerca de tu piedra. ¿Cómo sentiste su peso? ¿Ya no la aguantabas?, o bien, ¿pudiste vivir con ella sin problema? ¿Te estorbaba o no era para tanto?

Quiero decirte que esa piedra que cargaste todo el día representa tus problemas, ¿cómo ves? Muchas veces pensamos que los problemas son un asunto mental, y sí lo son, pero nos afectan incluso en la forma de caminar, de convivir, de seguir nuestra vida. Por muy pequeña que sea la piedra, tarde o temprano necesitamos soltarla.

Hoy te pido que tomes tu piedra y le digas estas palabras:

Te dejo ir con todo y mis problemas. Me di cuenta de que cargarte no resolvía nada y, sin embargo, soltarte me dejará libre. Así, suelto mis problemas y dejo que la vida me ayude a resolverlos.

Ahora tira la piedra en algún lugar lo más lejos posible.

Licuado energético

El desayuno, primer alimento que ingerimos en las mañanas, es indispensable para sentirse contento, fuerte, activo y con energía para el resto del día. Este licuado es sorprendentemente saludable debido a los nutrientes que contiene cada ingrediente:

– **Yogur natural,** media taza. Restaura la flora intestinal, crea resistencia ante organismos patógenos, previene la osteoporosis, ciertos tipos de cáncer, alergias, ayuda en la lucha contra la anorexia, bulimia, anemia y provoca un estado saludable general.

– **Plátanos,** dos. Contienen triptófano, una proteína que nuestro organismo convierte en serotonina, sustancia que ayuda a combatir la depresión y levanta el ánimo.

– **Leche,** dos tazas. Contiene vitaminas A, B y C, riboflavina, niacina, hierro, calcio y proteínas. Destruye las bacterias nocivas en el organismo y reduce el colesterol en la sangre.

– **Vainilla,** una cucharada. Tiene efectos tranquilizantes, antidepresivos.

– **Cacahuates pelados,** 1/4 de taza. Ricos en Omega 3, vitaminas, proteínas; ayudan a combatir el colesterol malo, son antioxidantes, tienen efectos afrodisiacos y un alto contenido energético.

Después de licuar todos estos ingredientes, puedes añadirle algunos hielos.

Procura comer sanamente todas las mañanas, ya que los alimentos que elijas te permitirán mantener la energía a lo largo del día.

Juega a ser niño

¿Hace cuánto que no le prestas atención a tu niño interno? Él te enseñó a divertirte en la vida y a no tomarte las cosas tan en serio, ¿lo recuerdas?

Él te dijo que el mundo era de chocolate y la luna de chicle; que cualquier lugar era único y mágico para jugar, que no importaba un coche eléctrico o un simple palito de madera, tú podías construir mundos con dragones y castillos solo con tu imaginación.

Hoy te voy a pedir que busques un peluche o un muñeco, no importa si ya lo tienes o debas comprarlo, lo importante es que él te acercará a tu niño interno. Con él vas a jugar, comprar dulces, divertirte en tu cuarto o con amigos, pueden jugar a las escondidillas, resorte, futbol o a las luchas, brincar la cuerda…

La idea es que te diviertas con él todo el día, y al terminar la jornada, duerman juntos, como hace años lo hacías. Vuelve a ser niño solo por hoy y sé niño por siempre, pues te regresará una de las grandes alegrías del hombre: divertirse.

Baila bajo la lluvia

Habrá algunas frases a lo largo del libro sobre las cuales reflexionar, y verás cómo sacarles provecho al aplicar su mensaje a tu circunstancia personal. Se presentarán en el momento preciso para que cuando las leas, sepas que necesitas trabajar en lo que te están diciendo. Esta es nuestra primera frase:

La vida no es esperar a que pase la tormenta,
sino aprender a bailar bajo la lluvia.

Esta frase ha cambiado muchas cosas en mí. Cuando llegó a mi vida, yo solía esperar a que acabara el día sin encontrar solución al problema y me preguntaba con desesperación cuándo iba a terminar esto o aquello. Pero siempre me quedaba esperando porque, a pesar de que el problema se resolvía, siempre se presentaba uno nuevo, y había que volver a empezar.

Con esta frase aprendí a darme cuenta de que con los problemas no debemos esperar a que desaparezcan, sino aprender a resolverlos, a experimentarlos, incluso disfrutarlos, pero sobre todo a convivir con ellos y saber que son parte de tu camino, tal como la noche y el día.

Debes recibirlos cada vez con más ánimos, como cuando bailas.

Limpia tu energía

Muchas veces el campo energético y el cuerpo requieren de una limpieza especial. Si sientes que no te va bien en la vida o que alguien te ha echado malas vibras, maldiciones o el llamado *mal de ojo*, es el momento de hacer este ritual. Si bien no es fácil que alguien te haga brujería, ya que se requiere dinero, tiempo, elementos mágicos y habilidades especiales que la mayoría de las veces no funcionan, este sencillo proceso de traerá paz.

Requieres: 2 botellas de vinagre de vino tinto, 7 hojas de laurel, 3 cucharadas de romero, 3 cucharadas de ruda, 2 litros de agua mineral.

Llena una tina con agua tibia o caliente y vierte en ella todos los elementos mencionados. Métete en la tina, relájate, cierra los ojos e imagina que esta antigua receta se llevará todo lo que no es tuyo. Después de 10 o 15 minutos, sales, te secas y listo. Tu cuerpo y tu campo energético se han limpiado y purificado, y en la tina se quedó toda la suciedad.

Poción de amor

Hay algo muy importante acerca de las pociones de amor y es que, por lo general, son para alguien más, pero en realidad utilizamos energía magnética mágica que debe trabajar dentro de ti y no hacia fuera; es la mejor forma para atraer al amor verdadero, de otro modo, estaríamos haciendo brujería y, créeme, no se trata de eso.

Esta poción es muy especial y, lo mejor de todo, es de lo más sencilla. Ingredientes:

- Plato de cristal.
- Vaso con agua potable
  (éste se impregna con la energía mágica).
- Pétalos de rosa blancos (amor puro).
- Una cucharada de azúcar (da lo dulce a la relación).
- Una cucharada de sal (da la chispa a la relación).
- Tres cuarzos grandes (van a dirigir y fortalecer tu poción).

¡Eso es todo!

Pones en el centro del plato el vaso con agua; dentro del plato, alrededor del vaso, echas la sal y el azúcar; después, colocas los tres cuarzos dentro del plato en forma de triángulo y al final esparces los pétalos de rosa.

Deja el plato al aire libre en la luna creciente hasta que sea luna llena y esa noche dices estas palabras:

Tomo de ti la belleza, de los cristales la fuerza, de las flores su pureza, de la sal la pasión y del azúcar la dulzura. Tomo esta agua magnética que atraerá al amor verdadero. Que así sea.

Te duermes y el hechizo de amor se habrá consumado. Es muy efectivo, vale la pena llevarlo a cabo.

Como en los viejos tiempos

Los medios de comunicación han servido al progreso en infinidad de aspectos, pero esto no siempre resulta benéfico para el ser humano. Durante una plática con un chamán le pregunté por qué hoy en día estamos tan desconectados del mundo espiritual y por qué solo nos comunicamos vía correo electrónico, Twitter, Facebook o teléfono, lo cual nos afecta energéticamente y altera nuestros ciclos de sueño. ¿Qué podemos hacer al respecto?

Él me contestó que, a pesar de los avances de la tecnología, estos han tenido consecuencias en los humanos. Dijo que una decisión de un solo día puede cambiar nuestra conciencia para siempre, solo necesitamos despertar y actuar.

Al recordar las películas mudas, cuando no existían los recursos técnicos de hoy, te das cuenta de que en esa época se hicieron las más grandes creaciones. En aquellos tiempos había pocas distracciones, todo se valoraba más: charlar con un amigo, recibir una carta, ver las estrellas, etc.

Puedes cambiar tu conciencia en un día si dejas de utilizar todos los medios electrónicos y eléctricos. Desconecta la televisión, utiliza el teléfono cuando realmente lo necesites, llena tu espacio de velas. Personalmente, adopté esta costumbre y despertó mi psiquismo, mi creatividad, me sentí más seguro, duermo mejor, puedo transmitir mis ideas en forma más precisa, todo adquirió un brillo diferente y un encanto especial.

¡Hazlo!

90/10

¿Alguna vez has oído hablar sobre el 90/10? Es una forma tan clara de ver la vida que te vas a sorprender.

El 10 representa los sucesos que pasan en nuestro día a día y que los maneja el destino, mientras que el 90 representa la energía que tú le pones en ese día, ¿me expliqué? Mira este ejemplo:

Despiertas con tu 90 de buena actitud, pensando que será un gran día. Te metes a bañar, pero, ¡oh sorpresa!, se ha acabado el agua. Ese es el 10 del destino, ¿qué haces?

A) ¿Dejas que ese 10 destruya tu actitud positiva de tu 90, enojándote, quejándote, peleándote con la vida, convirtiendo todo tu 90 en negativo?

B) ¿Ese 10 se lo come tu 90, convirtiéndose en un 100 favorable, viendo así las oportunidades de los cambios inesperados?

En el ejemplo anterior, si se te acaba el agua, quizá puedes tomar la decisión de ir a casa de tu mamá o de alguien cercano, bañarte ahí y aprovechar la visita para desayunar con ellos, o bien, al menos permitirte no bañarte en la mañana sino mejor en la noche y listo.

Por lo tanto, el 90 se come al 10 y vives en paz. La vida se trata de ver las oportunidades donde las hay. ¡Encuéntralas!

En este día ten muy presente el 90/10 y observa cómo cambia la energía.

Dieta de pensamientos

Es muy importante hacer esta dieta. Puede ser solo este día o varios más, dependiendo de cuánto quieras bajar, de cuántos kilos quieras perder. Así es, se trata de una dieta, pero te tengo una noticia, esta dieta no es de comida sino de los buenos pensamientos. ¿Alguna vez la has hecho? ¿Te parece que es muy fácil? Muy bien, pues hoy haremos la famosísima dieta que quita kilos de preocupación.

Lo único que tienes que hacer es pensar cosas positivas hacia tu persona o hacia los demás, y listo, habrás bajado.

Imagina que cada pensamiento negativo que tienes representa 10 kilos más que se van acumulando en tu cuerpo a lo largo de tu camino durante una jornada entera. De esta forma, si piensas negativamente, tu cuerpo lo va a resentir y no solo no vas a bajar de peso, sino que ¡vas a subir!, y lo peor de todo es que estos kilos extras, más los que se acumulen, los irás cargando a lo largo del día.

Así que no quiero verte al final del día como un barril enorme que tengan que llevar rodando. Piensa positivamente y verás cómo tu vida se vuelve más ligera… tu cuerpo y tu espíritu te lo agradecerán.

Sé que lo puedes hacer y se trata de un día… o el tiempo que desees.

Beneficios de los cuarzos

Los cuarzos son minerales integrados por cuatro óxidos que se formaron al fusionarse con las distintas temperaturas y la presión de la tierra. Tienen varios beneficios, aquí menciono algunos:

Cuarzo cristal: muy efectivo para quitar dolores de cabeza, incluso migrañas; además mejora tu autoestima.

Cuarzo rosa: nos conecta con la armonía y la belleza de la vida, y como es la piedra del amor, sirve para encontrar una relación que valga la pena, donde haya comunicación, amor sincero, deseo de uno hacia el otro, etc. Como posee una vibración muy alta, ayuda a conservar cosas que amamos de nuestra vida, brindándonos paz.

Cuarzo rutilado: al operar en nuestro sistema inmunológico y estado emocional, puede ayudarnos a salir de una depresión; retarda el envejecimiento de las células; espiritualmente, promueve abundancia.

Cuarzo ahumado: es la piedra de la libertad y la felicidad, sabe transformar la energía negativa en positiva; también te ayuda a encontrar objetos perdidos. Llevándola contigo obtendrás estos resultados.

Cuarzo blanco: limpia tus energías solo con pasarlo por tu cuerpo si es que hay algo negativo en ti; además, es la piedra de la adivinación, trae premoniciones y clarividencia; es la piedra de la protección y de los cambios.

¡Siempre ten un cuarzo a la mano!

A bailar

Hoy vamos a bailar, ¿qué te parece? No nos va a caer nada mal mover el cuerpo, pero este acto debe tener un sentido. ¿Cuál es? Liberar todos los enojos que llevamos dentro.

Primero, busca un espacio donde puedas poner tu música sin problema. Párate en el centro de la habitación que elegiste y pon la música a un volumen que te ayude a mover el cuerpo.

Piensa en todos los enojos que viven en ti, ya sea que estén dirigidos hacia alguien, hacia ti mismo o hacia cosas que no has logrado. Cuando identifiques esas sensaciones negativas en tu cuerpo, imagínalas como si fueran bombas que explotan y, cuando lo hagan, mueve tu cuerpo y deja que toda esa energía explote, liberándose. Mientras más movimientos hagas, el enojo explosivo se liberará con mayor facilidad. Baila el tiempo que desees, hasta que sanes ese enojo. Cuando lo hayas hecho, déjate caer al piso y acuéstate mientras haces respiraciones profundas.

No sabes lo bien que se siente vivir esta experiencia.

Perfección y perfeccionistas

Hace tiempo mi mamá se encontraba buscando entre sus objetos preciados unas perlas para lucirlas en un evento. En realidad yo nunca le había prestado mucha atención a este tipo de cosas que guardan las mamás, pero ese día fue distinto:

Me acerqué a ella y yo, muy metiche, le pregunté:

—Oye, mamá, ¿qué sabes acerca de las perlas?

Ella me contestó que existían perlas de cultivo, perlas de río y perlas de mar. Ante eso, le pregunté sobre la diferencia entre unas y otras.

Su respuesta fue que las perlas de cultivo son perfectamente redondas, las de río son más pequeñas, y las de mar tienen bordes y no son del todo redondas.

Y ya en plan súper metiche, quise saber cuáles son las más caras o las más difíciles de encontrar.

Ella, aún paciente ante tanta pregunta, me respondió:

—Aunque no lo creas, las de mar, con sus bordes y deformes, son las más apreciadas y auténticas, especiales y difíciles de encontrar.

¡Wow! Moraleja para los perfeccionistas. Todo el tiempo tratamos de ser lo mejor posible, sin embargo, cuando queremos ser perfectos, con el tiempo vamos perdiendo nuestra forma natural; aquellos bordes, aquellas imperfecciones, lo que hacían era crear un ser auténtico, único y difícil de encontrar.

La próxima vez que quieras ser perfecto, piénsalo dos veces, recuerda que al intentarlo puedes perder tu esencia.

Libera tu pasado

El día de hoy es muy especial porque buscarás un poquito en tu pasado. Revisar el pasado siempre nos sirve para darnos cuenta de lo que hemos logrado hasta hoy, pero no siempre llevamos con nosotros solamente historias agradables.

Tenemos historias que han sido difíciles y, aunque no queramos, las llevaremos durante nuestra vida. Hoy es tiempo de soltar un recuerdo que te lastime o que ha sido difícil para ti superarlo.

Te pido que busques entre tus cosas un objeto que te haga recordar ese momento difícil en tu vida. Puede ser una foto, un peluche, un suéter, incluso un perfume, ya que los aromas siempre nos remontan a momentos de nuestra vida.

Cuando lo tengas en tu mano, cierra los ojos y visualiza ese momento tan doloroso para ti. Si quieres llorar, hazlo, permítete este momento. Ahora abre los ojos y pronuncia estas palabras:

Te he llevado conmigo como un fantasma que me acecha cada vez que te recuerdo. He vivido el dolor de este momento una y mil y veces y cada vez que lo hago siento un profundo dolor en el pecho. Hoy es momento de dejarte ir y ser libre de tu pesar. Hoy prefiero ser feliz y al fin te libero.

Toma el objeto y quémalo, córtalo, rómpelo o tíralo a la basura. Es tiempo de soltarlo.

Color naranja

Convierte el día de hoy en tu día naranja. Este color logra cambiar un día común y corriente en uno exótico, con pasión y fuerza, ya que es un color ambicioso y muy estimulante.

Existen clínicas de salud o de cromoterapia donde visten a los pacientes de color naranja para beneficiar y elevar su autoestima, liberarlos de una depresión o de una parálisis emocional.

El naranja contribuye a una buena salud, pues ayuda ante problemas renales y biliares, y para sacarte de un estado de *shock*, agotamiento mental, etc. Esto podemos verlo también en los alimentos de este color, como zanahorias, melón, mandarina, durazno, calabaza, etc., los cuales nos ayudan a fortalecer el páncreas, el bazo, intestinos y estómago.

Te recomiendo que uses prendas de color naranja cuando decidas hacer algo diferente en tu día. Muchas personas no lo usan porque sienten que los saca de su área de confort y tienen miedo de darse a notar, pero, ¿qué sería de la vida si no le damos estos pequeños brillos de color? Este día intenta aplicarlo… De seguro estás pensando que no tienes algo naranja en tu clóset. ¡Qué esperas! Cómprate aunque sea unos calzones naranjas; este color traerá una energía fantástica y agradable a tu día.

Identifica el ego

Es importante reconocer los tres egos que invaden a las personas. Si logramos identificarlos, es más fácil salir adelante en cualquier situación; es como saber el secreto para estar bien.

EGO 1. Llega en la infancia, cuando empezamos a distinguir lo que *es mío* y lo que *es tuyo* (mi juguete, tu juguete). Si no superamos este ego, se convierte en el ego de *nada es suficiente*, y siempre queremos más y más, porque mientras más tenemos, somos mejores personas (*soy lo que tengo*).

EGO 2. Aparece en la adolescencia, cuando estamos en busca de una identidad, *¿quién soy?*: el nerd, el punk, el rebelde, la matada, la tierna, etc. Esto se junta con la etapa de *¿qué quiero ser?*: doctor, arquitecto, abogado, actriz, cantante, productor.

¿Qué sucede si no tenemos bien trabajado este ego? Siempre tratamos de ser alguien que no somos o tenemos miedo a fracasar porque dependemos de nuestro oficio (*soy a lo que me dedico*). Entonces eres doctor, pero, ¿de qué especialidad? Licenciado, sí, ¿pero de qué empresa? O simplemente, ¿qué puesto tienes?

EGO 3. En la etapa adulta establecemos lo que es *mío*, lo que es *tuyo*, y sabemos a qué nos dedicamos. Es momento de salir al mundo y convivir. Si no tienes resuelto tu ego, es común creer todo lo que los demás dicen de ti o haces lo que te digan y tienes necesidad de ser parte de lo que sea (*soy lo que me dicen que soy*).

Los árboles no dicen cómo crecer

Muchas veces estamos ensimismados en querer cambiar a la persona de al lado, decimos: *tendría que ser así o de otra forma,* o *por qué hace esto.* Como madre, padre, amigo o pareja siempre tratamos de corregir lo que no nos gusta de alguien, pero esto no debe ser así.

¿Cuándo has visto a un árbol diciéndole al otro cómo debe crecer? ¿Qué frutas debe de dar? ¿Crees que un árbol juzga al de al lado? Ellos simplemente florecen, ¿sabes por qué? Porque si tu árbol da flores, igual el árbol de tu amigo, familiar o pareja dan frutos. Todos tenemos la misma oportunidad de florecer.

Recuerda que somos árboles que aportamos a la vida cosas distintas. No trates de cambiar a un árbol cuando lo que él aporta es igual de hermoso que el tuyo. Te recomiendo hacerte esta pregunta: *¿Por qué quiero que cambie: es por mí o por querer que en su vida tenga las oportunidades que yo no tuve?*

Es posible que nos proyectemos esperando a que el otro pueda o no hacer las cosas que tú hiciste o no pudiste hacer.

Vive en tu presente

Einstein dijo que el tiempo es relativo y que una perspectiva no es lineal, pero nosotros siempre los vemos lineales. Nos aferramos a organizar y hacer cosas para cualquier día del año. Por ejemplo, cuántas veces decimos: *voy a hacer una fiesta en dos meses, te veo en dos semanas, comeré con mi papá dentro de tres días...* y así vas llenando la agenda; tratas de ampliar tanto el tiempo, que el valor de tu presente desaparece. ¿Qué hay con todo lo que puedes hacer hoy?

Como dice el refrán, *no dejes para mañana lo que puedes hacer hoy.* Si eres de las personas para quienes el tiempo es lineal, te cuento que mientras más vivas en el presente, valorarás mejor tu vida.

¿Cómo hacer eso? Es muy sencillo. No te pido que vivas exactamente en este mismo instante, eso nada más puede alcanzarse con la meditación, pero sí puedes simplificar tu vida: durante una semana solo piensa lo que vas a hacer en esa semana. Si te quieren ver, bueno, pues que no pase de la semana; si quieres hacer algo, que no pase de la semana. Cuando llegues al domingo, vuelve a organizar tu semana que empieza. Te darás cuenta de que tu vida estará mucho más completa y reducirás tu vida a vivirla solamente por semana.

Rompe con las rutinas

¿Qué tan rutinarios somos que ni siquiera nos permitimos cambiar el lado donde dormimos? Si duermes siempre del lado izquierdo, ahí te quedas hasta morir. O qué me dices del proceso al bañarte: primero te pones champú, luego te enjabonas y enjuagas; si usas algún producto, pues lo aplicas. El caso es que todo el tiempo estamos llenos de rutinas, y llega un momento en que sentimos que no pasa nada en nuestra vida, todo es aburrido y sin sentido. ¡Claro!, los humanos nos adaptamos a cualquier situación, pero el chiste de la vida es romper con las rutinas para vivir experiencias nuevas.

Hoy será un gran día para ti, primero porque tendrá un giro drástico, y segundo, porque descubrirás cosas a las que jamás les habías prestado atención.

Vas a hacer todo al revés: dormirás del otro lado de la cama; al bañarte, empezarás con el jabón y después con el champú, o viceversa; al vestirte, hazlo a la inversa de como siempre lo haces; lo mismo con tus alimentos, toma los cubiertos con la mano que no usas comúnmente; irás al trabajo o a donde vayas por otro camino, no por el que siempre acostumbras.

Continúa así, trata de vivir tu día al revés. Vive la experiencia, no pierdes nada y puedes ganar mucho.

Abraza tu dolor

Desde pequeños nos enseñan a aguantarnos y no llorar, a no decir lo que sentimos y guardárnoslo todo solo porque somos niños, mientras que a las niñas les está permitido mostrar ese lado emocional. Sin embargo, ¿realmente creen que eso sea una lección de vida importante? Yo respeto a los mayores con sus diferentes costumbres, pero también reconozco que hoy en día eso debería estar obsoleto. En la actualidad, las mujeres cumplen papeles destacados en la sociedad, y los hombres pueden ser más sensibles o vulnerables, cosa que hace años no era así.

Este ejercicio es para identificar algún dolor o tristeza que tengas; recuerda que hoy y siempre tienes el derecho de decir lo que sientes y hasta de sufrirlo si así deseas.

Cuando mis pacientes se sienten así, les recomiendo que renten las películas más tristes, que se compren un helado grandote y una caja de pañuelos desechables… y a llorar sin remordimientos. Tarde o temprano todos necesitamos desahogarnos, pero no siempre podemos. Este día es tu momento. Si hoy no lo sientes, guarda ese momento para cuando lo sientas y llora tendido, y quien quiera apuntarse a tu plan, ¡bienvenido!

Por instinto, obligación o placer

Es nuestro deber saber cómo hacemos las cosas en la vida, pues así descubrimos qué tan equilibradas están nuestras energías. Las tres energías básicas son:

a) *Instinto:* no lo pensamos, simplemente actuamos porque así lo sentimos.
b) *Obligación:* todos los deberes de tu día a día; cosas que deben ser y hacerse.
c) *Placer:* las acciones que nosotros nos permitimos hacer para estimular nuestro estado de ánimo.

Estas tres energías deben permanecer en todo momento, debemos tener el perfecto equilibrio para no perdernos, porque si hacemos todo instintivamente, perdemos la oportunidad de decidir por nosotros, por nuestros propios motivos; si todo lo hacemos por obligación, nos convertimos en robots sin vida ni alma; si todo es por placer, nos transformamos en unos libertinos empedernidos sin rumbo fijo. Si juntamos las tres energías, tendremos una vida satisfecha.

Vean mi caso como ejemplo: por instinto me cepillo los dientes, voy al baño, duermo, también me froto los ojos para despertar y ayudo a la gente. Por obligación tengo que hacer ejercicio, por la dieta tengo que comer cosas que no me gustan, etc. Por placer trabajo con mis pacientes, imparto cursos, platico con mis amigos, como con mi familia.

Ahora tú, este día, dime: ¿qué harás por placer, por obligación y por instinto?

¿Cómo es Dios?

Estudiando tanatología, una maestra me hizo la pregunta más fuerte que me hayan hecho. Antes de decírtela, te cuento que hablábamos de religiones; un compañero dijo que era ateo, otra compañera dijo ser cristiana y que le parecía lo máximo, mientras otro dijo que era católico, y una más se inclinaba por el budismo. Después de esto, la maestra dijo: *No hablaré de sus religiones, pero sí de Dios.* La pregunta era: **¿Cómo es tu Dios?**

No importa si eres católico, budista, judío, testigo de Jehová o cristiano. Lo importante es saber cómo es tu Dios. ¿Tu Dios te habla por las noches? ¿Te escucha? ¿Te ama? ¿Te castiga? ¿Te comprende? ¿Tu Dios es una luz? ¿Es una mujer? ¿Es negro? ¿Tu Dios te perdona? ¿O simplemente es todopoderoso y te observa desde lo eterno?

¿Cómo es tu Dios? Ahí fue cuando comprendí que no importan las tradiciones tan bellas que podamos tener, sino que la conversación que cada quien tiene con Dios sea completamente independiente. Lo importante es ver cuál es la relación que tú tienes con él y, si es que no existe alguna, puedes empezar a crearla.

Pobre de mí

Todos necesitamos de vez en cuando sentirnos el más mártir del universo, y qué crees... ¡hoy es tu día! ¡Yeeeey! Sufre, pero sobre todo di: *¡Pobre de mí!*, y no nada más eso, si vamos a hacer las cosas, hay que hacerlas bien, no a medias. Hoy vamos a hacer un psicodrama, pero te preguntarás: ¿qué es eso?

El psicodrama es una terapia en la cual el paciente actúa los acontecimientos relevantes de su vida, en vez de solo hablar sobre ellos. Esto implica explorar activamente los eventos psicológicos que por lo general no abordamos, como los pensamientos, los encuentros con quienes están ausentes, representar fantasías sobre lo que otros sienten o piensan, imaginar un futuro posible y muchos aspectos más de la experiencia humana. El psicodrama puede ser muy útil con familias o en forma individual.

Como verán, tenemos el motivo perfecto para hacerlo. Entonces voy a pedirte que escribas todo lo que sientes que te despierta al *pobre de mí*. Luego mírate frente al espejo y actúa todo lo que has escrito: déjate caer al piso, desvanécete con la mano que caiga poco a poco en un llanto, grita, patalea y permite sacar a tu *pobre de mí*. Es probable que termines riéndote.

Espera a ver la magia

¿Qué es magia para ti? ¿Dónde podría existir? ¿Alguna vez te has puesto a pensar si en verdad tu vida tiene magia? ¿Has tratado de ver el modo de que esto suceda? ¿Crees que la magia no existe? No porque en realidad no exista, sino porque mucha gente solo ve lo que quiere ver y, como no cree en la magia, entonces no la ve y ante sus ojos no existe. ¿Pero qué tal si te digo que el hecho de que hayas abierto el libro en esta página significa que la magia te está diciendo que ya no puede ocultarse más y que necesitas saber que puedes creer en ella?

Por eso hoy espera ver magia: en las plantas, los árboles, el coche o el camión. Si no puedes verla, entonces créala, que cada cosa que hagas sea mágica para ti. De esta forma, ese mundo lleno de fantasía y magia se abrirá y colmará tu vida. Recuerda que vemos lo que queremos ver. ¿Qué quieres ver en tu vida?

Puede ser mágico ir en el coche al atardecer y ver a los lejos un rayo de luz que sale del cielo iluminando un lugar único en toda la ciudad; puede ser que los ángeles están tocando los corazones de quienes viven ahí.

Tu cuerpo

Hace unos años, un maestro nos enseñó un ejercicio de meditación guiada, el cual nos llevaría al proceso que debíamos trabajar en ese momento.

Al principio del ejercicio iba yo por un túnel de luz y, de pronto, estaba en mi funeral. ¿Qué... cómo?, me pregunté. Luego se abrió la tierra y vi una luz brillante al final, eran seres que me estaban esperando. Empecé a descender cada vez más hasta que una voz me dijo:

—*Despídete de lo que más amas.*

Y me fui despidiendo de mi familia, amigos, perros, pareja, etc., diciéndoles que era mi momento de partir.

—*¿Ya te despediste de todo lo que es importante para ti?* —preguntó la voz y contesté que sí, pero determinó:

—*Bien, es tiempo de despedirte de lo más importante en tu vida.*

En ese momento mi cuerpo se separó de mi alma y desde el aire vi que dormía; entonces escuché:

—*Despídete de tu cuerpo.*

Al escuchar eso, mi corazón se apachurró, me vi indefenso, ingenuo, noble. Me abracé, toqué mis ojos, acaricié mi pelo y empecé a llorar como nunca lo había hecho.

Me habían enseñado que mi cuerpo era solo un instrumento, pero créeme, no es así, es el motor que te acompaña siempre, que ama contigo, llora contigo, ríe contigo... y cuánto daño le hacemos sin darnos cuenta.

—*No me siento preparado* —exclamé—, *quiero valorar mi cuerpo, amarlo y respetarlo, abrazarlo mientras lo tenga y, sobre todo, cuidarlo.*

Moraleja: *¡Ama tu cuerpo!*

Tiempo de creer

Hay una frase que dice:

Si crees y a la larga no existe algo, no pasa nada. Pero si no crees y existe, podrías perderte la oportunidad de ser feliz.

Ok, no creemos en el amor eterno.
Ok, no creemos en los unicornios.
Ok, no creemos en la felicidad completa.
Ok, no creemos ganar la lotería.

¿Pero qué tal si todo eso es posible y sí existe? ¿Por qué a veces nos cuesta tanto creer en algo?

Veamos. Muchos hemos podido mover objetos con el poder de nuestra mente; existen parejas que llevan 60 años juntos y se siguen amando como la primera vez; en Irlanda han encontrado rastros de un unicornio blanco; conozco personas cercanas que se han ganado la lotería. ¿Entonces quién es quien se está perdiendo de todo esto, tú o los demás?

Qué te parece si hoy empezamos un nuevo día en el que vas a creer en todo: en la gente, en las oportunidades, en los sueños, en el amor eterno, etc. ¿Qué pierdes? Por lo menos ya sabes que de la otra forma no te ha funcionado, ahora inténtalo de este modo y veamos qué pasa.

No esperes a que llegue lo malo

¿Cuántas veces vivimos situaciones complicadas, pero seguimos en medio de ellas porque esperamos que algo suceda para poder avanzar? ¿Cuántas veces aletargamos las relaciones de trabajo o las personales, con la esperanza de que algún día puedan cambiar?

Pero si pasa, y es catastrófico, pues las cosas acaban mal. Terminas cansado de la situación, dolido, peleado, desanimado, sin esperanzas.

Dice una frase: *Primero la vida te da una oportunidad, después te obliga.*

La vida todos los días te dice: *No está funcionando la relación, por qué no mejor cierras el ciclo antes de que sea más doloroso.* Y claro, nosotros seguimos ahí.

La vida te repite: *Cambia de camino ahora, es tiempo para salir de esto de una forma sana.* Y seguimos necios en la relación destructiva.

Después llega la catástrofe, y la vida te obliga a que tomes una decisión porque de pronto te dijeron: *Ya no te quiero* o *Te presentamos a la persona que va a ocupar tu lugar en la empresa.*

Por ello, no esperes a que llegue una catástrofe para cambiar de planes, toma tú la iniciativa cuando sientas que es tiempo de cambiar y cuando la vida te diga que lo hagas.

Escucha tu corazón

Hoy haremos una meditación. Quiero que busques un lugar tranquilo, silencioso. Cuando lo encuentres, ubica un espacio donde te puedas sentar.

Una vez sentado, inhala profundo y exhala; relaja tu cuerpo y tu mente. Ahora te pido que escuches los latidos de tu corazón. Quédate un tiempo escuchándolos, trata de localizar el sonido de los latidos dentro de tu ser. Ahora abre los ojos. ¿Pudiste escucharlos? ¿Cómo eran? ¿Qué te hicieron sentir?

He recibido pacientes que no pueden escuchar sus latidos, ¿tú puedes escuchar los tuyos? Cuando nos cuesta trabajo escuchar a nuestro corazón es porque llevamos demasiado tiempo viviendo en lo exterior y nos hemos perdido a nosotros mismos. De este modo, podemos perdernos hasta de lo que realmente sentimos que nos duele. ¿Por qué sufrimos esta desorientación? ¿De dónde proviene?

Tu corazón tiene muchas respuestas, aprende a escucharlas.

Hacer esta meditación te llevará a encontrar tu centro y a no perderte de lo más importante, que es ser tú mismo.

Experimenta merecer

Merecer: qué palabra tan hermosa y llena de razón. Uno de los principales problemas que tenemos es que no sabemos que en la vida uno debe merecer. *Yo merezco ser feliz; merezco tener una pareja; merezco tener buena salud, una casa bonita, ganar dinero suficiente, el trabajo ideal...*

Por otro lado, también es importante decir: *yo no merezco que me lastimen, no merezco tener este dolor, no merezco sentirme menos.* Si no pensamos así, traemos la cabeza agachada, el ánimo bajo y nos conformamos con lo que sea. Aquí no vinimos a ser conformistas con nada.

¿Quieres realmente merecer algo? Dilo en voz alta. Deja que el mundo lo escuche. Ten la convicción de que es un hecho y de que será realidad.

Para qué seguir viviendo en el *pues ya ni modo*. Yo dejé esa frase hace mucho tiempo. Hoy te pido que digas en voz alta todo lo que mereces, sin miedo a ser escuchado; por el contrario, que el mundo sepa que tú estás listo para merecer.

Di esta frase con todas tus fuerzas: **¡Yo merezco!**

No juzgues

Cómo nos encanta decir que tal persona está gorda o alguien está flaco. Juzgamos como si fuéramos los amos de este planeta y criticamos sin piedad; una de las razones es porque nos reímos y nos hace sentir bien el que los demás se equivoquen como tú lo haces, y te vuelves más piadoso contigo.

¿Sabes que cuando criticas a alguien es una crítica que te haces a ti? Todo el tiempo nos estamos proyectando en los demás: cuando vemos algo que no nos gustaría tener, o que lo tenemos y no nos gusta aceptarlo, o que deseamos tenerlo y no nos atrevemos a obtenerlo.

El día de hoy no habrá juicios para ti y, por lo tanto, no habrá juicios para los demás. Hoy no juzgaremos a la gente, dejémosla vivir y punto.

Otorguémonos permiso antes de juzgar o criticar al prójimo, preguntémonos por qué lo hacemos y con qué finalidad. Creo que te quedarás sin juicios por esta vez… Es cierto que todos tenemos cola que nos pisen, ¡no pises la tuya!

Después me dices cómo te sientes con esto de *no juzgar ni criticar*.

Finge que puedes

Es importante que sepas que habrá varios ejercicios del libro en los que tu mente no querrá participar y, por lo tanto, te aconsejará: *Ya deja el libro, por favor*, o *Eso no es cierto, ni le creas*. Esto puede sucederte no solo con los ejercicios, sino también al emprender un propósito, arrancar un proyecto o al intentar salir adelante de algún problema, y es que durante mucho tiempo has estado escuchando a tu mente decirte que *no puedes*.

Es complicado que tu mente cambie de un día para otro, pero si piensas que no puede creer en ese cambio, **¡oblígala a que se lo crea!**

Al principio tu mente trata de empujarte hacia el otro lado, hacia el *no puedo* o *no funciona*. Pero entonces te pregunto: ¿por qué crees que elegiste este libro? Porque sabes que en tu interior hay *algo* que quiere cambiar, porque anhelas mejorar tu vida, porque *algo* dentro de ti sabe que puedes hacerlo. Si tu mente no quiere, **¡oblígala!** Créeme que a los 21 días la mente se dará cuenta de que todo esto te puede hacer un gran bien. Por lo tanto, oblígate a tomar la decisión de cambiar.

¡Inténtalo! ¡Vívelo!

Hoy ofrece tu 100%

El principal problema de por qué sentimos que fracasamos es porque creemos que las cosas hubieran sido de una u otra manera y que pudiste haber hecho algo al respecto.

Un ejemplo: en el trabajo te dicen que hagas determinada presentación; la haces y el jefe no queda satisfecho y hasta te regaña; obviamente, te sientes chinche y te culpas por lo que pudiste haber hecho mejor, pero ya no fue así y tu cabeza te acribilla con reproches.

Pero qué pasa cuando uno se dice a sí mismo: *¡este es mi 100%!* Entonces sabemos que el problema no está en nosotros, que si no sale como se planea es porque Dios o el universo nos tienen preparado algo mejor.

Se trata de simplemente decir: *yo ya di mi 100%, lo demás te lo dejo a ti y confiaré plenamente.* Siendo así, ya no hay reproches, enojos o culpas hacia el pasado, ni piensas en todo lo que pudiste dar. De antemano, tú ya lo diste y con eso es suficiente para no martirizarte más.

Por ello, hoy y siempre debes dar tu 100% en todo lo que hagas, en tu relación, en el trabajo, con tu gente, contigo mismo. Esfuérzate y al final sonríe porque no importa cuál sea el resultado, diste tu todo y es más que suficiente.

La ciencia de pedir

Se dice que *en el pedir está el dar*, y aunque sea totalmente cierto, profundicemos en el tema.

Uno anda por la vida pidiendo cosas, ¿pero qué tan claros somos al pedirlas? *Quiero tener un coche nuevo.* Ok, ¿pero cuál? Imagínate que vamos por el periférico, tú vas manejando y de pronto me dices: *Quiero un coche nuevo.* Yo te pregunto: *¿Qué coche quieres?*; me respondes: *Pues como ese negrito que pasó, pero más grande,* o bien: *Como esa camioneta, pero con cuatro puertas,* o tal vez: *Que sea cómodo, como ése, pero rápido como el otro.*

Con respuestas así, en realidad le estás diciendo a tu cerebro: *Dame lo que sea*; y si tu cerebro no tiene criterio para clasificar lo que quieres, es como si le dijeras: *No quiero nada.*

Así como lo oyes, la mente solo registra lo que es claro e importante para ti, por eso puede ser que estés en un sitio y, de pronto, una amiga te diga: *Oye, por qué no me saludas,* y tú ni siquiera te habías dado cuenta de que ella llevaba horas ahí. Esto sucede porque el cerebro detecta solo lo importante para ti en ese momento.

Por eso, si retomamos la historia del coche, lo único que debes decir es, por ejemplo: *Quiero un jeep negro con cuatro puertas, fácil de pagar.* Y listo, lo tendrás, solo debes creer que es una realidad, pero, sobre todo, la clave es cómo pedirlo.

Organiza tu vida

La forma más fácil de alcanzar la felicidad es ordenando las cosas más valiosas en tu vida. ¿Cómo hacerlo?, es muy sencillo. Asígnale a cada dedo de una mano tus pendientes, las cosas más importantes para ti, tus preocupaciones. A cada una de éstas le pondrás una calificación; 10 es que está excelente, y cero, reprobado. Veamos un ejemplo:

Un dedo es mi trabajo, otro dedo es el amor, otro es mi familia, otro es mi espiritualidad y otro mi salud. A cada aspecto de mi vida le pongo una calificación de acuerdo con el estado que considere en que se encuentre cada uno:

Trabajo = 9
Amor = 9
Familia = 8
Espiritualidad = 8
Salud = 8

Entonces hacemos la suma de los cinco y después lo dividimos entre cinco para obtener un promedio. Si tu promedio se encuentra abajo de 7 es porque tenemos que hacer algo. ¿Qué hacemos? Hay que analizar durante la semana las alternativas para cada uno de nuestros temas, de nuestros *dedos*, para mejorar el promedio y comprometernos a hacerlo.

Si logras que tu promedio suba, entonces descubrirás cómo puedes ser feliz.

¿Qué te dicen tus emociones?

¿Sabes cuál es la diferencia entre una emoción y un sentimiento? La emoción es la primera impresión ante reacciones del exterior, después ésta se conecta con tu cuerpo, incluido tu cerebro, y cuando llega a él la emoción se convierte en un sentimiento y lo transforma después en un pensamiento. Para identificar si nuestros sentimientos son sinceros, necesitamos regresar a la raíz de las sensaciones; esto es, sentir solo las emociones.

Hoy vamos a retomar nuestras sensaciones, para lo que te pido cierres los ojos e imagines un cielo azul. ¿Qué te dice ese cielo azul? ¿Te da una sensación de tranquilidad, paz, armonía? ¿Qué sensación te da? Si esa sensación viviera en tu cuerpo, ¿dónde se encontraría?

Ahora vamos al ejercicio, pregúntate qué sientes con las siguientes palabras y dónde habita su sensación:

Agua

Papá

Mamá

Hombre

Mujer

Sexo

Trabajo

Dinero

Pareja

Te puedes dar cuenta de que si la energía no fluye o no te gusta esa sensación, es ahí donde residen tus problemas y no los olvides porque aquí los trabajaremos. Por ahora, ya identificaste la emoción real.

Te libero, me libero

Este ejercicio lo he trabajado mucho, como paciente y terapeuta. Cuando pierdes a un ser querido o alguien desaparece de tu entorno y nunca vuelves a verlo, como un compañero de la escuela, un pariente, etc., y sientes que quedaron cosas inconclusas que resulta imposible hablarlas de frente, entonces haces este ejercicio.

Busca dos sillas y colocas una frente a la otra. Te sientas en una y cierras los ojos; imagina a la otra persona sentada en la silla de enfrente y dile todo lo que quieras decirle; si hay algún arrepentimiento o alguna tristeza, díselo como si estuviera escuchándote. Cuando termines, imagina cómo se despide de ti, diciéndote las palabras más dulces que jamás hayan salido de su boca.

Este es un ejercicio doloroso, sobre todo para quienes lo hacen con sus seres queridos que fallecieron. Sin embargo, después del momento difícil, tu alma descansa finalmente, ya que pudo decir lo que sentía.

Lo que sucede es que energéticamente todos estamos conectados con todo, y si tú te conectas con una energía y la liberas de karmas o ataduras, entonces la persona en cuestión se liberará al igual que tú.

Recuerda, el primer paso es difícil, pero después te habrás quitado un peso de encima.

Luz amarilla

El color amarillo representa la oportunidad de lograr con claridad tus objetivos. Es el *yo puedo* y el *no tengo miedo*, es la fuerza y la intención, pero además es el color de la alegría y el pensamiento.

Cuando uno se viste con este color, se convierte en una persona alegre, divertida, segura de sí misma y también en un ser arriesgado, por lo que te lo recomiendo plenamente. Sin embargo, ¿por qué la gente casi no lo usa? Porque la sociedad vive oculta en el negro, el gris y el café, los cuales si bien le dotan de seguridad, a quienes estamos a su alrededor nos provoca lo contrario porque, por ejemplo, el negro siempre oculta. ¿Qué tanto de amarillo tienes en tu clóset? Imagino que muy poco…

Toma nota: comer plátanos ayuda a nuestro cerebro y a la memoria.

Si pintamos un espacio de amarillo, lo iluminamos, pero cuidado, porque al eliminar la ansiedad puede darte mucha hambre, así que no lo recomiendo para las habitaciones.

¡Descubre la luz amarilla!

Limpia tu espacio con sal

Varias veces me han pedido limpiar espacios donde quienes los habitan se sienten cansados, tristes, enojados, nada les sale bien, etc.; y eso empezó a pasarles cuando llegaron a ese nuevo hogar o sitio de trabajo. Esto es muy cierto: en todos los lugares donde vivimos, en todo lo que tocamos, vamos dejando nuestra energía personal; positiva o negativa, la energía queda impregnada en paredes, vidrios, piso.

Existe una habilidad psíquica llamada psicometría que, con solo tocar las paredes de una casa, puedes obtener información de las personas que vivieron ahí. Por eso, cuando llegamos a un nuevo domicilio debemos limpiarlo y una de las formas de hacerlo es con sal de grano. Te doy la receta.

Sal en las esquinas: como sabrán, en el mundo espiritual la sal es un elemento fundamental porque realinea las nuevas energías y actúa como conductor de la energía etérea. Pones sal de grano en un tazón, toma tres pizcas y espárcelas en cada esquina de una habitación, luego te ubicas al centro y giras en el sentido de las manecillas del reloj. Regresa a cada una de las esquinas tirando un poco más de sal y dices estas palabras en cada esquina:

Sal sagrada de tierra y de mar despeja esta habitación para ser libres de toda energía negativa y de todo mal.

Con esto es suficiente.

Mi nombre dice...

Hay una técnica llamada euritmia que enseña a recuperar la armonía energética de tus movimientos, también explora esta área que trata sobre la ambivalencia de las letras vocales:

A+: exploración, iniciativa, aventura, sinceridad, independencia.

A–: poco carácter, necesita amor y respeto, insaciable, ansioso.

E+: equilibrio, estable, pacífico, buen amigo, sensible, sencillo.

E–: miedo a tomar decisiones, desordenado, desorganizado, impuntual.

I+: artista, divertido, entusiasta, propositivo, audaz, comunicativo, intuitivo.

I–: egocéntrico, imperativo, desesperado, egoísta, intenso, exagerado.

O+: introspectivo, creativo, respetuoso, analítico, perseverante.

O–: inseguro, huraño, miedoso, resentido, necio.

U+: inspirado, protector, detallista, auténtico, enamorado.

U–: incumplido, pesimista, huye de la realidad.

Una vocal: el significado del nombre y tu misión en la vida.

Dos vocales: la primera, tu personalidad (lo que uno refleja a los demás); segunda, tu reto (lo que se debe sanar en ti). En este caso leemos el significado de la primera vocal en positivo y la segunda en negativo.

Tres vocales: primera, tu personalidad; segunda, tu reto; tercera, tu esencia (como eres en tu interior).

Más de tres vocales: primera, tu personalidad; segunda, tu reto; tercera, tu regalo (positivos de la vocal); cuarta y quinta, tu esencia.

Esencia de mandarina

Como sabrás, en aromaterapia se trabaja con esencias especiales porque mejoran la salud física, espiritual, emocional y mental. Así es que vamos a conocer un poco acerca de las propiedades del aceite de mandarina y de la mandarina en general.

Esta fruta y su aceite ayudan a purificar la sangre y a desintoxicarla; es un depurativo muy poderoso y elimina lo que el cuerpo no necesita, como piedras en el riñón o la vesícula biliar. La esencia de mandarina es un antiespasmódico, y no solo relaja los músculos de todo el cuerpo, sino más importante aún, los órganos internos; ayuda al sistema respiratorio, y es un poderoso tratamiento alternativo y complementario para el asma; mejora las vías respiratorias y dota de energía al cuerpo; tonifica, limpia, refresca y despierta en la mente la sensación de lo-grar cosas con entusiasmo.

Puedes tener en tu casa una esencia con un difusor, o bien, para ponerla en tu piel, te recomiendo mucho la de mandarina o *satsuma*, que dará el mismo efecto.

Lavanda

Conocer las propiedades de una flor como la lavanda puede mejorar tu vida. Siempre me habían dicho que tener una planta de lavanda en casa, al pie de una ventana, atraía al amor y a mí sí me pasó. Sin embargo, la lavanda no es solo mágica en ese ámbito, sino que también aporta incontables beneficios a la salud, de los que mencionamos algunos:

- *En aceite* (para poner en un difusor), calma el sistema nervioso, reduce el estrés y la ansiedad; mitiga el dolor físico y quita el insomnio, mejora el nivel de oxígeno de tus pulmones.
- *En crema*, las arrugas y cicatrices desaparecen.
- *En el pelo*, para combatir piojos y pulgas.
- Tomar un té de lavanda ayuda a la digestión; fortalece tu circulación sanguínea y tu sistema inmunológico.

Lleva siempre contigo una bolsita con lavanda para promover el amor y la armonía a tu alrededor, además tiene un aroma muy fresco y dulce a la vez, que se utiliza mucho en los perfumes y aromas para el hogar.

Por todo esto, te recomiendo que siempre tengas lavanda en casa.

Pinta un cuadro

Al pintar activamos el hemisferio derecho de nuestro cerebro, donde reside la sensibilidad, el sentido de la belleza, la creatividad, la música, los sueños, las metáforas, etc. Sin embargo, ejercitamos más el hemisferio izquierdo, que es el del análisis, la razón, los números.

Pintar obliga a tu mente a desarrollar sus capacidades intuitivas y mejora tu estado de ánimo. Otro punto clave con la pintura es que logras, por medio de los colores y las formas, sacar tus emociones más profundas.

Hoy mismo consíguete un lienzo y pinturas, no importa si son acrílicas, óleos, acuarelas o del tipo que prefieras, ¡y ponte a pintar!

Una pintura es como todo, necesita un comienzo y un final, un camino y un ritmo. Lo primero por hacer es no pensar tanto en la estructura de una pintura, solo cierra los ojos y ve los colores de tu vida. ¿Cómo podrías expresar tu vida en una pintura? Con árboles, paisajes, formas abstractas… No te detengas, este es tu cuadro y es mucho más valioso para ti que cualquier otro, porque eres tú.

Cuando te sientas listo no pienses por dónde empezar, simplemente suelta un brochazo sobre tu lienzo, y después otro y otro… al final habrás creado una obra de arte y quién sabe, quizás hasta descubras a tu artista interno.

Al final, cuando se lo enseñes a tu gente, platícales qué representa cada cosa para ti y entenderás por qué lo hiciste.

Secretos del dinero

Una de las cosas que aprendí en un curso de superación personal es que el dinero tiene mucho que decirnos. Todos lo necesitamos, pero, ¿has llegado a preguntarle por qué es así contigo?

Te resultará interesante cómo, por medio de una relajación, puedes hablar con el dinero y así tener un poco más y dejar de perderlo tan fácilmente. Haz la prueba.

Lo primero que vas a hacer es tomar un billete, de la cantidad que quieras, solo necesitas tenerlo entre tus manos. Ahora cierra los ojos y relaja tu cuerpo y tu mente, respira profundo y busca un espacio dentro de ti que se encuentre lleno de paz. Siente la energía que te transmite ese billete. Ya que estás conectado con él, vas a hacerle varias preguntas y piensa qué contestaría el dinero a cada una de tus preguntas:

¿Qué función tienes en mi vida?

¿Por qué te pierdo tan fácilmente?

¿Cómo puedo mejorar para tenerte?

¿Qué necesitas de mí?

¿Por qué tengo miedo a perderte?

¿Cuánto necesito de ti?

¿Qué puedo hacer para ya no pelearme contigo?

Apunta las respuestas que recibas y consérvalas en tu cartera para recordar siempre la relación real que tienes con el dinero. Créeme que funciona de una manera exitosa.

Mi día es hermoso

¿Te has preguntado alguna vez si tu día es hermoso? ¿Lo afirmas desde el momento en que despiertas, sin siquiera pensar en lo que realmente va a pasar en el transcurso de este día? ¿Solo dices: *hoy mi día es hermoso?*

Una de las cosas en las que concuerdan las personas felices es que deciden ver su día feliz sin siquiera cuestionarlo; no es algo que creen, es algo que saben. Uno debe tener la convicción de que todo va a salir de lo mejor, porque así elevamos nuestra frecuencia, y si nos encontramos con situaciones imprevistas, las cuales todos tenemos, simplemente las aceptamos como retos, no como obstáculos que decidan nuestra felicidad, sino que al contrario pueden fortalecerla.

Afrontar la vida con decisión y grandeza es una revelación que la vida misma nos otorga desde el momento en que decidimos tener una actitud positiva. El día de hoy decide ver así la vida: estar plenamente consciente de que será el día más hermoso desde que despiertes, solo diciendo: *Hoy es el día más perfecto de mi vida.*

Y por la noche escribe cómo te sentiste y cómo te fue.

Sé como el arbol del sándalo

*Debemos ser como el árbol del sándalo, que perfuma
hasta el hacha que lo corta.*

En la vida vamos a toparnos con situaciones o seres que logran
sacar nuestros monstruos, con personas que nos quieren ver la
cara, abusivas, o que te *pintan el cuerno* y te cortan; pero recuerda, el agravio es suyo, no tuyo. Debemos ser una reina o
un rey desde el principio hasta el fin: enteros, nobles, que aceptamos y sabemos perdonar.

Siempre nos preguntaremos cómo es que encontramos a esa
clase de gente destructiva. Es porque pocos tienen la capacidad
de avanzar sin herir a los demás, de tener una gran nobleza,
mientras que muchos vivimos con nuestro equipaje de problemas y nuestra armadura de personas inseguras los cuales nos
hacen vulnerables cuando algo malo nos sucede y caemos en la
incertidumbre, el miedo, el enojo, la falta de autoestima...

Hay que ser una persona noble, bondadosa y alegre que sabe
perdonar...

Sé como el árbol del sándalo.

Los cuatro elementos para lograr todo

Para tener cualquier cosa que queramos en la vida, necesitamos dar cuatro pasos para lograrla. Quizá quieras alcanzar el amor, tener trabajo y dinero, buena salud o cualquier idea que invada tu mente. Por ejemplo, muchas veces nos preguntamos: *¿Por qué no logro bajar de peso?* Ante cuestiones como esta, debes analizar cuál de los cuatro elementos no posees. Probablemente no tienes una buena actitud. *¿Por qué no tengo dinero?* Porque quizá no tengas el hábito del ahorro, ¿cierto?

El caso que tú me digas aplica a la tabla de los 4 elementos:

Actitud: Nosotros necesitamos tener el ánimo y el positivismo para lograr cualquier objetivo.

Determinación: Consiste en concentrarte o enfocarte en un objetivo o meta sin permitir que nada intervenga entre tú y tu objetivo, a pesar del tiempo que este requiera.

Disciplina: Es seguir una instrucción de forma constante para así alcanzar tu meta.

Hábito: La disciplina con el tiempo logra crear una acción automática que se genera sin esfuerzo alguno a esto se le llama hábito.

Algunos pacientes llegan conmigo pidiendo que los ayude, pero si no tienen buena actitud para empezar algo, no hay nadie que los pueda auxiliar.

Hasta el amor entra en esta tabla. Si nosotros queremos que alguien nos quiera, primero debemos crear el hábito de querernos a nosotros mismos, con ello perdemos los miedos y nos convertimos en personas seguras, y la seguridad es lo más atrayente de una persona.

Deja de victimizarte y logra tus objetivos, aquí tienes la clave.

Concretar tus proyectos

Haremos un ritual enfocado a que se concreten tus metas en la vida y a que siempre lleguen cosas buenas a tu camino. Es conveniente realizarlo en la entrada de primavera.

Lo único que necesitas es una semilla, una maceta con tierra, papel y pluma. Escribe todo lo que quieras para tu vida, principalmente los proyectos que anhelas concretar, sea en el área laboral, emocional, afectiva, material, etc. Ya que los tengas, envuelves la semilla con la hoja de papel donde escribiste. Vas a enterrar este paquetito en la tierra de la maceta y cada dos o tres días vas a regarla con agua.

Cuando veas que brotó la primera planta es porque tu deseo ya está por concretarse. No olvides regarla, porque si se muere lo más probable es que no se logre el proyecto.

Tiempo después, cuando la planta haya crecido, podrás moverla a otra maceta más grande, y tal vez crezca frondosa y te dé frutos y flores.

Hoy es el momento oportuno para darle crecimiento a tus proyectos de vida.

Ritual de las hadas

Este es un ritual que trae buena fortuna a tu vida. Existe una dimensión cercana a la nuestra donde habitan seres elementales como hadas, duendes, ninfas, unicornios y otros que para mucha gente no son míticos sino reales.

Te presento este ritual para conectarte con los seres elementales y ya no te hagan más travesuras en tu hogar o en la vida diaria, y más bien los tengas como aliados para nunca volver a perder algo, pero sobre todo para obtener buena fortuna.

Necesitas crear un pequeño altar, puede ser en alguna bardita de tu casa, en una mesita o en algún otro sitio donde puedas colocar flores blancas y rosas, las que prefieras, dulces, un cuarzo y varias velas verdes. Una vez acomodado todo, enciendes las velas y dices estas palabras:

Seres elementales que ayudan a proteger los árboles
y plantas, seres nobles y mágicos, les brindo esta pequeña
ofrenda dándoles la bienvenida en mi vida para que cuidemos
unos de otros. Ayúdenme a encontrar lo perdido y ganar
lo esperado. Con mi eterno agradecimiento,
les abro mi corazón y mi alma.

Eso es todo, ahora espera los resultados.

Haz tu propio Mandala

Un Mandala es un diagrama con imágenes y líneas que crean símbolos de protección, como la cruz o el trébol de cuatro hojas. Tener tu propio símbolo pintado en una madera o en una piedra, y llevándolo contigo a donde vayas, te brinda una gran oportunidad para protegerte de cualquier inseguridad y violencia del mundo exterior.

Para elaborar tu Mandala necesitas una hoja en blanco, lápiz y varios colores.

Sin aretes ni anillos, nada puesto, cierra los ojos, inhala profundo y exhala, relaja tus músculos y deja que los pensamientos vuelen como nubes. Ahora imagina un espacio oscuro donde te encuentras completamente desnudo flotando en el aire. De pronto sientes un frío del exterior y te acomodas en posición fetal.

Ante tal frío, pide al universo que te cubra con un símbolo de protección y que no deje de cuidarte. Ahora ve cómo va formándose un símbolo… solo observa cómo se crea. Pueden salir muchos colores o solo algunos; no pierdas de vista cada línea y cada forma, pues al abrir los ojos eso será lo que dibujarás. Cuando termines de ver el símbolo, éste se acercará a ti y te cubrirá con una cálida energía de amor. Inhala profundamente y al exhalar abre los ojos.

En ese momento, dibuja tu Mandala con sus colores, líneas y formas, tal cual apareció en tu relajación. Cuando tengas tu dibujo listo, puedes pintarlo también en un cuarzo o en un pedacito de madera.

Consulta a tu médico

Siempre dejamos para el último los pendientes del doctor, dentista, ginecólogo, etc. Hoy es el día de agendar citas indispensables.

No pierdas la oportunidad de revisar tu cuerpo, necesita una checadita de vez en cuando, igual y hoy no lo ves, pero en el futuro puede ser un tema importante. Solo vamos al doctor cuando necesitamos ir, aunque platicando con alguien me comentó que no hay que ir al doctor a menos que te sientas muy mal, si no, te conviertes en un hipocondriaco al que cualquier cosita que sienta lo asusta.

Una limpieza de dientes, una visita al ginecólogo, al dermatólogo o al oculista son estrictamente necesarias por lo menos una vez al año. ¿Hace cuánto tiempo te hicieron una limpieza de dientes? ¿Cuántas veces te repites que debes usar lentes porque de noche ya no ves bien?

Pues hoy es importante agendar estas necesidades básicas, no te pido que vayas hoy a todas, pero sí que hagas el intento de hablar a los consultorios y hacer tus citas. Al hacer esto, habrá una palomita más en tu organización de vida.

Te amo, te quiero, te extraño

Qué bonito es escuchar palabras dulces y tiernas al oído, ¿no?; no importa de quién vengan, son palabras que elevan el estado de ánimo. ¿Si sabemos lo que nos producen, por qué no las decimos nosotros a las personas que nos importan?

Cada una de estas palabras tiene un valor y un significado muy profundo en nosotros, y permanecemos mucho tiempo en espera de decirle a esa persona especial *te amo*; nos hemos vuelto tan fríos que no nos atrevemos decirle a alguien que queremos *te extraño*. ¿Acaso no amas a tu mamá? ¿A tus hermanos? ¿Acaso no extrañas a tu amigo cuando recuerdas cómo se divertían juntos él y tú?

Por lo tanto, a partir de hoy, a las personas con quienes te encuentres y sientas algo especial por ellas vas a decirles cualquiera de estas tres frases: *te amo, te quiero, te extraño*.

Si es tu pareja, alguien de tu familia, un amigo, o quien sea, hazles saber lo que sientes:

Te amo: cuando tu corazón se encuentra realmente entregado.

Te quiero: cuando su amor es importante para ti.

Te extraño: cuando sientes lejos a la persona y quisieras tenerla más cerca.

Disfruta el chocolate

¿Conoces las propiedades del chocolate? ¿Sabías que el chocolate tiene una sustancia similar a la que produce el amor? Por eso se nos antojan los chocolates cuando nos sentimos tristes o vemos una escena triste en una película. De hecho, hay adictos al chocolate.

El chocolate inhibe el insomnio y alivia el cansancio. Aunque no es una droga, tiene efectos adictivos por la teobromina (estimulante cardiaco que provoca antojo y da una sensación de placer). Además, contiene otra sustancia llamada feniletilamina que, al ser sintetizada por el cerebro junto con la secreción de anfetaminas naturales, durante el orgasmo producen un estado de euforia y enamoramiento. Por último, y éste es muy interesante, tiene otro compuesto químico, la anandamida, que da una sensación de bienestar y felicidad general.

Por lo tanto, este es el mejor momento para comerte uno que otro chocolatito, ¡disfrútalos! Es más recomendable el chocolate oscuro porque tiene mayor cantidad de cacao y menos manteca.

Ojo: no abuses porque pueden producirte el efecto contrario.

Escribe un poema

Tenemos la falsa creencia de que solo algunos individuos pueden ser poetas, pero la poesía vive en cada uno de nosotros. Hoy es un buen día para sacar a ese ser inspirado y enamorado de la vida.

Diviértete escribiendo algo lindo. Primero piensa en un buen título, como "Mi día azul". Si se te complica hacer un poema porque nunca has hecho uno, aquí te doy unos tips para que puedas hacerlo:

1. Escribe en una hoja todas las palabras posibles que te guste escuchar, por ejemplo:
   luna, estrellas, nubes, cielo, amor, sentimiento...

2. Ya que hayas escrito varias, ahora une unas con otras, por ejemplo:
   Las nubes se abren para poder ver el cielo con estrellas.
   ¿Te das cuenta cómo las uní?

3. Ahora trata de darle sentido a cada oración y júntalas entre sí, por ejemplo:
   Las nubes se abren para poder ver el cielo con estrellas,
   Mas la luz de la luna con su amor despierta en mí un
   sentimiento de esperanza.

¿Ves qué sencillo?

Ahora es tu turno, y cuando termines, léelo para ti o con quien quieras compartirlo.

Masaje de pies

En los pies tenemos todas las terminaciones de los órganos vitales, por lo que darles un masaje estimulará el bienestar de tu cuerpo. Para este día necesitamos un aceitito o una crema para pies.

- Primero vas a lavar tus pies con agua caliente y al terminar los secas.
- Pones una buena cantidad de crema en tu mano y empiezas por frotarte la planta del pie, donde se encuentra el área de los pulmones; el hígado en la zona central; en la parte inferior, cerca de los talones, los riñones y los intestinos grueso y delgado.
- Luego masajea los talones, con lo que mejorarás rodillas, caderas, genitales y el recto; pasa al final del pie llegando al tobillo, para sanar los pies. En los lados de la parte superior de las plantas tonificas la vejiga, hombros, espina dorsal, esófago, bronquios y garganta.
- En el dedo pulgar, la boca, glándulas pituitaria y pineal.
- Dedo índice, los ojos.
- Mayor, una parte del cerebro.
- Anular, la otra parte del cerebro.
- Meñique, orejas y cerebro.

Haz el masaje en los dos pies y producirás una relajación que tu cuerpo entero agradecerá.

Color verde

Hoy es nuestro día verde. El verde tiene una fuerte afinidad con la naturaleza para conectarte a ella. Nos hace llevarnos bien con los demás y nos ayuda a encontrar nuestras verdaderas palabras. Es el color que nuestro ojo percibe con mayor facilidad y lo buscamos instintivamente cuando estamos deprimidos, sobre todo cuando nos encontramos en medio de cambios drásticos en nuestra vida, como una separación o divorcio, ya que proporciona una sensación de confort y calma. También nos ayuda a ser más equilibrados con lo que sentimos y con los cambios que estamos próximos a vivir.

Recomiendo que hagas meditaciones constantes con el color verde, pues eso te ayudará a encontrar tu hogar y, más que nada, a arraigarte y no perderte en el camino.

Ahora bien, como con todos los colores, siempre recomiendo usar tonalidades claras, porque las oscuras pueden perjudicar nuestro estado de ánimo.

Comer verde contribuye a tener un buen sistema digestivo y te traerá longevidad; por eso hay que comer verduras, es lo mejor.

Cantando bajo la lluvia

Para lograr el objetivo de este ejercicio debe ser un día de lluvia. A muchas personas los días lluviosos pueden entristecerlas o hasta deprimirlas, pero la lluvia tiene un efecto mucho más trascendente de lo que te imaginas, fíjate que ayuda a limpiar tu energía y purifica tu alma. Entonces, ¡busca la oportunidad de darte ese baño de lluvia!

Hay que vencer falsos temores y salir a bailar y cantar en la lluvia. Mójate a tus anchas, sin miramientos, deja por un momento de ser adulto y miedoso al aguacero, ¡atrévete a vivir con intensidad! Canta lo que quieras y grítale al mundo que te estás limpiando y depurando. La adrenalina que liberas en ese momento crea la elevación energética de tu cuerpo, pues entraste en contacto con una de las más maravillosas manifestaciones de la naturaleza y eso te da gran fortaleza emocional.

Cuando termines de mojarte en la lluvia, te metes a bañar con agua calientita, y al salir, tómate un té. Créeme que después de este día verás muy distinta la lluvia.

Ahorra tiempo

El tiempo es algo creado por el hombre, sin embargo, no siempre somos conscientes de lo que puede significar el tiempo en nuestras vidas.

Solo con 30 minutos: con que salgas de tu casa solo 30 minutos más temprano, y también con que salgas 30 minutos antes de tu oficina, podrás regalarte un tiempo precioso para hacer algo de placer en tu día. No puedes decir: *no tengo tiempo*. Con ese ratito extra puedes hacer muchas cosas; por ejemplo, ir al gimnasio, tomar una clase de baile, tomar un café con alguien, meditar, en fin, puedes hacer tantas cosas...

Cuántas veces preferimos dormir y la flojera nos consume a tal grado que solo hacemos lo indispensable; y eso a veces porque nada más comemos un cereal y salimos corriendo, o a la hora de la comida nos conformamos con cualquier cosa. ¡Aguas con perder el objetivo real de la existencia humana que es *vivir*!

Puedes hacer mucho más cosas de las que crees, pero empieza con quitarte 30 minutos de flojera y aprovéchalos para hacer algo productivo; solo inténtalo el día de hoy y, si te funciona, te recomiendo que sigas haciéndolo.

El disco del rescate

Definitivamente la música es sanadora, sobre todo porque nos transporta a un mundo donde somos libres, imaginamos las cosas que queremos y podemos estar con nosotros mismos. Por eso, siempre que escuchamos una canción que nos gusta, nuestro cuerpo y nuestra mente se emocionan, la piel se nos enchina y necesitamos saber quién la canta para después poderla cantar a la par con el artista.

En mi historia como cantante tuve anécdotas muy conmovedoras. Recuerdo una de un querido admirador que vivía muy desilusionado de la vida, y un día que ya no podía más, quiso suicidarse. En ese momento escuchó a lo lejos la canción "Vive", del grupo Kabah (al que yo pertenecía), reflexionó su decisión y su vida cambió. Hoy sé que se ha convertido en un hombre de éxito, lleno de logros. Para mí eso también cambió mi vida.

Lo que quiero que entiendas con esta anécdota es que no debemos tomar a la ligera la música que escuchamos porque puede enviarnos señales acerca de qué rumbo tomar o qué aprender de la vida.

Este día vas a grabar un disco con tus canciones favoritas, trata de que sean lo más divertidas posibles, le pondrás por título *El disco del rescate*, y siempre que te sientas triste, escúchalo; será tu mejor medicina.

Hoy por ti

Qué te parece si el día de hoy decidimos ayudar a alguien de la calle, o a quien tú quieras, en la forma que quieras. Para hacerlo, necesitas ponerle atención a la persona que vas a ayudar. Dado que una moneda no hace el milagro, platica con ella o él, escúchale, trata de darle un consejo, y quizás hasta puedes acudir a uno de este libro. Si quieres darle dinero también puedes hacerlo, pero lo importante es que profundices más en su vida y que ambos puedan beneficiarse con esta acción.

Cuando lo hayas hecho, podrás palomear esta hoja y también tu alma, porque una ayuda así no solo favorece al otro, sino a uno mismo. Dejemos de pensar solo en nuestro yo, en lo que yo quiero y no tengo, y preocupémonos por alguien más. La respuesta que escucharás de quien ayudes será un mensaje clarísimo para ti, probablemente el mensaje que estabas buscando.

Las historias de los demás pueden darle una visión distinta a nuestras vidas, solo necesitas acercarte a ellos y escucharlos.

¿Qué te dice el número donde vives?

Tu espacio es un lugar sagrado, sea casa propia o rentada, tú estás en esa casa por una razón que vamos a descubrir ahora. Cuando tienes claros los números que te rodean, entiendes por qué convives en un mismo espacio y así comprendes mejor a tu hermana, amigo, pareja, papás. Empecemos:

1. Independencia, inicio, desarrollo individual, creación de dinámicas, conocerse más.
2. Compartir, entender, perdonar, aligerar tu carácter, vivir en pareja.
3. Formar una familia, comunicar, decir lo que sientes, interactuar, desarrollar nuevas habilidades.
4. Estructurar, organizar, acatar las reglas, ser responsable, ordenado.
5. Ser más libres, disfrutar la vida, viajar, aprender a soltarte, cuidar tu salud.
6. Crear armonía, sensibilidad, belleza, aprender a hacer cosas como cocinar, ser servicial, apoyar.
7. Tomar decisiones, actuar, pensar antes de hablar, estrategias para mejorar tus relaciones, escuchar.
8. Mejorar tu estilo de vida, cuidar tu salud, cambiar de trabajo, adaptarte, tener experiencias.
9. Ayudar al prójimo, cuidar tus emociones extremas, no juzgar, evitar chismes de familia.
10. Convivir, expresar tus sentimientos, crear buenos hábitos, permanecer, apreciar.

Si tu número es 316, sumas 3, 1 y 6 para obtener un número de un solo dígito, que es con el que vas a trabajar. Por ejemplo: $3 + 1 + 6 = 10$, sumas $1 + 0 = 1$, da el dígito 1; este es tu número casa.

Te regalo algo viejo

En diferentes partes del mundo existen formas distintas de pedir cambios para nuestra vida, claro, todas positivas. Hay un ritual que a mí me funcionó muy bien y quizá te preguntes: ¿por qué funciona?; científicamente no hay respuesta, pero espiritualmente sí.

La idea es buscar objetos de tu pasado que de alguna manera tuvieron un significado para ti y que tengas el valor de deshacerte de ellos. Pueden ser juguetes de la infancia, ropa de alguna época que te gustaba mucho, libros, etc. Cuando los hayas juntado, vas a regalárselos a alguien que creas pudiera necesitarlos y darles buen uso.

A pesar de que es lindo hacerlo sin esperar algo a cambio, la realidad es que sí obtenemos una recompensa. La razón es porque diste un espacio de tu vida emocional y física y, con ello, podrás recibir algo nuevo, ya sea alguna situación favorable, un regalo o algo que siempre quisiste.

Yo así obtuve mi recompensa y lo agradecí infinitamente. Ahora lo puedes hacer tú, a ver qué te parece.

Terapia de risas

Vamos a hacer ejercicios para sanar por medio de la *Risoterapia*. El primero es percibir cómo trabaja la risa en tu cuerpo; ten en cuenta que cada vocal afecta de distinta manera tu respiración, de ahí que varíen sus beneficios.

- Siéntate y pon tus manos en tu abdomen, inhala y, al exhalar, suelta una carcajada con la letra A, que se oiga: jajajaja. Esto mejora tu sistema digestivo y tus genitales.
- Vuelve a inhalar y ahora ríe con la E, que se escuche: *jejejejeje*. Ayuda en la función hepática y la vesícula biliar.
- Lo mismo con la I, para ayudar a la tiroides y la circulación.
- Vamos con la O, estimulará nuestro sistema nervioso central y la irrigación cerebral.
- Acabamos con la U, que se oiga: *jujuju*, para trabajar en la función respiratoria y pulmonar.

En el siguiente ejercicio amarras muy bien un globo a cada uno de tus zapatos; pon una canción que te guste, tienes que ponchar cada globo con el pie contrario antes de que acabe la canción.

Por último, te pones frente al espejo y te ríes con todas tus fuerzas. Aunque al principio sea fingida la risa, tú mismo te vas a contagiar y eventualmente soltarás tu risa natural.

En conclusión, la risa tiene la capacidad de liberar las endorfinas en tu cerebro y eliminas estrés y depresión; también se refuerza tu sistema inmunológico. Si decides agregar a tu vida cinco minutos diarios de risa, mejorará tu salud mental y tu estado de ánimo.

Té chai

Hoy en día el té chai es sin duda uno de los más famosos tés entre la gente joven. No sé si sea porque nos sentimos más sanos o porque con tanta leche, espuma y chispas de chocolate se convierte en una malteada deliciosa. Lo que sí puedo decirles es que quienes tomamos té chai obtenemos grandes beneficios porque:

- Estimula y equilibra la digestión; evita la flatulencia y suprime la diarrea.

- Por su cantidad de antioxidantes, previene de enfermedades vasculares, reduce el riesgo de cáncer, alivia trastornos respiratorios, es antinflamatorio; pero más que nada, te llena de energía para estar activo durante el día.

- Pueden variar un poco sus ingredientes, según quien lo prepare, pero básicamente lleva especias como canela, jengibre, clavo, cardamomo, nuez moscada y pimienta negra, todas estimulantes para el cuerpo; y otra buena noticia es que su contenido de cafeína representa solo un tercio comparado con el café.

Así que hoy mismo tómate un té chai y disfruta de un buen momento.

Clarifica tus metas

*Apunta a la luna porque aun si fallas
siempre caerás en las estrellas.*

Esta frase me ha dado tanta fuerza para cumplir los objetivos de mi vida… Tal como lo dice: mientras tengas claras tus metas, no importa que no llegues al lugar que esperabas, ya que puedes ascender a donde nunca imaginaste.

Tratamos de ver nuestro objetivo como lo máximo para nosotros, pero debemos estar conscientes de que en el camino podemos encontrarnos con algo diferente y aún mejor de lo que teníamos en mente. Por ejemplo: te da miedo acercarte a la persona que te gusta, y bueno… un día te avientas y te das cuenta de que no era la mejor opción; pero, ¡oh sorpresa!, su hermano o hermana sí lo era y se convierte en la pareja de tu vida.

Esto lo vemos todos los días en todos los ámbitos de la vida; la idea básica es que siempre sueñes con llegar a algún lado, no importa qué tan lejos sea, mientras decidas apuntar a tus mayores deseos… y la vida te podrá sorprender.

El día de hoy reflexiona hacia dónde vas y dale todo el poder a ello.

Abraza un árbol

Cuando hago sanaciones o limpiezas importantes, especialmente si la persona está muy cargada de cierto tipo de energía, aunque no quiera mi cuerpo absorbe mucho de ésta. Para estos casos me han aconsejado que abrace un árbol.

La razón es que los árboles son los seres más arraigados a este mundo y tienen contacto con zonas de la tierra de muy alto nivel energético. Por ello, si abrazas un árbol, éste tiene la capacidad de absorber todo lo que a tu cuerpo le está afectando del exterior, ya sea por estrés, miedos, energías negativas de la gente o por presiones laborales, sentimentales o físicas.

Este día haz el ejercicio de abrazar un árbol. Tal como lo lees, solo extiende tus brazos y abrázalo como si fuera tu mejor amigo; cierra los ojos y descansa durante cinco minutos en ese acto. Después de eso, simplemente te sueltas. La energía que haya absorbido el árbol será transformada en energía positiva para la tierra.

Así que si algún día te sientes muy agobiado, o incluso enojado, abraza un árbol… Él se llevará de ti la energía que te agobia y la transmutará en algo positivo.

Nunca lo había hecho

Este ejercicio es para enseñarnos a romper con las estructuras tan marcadas que de pronto nos imponemos, pues a pesar de que soñamos ser libres, nunca damos ni siquiera el primer paso.

También va a ayudarte a combatir esa imposibilidad de lograr tus deseos. Es momento de romper miedos, así que el día de hoy harás algo que nunca antes hayas hecho, no sé, cualquier locura.

Un ejemplo: en una clase de tanatología nos dieron como tarea hacer una locura y tomarnos una foto cuando la estuviéramos haciendo; también explicar pcr qué la hicimos. ¡Este era el examen! Hubo el caso de un hombre serio que hizo un *strip-tease* o de una señora mayor que se disfrazó de payaso. Yo me disfracé de pájaro y me subí a un árbol; siempre quise ser ave y volar, y pues esta vez lo hice, claro que parecía una botarga montada en un árbol y me veía algo ridículo, pero me tomé la foto y me divertí mucho haciéndolo. En verdad algo en ti se libera… Y al menos sé que cuando esté viejito podré reírme de mi anécdota del pájaro volador.

Ahora bien, este no es tu examen pero sí tu día. Es importante que te tomes la foto y la enseñes a tus seres queridos, o me la envíes a apioquijano@yahoo.com.mx para lograr el objetivo.

¡Anda, anímate!

Bibliomancia: adivina con libros

Se trata de la adivinación con libros. Este día nos vamos a divertir y a llenarnos de misterio y sorpresa.

Piensa en una pregunta; cuando la tengas en mente, toca tres veces la portada del libro que sea, lo abres al azar en una página y pones el dedo en cualquier renglón. Ahora bien, el secreto está en que si abres siete libros tendrás la respuesta completa a tu pregunta.

Este ejercicio requiere astucia para descifrar todo lo que se te vaya diciendo al unir un libro con otro. No es necesario que tengan continuidad los libros al abrirlos, puedes ver uno, luego otro, revolverlos y sacar así una conclusión.

Vas a escribir esa conclusión en tu *scrapbook,* o libro en blanco, y te vas a dormir pensando en ella.

Por la mañana, escribe lo que soñaste junto a tu conclusión; también trata de unir la simbología. Es cierto, el ejercicio se ve complicado, pero el chiste es ponerte en el papel de detective y que las pistas te lleven con éxito al final del caso, o sea, descifrar el mensaje que te envía el cosmos.

Hacer un nuevo amigo

En esta época tener nuevas amistades es más sencillo que en cualquiera otra, gracias a medios de comunicación como Twitter, Facebook, Youtube, etc. Con esto en mente, tu objetivo del día es buscar a una persona desconocida y hacerla tu amiga.

Conforme crecemos, vamos necesitando amigos o hermanos con quienes podamos contarnos nuestras historias. Un amigo te da el apoyo y te comprende. Ahora bien, ¿crees que las amistades que tienes ahora son las únicas que puedes tener? De hecho no es así, poseemos la capacidad de tener muchos amigos más para crear nuevos vínculos. Tenemos nuestros *amigos de cajón*, pero no nos cuesta nada tener uno que otro nuevo.

¿Cómo hacerlo? Escribe un nombre al azar en Facebook o Twitter; si no se te da lo de la computadora, esfuérzate y aprende, pídele a alguien que te enseñe, es importante conocer el mundo donde vives y aprovechar las ventajas de la tecnología, si no, quedamos obsoletos. Bueno, entonces pones un nombre al azar y envías un mensaje privado diciendo: *Hola, mucho gusto. Vi tu foto y tus comentarios y me caíste muy bien. Ojalá podamos platicar, comparto muchas de tus ideas.* Pero como no vas a esperar años a ver si te contesta, haces lo mismo con cinco o diez personas más, ten opciones.

Si recibes respuesta, sigue platicando, puede ser un gran amigo o hasta algo más...

Agradecimientos y dedicatorias

Uno de los grandes aciertos de cantantes, escritores y de todo tipo de artistas para su propio beneficio son los agradecimientos y dedicatorias que hacen cuando consolidan un nuevo proyecto. ¿Pero solo los artistas pueden? No, tú también puedes hacerlo. Ahora es un momento perfecto para agradecer a cada uno de los que amas, llenándolo de palabras dulces.

Escribe en una hoja o en tu *scrapbook* los nombres de las personas más importantes en tu vida y a un lado la dedicatoria o agradecimiento que les harías. Probablemente con ciertas personas haya lazos más profundos de lo que pensabas; hoy tienes el justificante perfecto para expresar lo que sientes y, por fin, podérselos decir.

Puedes empezar diciendo que estás haciendo un trabajo interno de sanación y de liberación; por lo tanto, quieres aprovechar para expresar: *Mamá, gracias por existir en mi vida, por enseñarme, por cuidarme, por ser parte de mi historia; el tenerte en ella ha engrandecido cada decisión y cada paso que he dado.* O bien: *Gracias, hermano, por tu confianza y tu compañía.*

Y así vas haciéndolo con quien desees.

Yo ya tengo un poco de callo en estas cosas y puedo decirte que la mejor forma para inspirarte es poniendo música nostálgica o romántica, pues así te saldrán las palabras fácilmente. Inténtalo, y con tu sentir cámbiales la vida a quienes amas.

La otra vela

En los hechizos para el amor, dinero, salud y demás, los conocedores siempre recomiendan conseguir velas de color rosa, verde, amarilla. Hoy te voy a revelar un gran secreto, se trata del hechizo escondido en las velas, el cual potencializa al máximo su poder.

Compra una vela normal, de las alargadas (pilar), de color blanco. Con una aguja vas a dibujarle en la superficie símbolos de lo que deseas; por ejemplo, si se trata de dinero, pones el símbolo $; si es amor, puede ser un corazón; buena suerte, un trébol; buena salud, una estrella, y así... dibujas los símbolos que gustes. Ya que lo hayas hecho, frotas la vela por todo tu cuerpo, sin ropa, claro. Si gustas, báñate después.

Dejarás prendida esa vela todos los días durante una hora hasta que se consuma casi por completo.

¡Y aquí se genera el efecto mágico de las velas! Volteas la vela, sacas un poco el pabilo de la base y lo vas a prender por ese lado hasta que se acabe. ¡No sabes lo que vas a lograr con esto!

Chismógrafo

Probablemente a algunos de ustedes les tocó el famosísimo *chismógrafo*, donde uno se enteraba de los más grandes secretos de sus compañeros de clase, pero si no lo conocieron, se los explico.

En un cuaderno alguien escribe varias preguntas respecto a gustos personales, miedos, películas favoritas, fobias, etc. Los demás van anotando sus respuestas y al final uno se queda con toda la información, de modo que así conoces mejor a tus compañeros.

Aunque no lo crean, este sistema sirve para mejorar la relación entre personas de una oficina, para conocer más a tu familia, a tus nuevos amigos y hasta tu pareja. El material necesario para tu *chismógrafo*: cuaderno y pluma. Incluyo preguntas que puedes agregarle.

Va a ir una pregunta en cada hoja del cuaderno, en la primera hoja indicas el símbolo que irá en todas las hojas siguientes para reconocer de quién es la respuesta.

- Nombre.
- Fecha de nacimiento.
- Signo del zodiaco.
- Canción favorita.
- Película favorita.
- Tus mañas o manías.
- Las personas más importantes en tu vida.
- Comida favorita.
- Lugar favorito que ya conoces.
- Lugar favorito por conocer.
- Mejor amigo.
- Libro favorito.
- Tu pecado capital.
- Tu religión.
- ¿Cómo te gustan los hombres o las mujeres?
- El mejor beso.
- ¿Quién te gusta?
- ¿Cómo te visualizas en el futuro?

Y muchas otras preguntas que se te ocurran.
Vas a divertirte y aprenderás mucho.

Complejo de dios

¿Conoces el complejo de dios? Es el complejo del que todo lo puede, de quien piensa que en sus manos está cualquier solución. Se cree el superhéroe que vino a rescatar a las personas que tanta ayuda necesitan.

¿Te hace sentido?

Este complejo se da cuando crees que puedes hacer todo, que jamás caes porque nunca te enfermas, no te duele, no sientes y puedes resolver todo.

¿Vas entendiendo el complejo de dios?

Lo padece quien cree que todo está en sus manos, su vida y las de los demás: trata de salvar al enfermo, al adicto, al infiel, al problemático.

Creo que ya sabes de qué te hablo.

Cuántas relaciones sentimentales has encontrado en tu vida, creyendo que está en ti el cambio de la otra persona; es drogadicto, pero claro, tú puedes con sus problemas, es más, ¡tú puedes resolver su vida!

Sin embargo, los golpes son duros cuando nos damos cuenta de que no es así. Cuando tenemos el complejo de dios nos sentimos superpoderosos y, aunque muchas cosas las hacemos por amor, hay algunas que no dependen de nosotros. Dependen de algo que está más allá de nuestro alcance...

Por lo tanto, suéltalo, no eres Supermán, eres un ser humano. No esperes resolver todos los problemas de los demás. Aprende que no está en ti su salvación. No insistas, mejor dile que tiene unas alas y que deberá aprender a usarlas por sí mismo, no se las quieras abrir tú.

La vanidad

La vanidad nos come a todos, ya sea para descuartizarnos frente al espejo o para adularnos como narcisos. Pero también es cierto que el espejo representa el reflejo de nuestras inseguridades, si estás flaco o gordo, tienes pelo chino o lacio, granos o arrugas.

¿Qué pasaría si no tuviéramos que ver cómo envejecemos o cómo esperamos más de nuestro físico? ¿Qué pasaría si no existieran los espejos que reflejan tu edad y tus miedos?

Sin duda, aceptaríamos nuestra imagen y viviríamos más años; no nos sorprenderíamos por los cambios y simplemente nos enfocaríamos en vivir.

En el ejercicio de hoy no habrá nada de espejos a tu alrededor, los vas a tapar todos y no te mirarás en todo el día. Si te peinaste chueco o el rímel no está en su lugar, es tu rollo, es parte del proceso de aceptación.

Lo importante es cumplir con la tarea y demostrarte que puedes no verte en el espejo durante todo un día y que al final describas cómo te sentiste por no hacerlo.

¿Crees que tu vanidad te permitirá hacer el ejercicio?

Masaje metamórfico

El masaje metamórfico es una técnica súper interesante en la que por medio de un masaje en el pulgar podemos tener visiones de nuestro pasado y futuro. También se despiertan escenas de tu vida que bloqueaste debido a diferentes circunstancias y para sanar situaciones de tu presente es necesario liberar esos bloqueos.

Lo único que necesitas es un aceite de masaje o una crema. Si eres diestro, vas a trabajar en el dedo pulgar de tu mano derecha, untando el aceite sobre éste (si eres zurdo, lo haces al revés); vas a frotar un pulgar con el otro, empezando desde la punta del dedo (donde sale la uña), cierras los ojos y muy lentamente bajas por un lado del dedo pulgar haciendo un masaje circular hasta que tu dedo que hace el masaje llegue a la muñeca. Mientras lo haces, deja que tu mente vuele, y si llegan escenas de tu pasado solo recíbelas; recuerda todo lo que te llegue, relájate y recibe la información. Al terminar, escribe lo que viste, trata de analizarlo, averigua de qué año es, etc.

En esta técnica se dice que la punta del dedo es nuestro nacimiento y mientras bajas por la lateral del pulgar vas tocando todas tus edades, incluyendo las que están por venir. Esto también puedes hacerlo con alguien más.

Ejercicios mentales

¿Recuerdas cuando te pedí hacer una pintura porque necesitábamos activar nuestro hemisferio derecho? Pues ahora voy a pedirte que activemos el hemisferio izquierdo; para ello, el día de hoy necesitamos adiestrar nuestra mente con ejercicios mentales; puede ser sudoku, memoria, crucigramas, ajedrez o el que quieras.

Se ha demostrado que tiene beneficios mentales muy importantes, ya que estimula la lógica, el razonamiento, la concentración y la agilidad mental. En la Universidad de Edimburgo, en Inglaterra, descubrieron que hacer ejercicios mentales estimula las neuronas, haciéndolas más resistentes a cualquier agente nocivo como alcohol, medicamentos o drogas, además de hacerlas más longevas; también se detiene el progreso de enfermedades como el Alzheimer y mejora la memoria.

Es como si tu mente el día de hoy fuera al *gym*, pues así como el cuerpo necesita ejercitarse, también nuestra mente, y si no es así se atrofia… y no quiero que se te atrofie porque luego vienen los desequilibrios químicos.

Para que esto no suceda, ¡juguemos con nuestra mente!

Pedir un deseo

La fe es lo último que muere; de hecho, la fe nunca debe apagarse, es mucho más fuerte que hasta la misma suerte; la fe mueve montañas, nos hace cambiar, nos hace desear y nos convierte otra vez en niños.

Cuando era niño me dijeron que a la primera estrella que apareciera en el cielo le pidiera un deseo y que éste se me cumpliría. Todas las noches de mi infancia buscaba un nuevo deseo por pedir, era el mejor momento de mi día, sabía que algo mágico sucedería sin darme cuenta de que lo que estaba haciendo día con día era construir mi fe.

Ya adolescente, me sentía muy adulto diciendo que eso era para niños, pero crecí y descubrí que no podía perder la fe y volví a creer que la estrella me cumpliría todo lo que le pidiera, pero era más esa sensación de desear con los ojos cerrados; y puedo jurar que muchas cosas se cumplieron.

Hoy, frente a lo oscuro de la noche, veo la primera estrella y sonrío y me acuerdo de mi niño interno deseando miles de juguetes, y no hay día que no pida un deseo a la primera estrella.

Si alguna vez haces esto, no pierdas la costumbre; y si nunca lo has hecho, te has perdido de muchos deseos por cumplirse, pero el día de hoy puedes empezar, no te arrepentirás.

Regala una moneda

Charlar de dinero es hablar de una necesidad primaria; hay veces que tenemos más dinero que otras, pero el común denominador es que ¡siempre lo necesitamos!

¿Qué tal si te dijera que hay una forma para que nunca te falte dinero? No es que vayas a sacarte la lotería, se trata de que por lo menos tengas la seguridad de que año con año vas a recibir el dinero necesario.

Lograr esto es muy fácil, solo necesitas un billete de 100 pesos. Te voy a pedir que vayas al banco y lo cambies por puras monedas de 5, 2 y 1 peso. Una vez que tengas todas tus monedas vas a salir a la calle y les darás una moneda a los que no tengan dinero, también a tus amigos y familiares, no importa cuál le des a cada quien, lo importante es esta frase que vas a decir:

Te brindo una moneda de mi esfuerzo, te traerá seguridad mientras la conserves y no te faltará comida en tu mesa, ni techo donde dormir.

Solo eso.

El dar algo tuyo a los demás siempre será recompensado y agradecido por la vida, así que si das de ti, te darán a ti...

La mujer y el tenedor

Esta historia habla de una mujer que se encontraba en la etapa terminal de su vida, y cuando le preguntaron cómo deseaba morir, ella contestó:

—Quisiera estar vestida de blanco y que me entierren cerca de mis seres queridos, pero sobre todo quiero llevar conmigo un tenedor en la mano.

La familia, desconcertada, le preguntó:

—¿Pero cómo un tenedor? No entendemos.

Ella respondió:

—Cuando era niña, a la hora de la comida siempre me decían: *Conserva el tenedor porque falta el postre.* Para mí el postre era lo mejor de toda la comida: pays, chocolates, bombones, pasteles, era lo más dulce de mis alimentos. Por ello, cuando me entierren y pregunten por qué llevo un tenedor en la mano, ustedes contestarán: *Porque lo mejor está por venir.*

Esta es una forma positiva de ver la muerte y no sufrirla como muchos lo hacen; simplemente hay que abrir los brazos y aceptar lo que venga con la mejor actitud.

Me encanta esta historia… consérvala y cuéntala a todo aquel que la necesite; por lo pronto, a mí entiérrenme con un tenedor en la mano.

Componer una canción

¿Quién dijo que no puedes llegar a ser lo que quieres ser?

Esta vez necesito de tu creatividad y tu inspiración porque el día de hoy vas a componer una canción, así es. Te vas a divertir mucho.

Primero, empieza por saber el tipo de canción que quisieras componer: balada, dance, rock; tú decides.

Luego, crea una tonadilla: la, lara, la, la; si puedes, grábala, escúchala varias veces y hazle las modificaciones que consideres necesarias.

Después, a esa tonadilla vas a ponerle letra; trata de ser divertido en tu letra, no hables de las quesadillas de la mañana, digo, si te quieres ver muy profundo está bien, pero puedes empezar por algo relajado para que no te estreses, ya que este es un ejercicio de relajación.

Cuando ya la tengas, vuelve a grabar, pero ahora solo tu voz con la tonada de la canción.

Cuando termines, pídele a alguien que le ponga música con algún instrumento (piano, guitarra, etc.); puedes conservarla y podrás decir que has sido compositor y cantante, hasta puedes pedirle a tus amigos que sean tu público y les cantas muy inspirado la canción que tú mismo compusiste...

Date crédito

Hoy debes darte crédito; ¿cuántas veces te autocriticas o te exiges en demasía? Pero eso sí, ¿cuándo te echas porras? ¿Cuándo dices bravo por todo lo que he logrado hasta el día de hoy? Sin importar qué tanto ha sido, simplemente échate las porras que mereces, di: *¡Soy lo máximo! ¡Qué padre que he llegado hasta este punto! ¡Gracias a lo que viví soy lo que soy!*

Si no lo hacemos, nos convertimos en personas para las que nada es suficiente. Debemos aprender a estar satisfechos; es como querer comer y comer y nunca saciarte. Tarde o temprano vamos a explotar. Aquí te dejo estas preguntas para que las contestes:

- ¿Qué has logrado hasta el día de hoy?
- ¿Por cuántas dificultades has tenido que pasar para llegar hasta aquí?
- ¿Qué parte de tu vida merece el mejor aplauso?
- ¿Con qué te puedes sentir satisfecho(a)?
- ¿Quién eres hoy y gracias a qué?

Bueno, al responder estas preguntas, te pido que no te metas la pata diciendo: *Me pudo haber ido mejor,* o *No es suficiente* o *No soy feliz con lo que he logrado.*

Uno debe estar agradecido hasta de estar vivo, a pesar de todos los obstáculos en la vida. ¡Date crédito!

Afrodisiacos

La palabra afrodisiaco deriva de Afrodita, la diosa del amor relacionada con la fecundidad y la energía de la primavera, lo cual nos remite a los deseos sexuales.

Pero, ¿por qué incluí el tema? Porque también es parte de nuestra vida; por lo tanto, encontrarán uno que otro tip donde hablaremos de sexo, aunque por ahora solo vamos a referirnos a ciertos alimentos y especias que pueden ayudarnos a desbloquear la falta de libido o deseo sexual.

Cuando no nos sentimos bien con nosotros mismos, nuestra energía sexual también anda por los suelos, y para restituirla estos alimentos pueden serte de gran ayuda: ajo, almejas, anís, azafrán, canela, clavo, enebro, ginseng, miel, ostras, salmón, vainilla, avena, chocolate, huevo, almendra, aguacate, plátano, café, higo, mostaza, piña, trufa.

Muchos se caracterizan por ser afrodisiacos psicológicos, pues se asocian con la sexualidad, ya sea visual, táctil, olfativa y auditivamente. Hay otros que definitivamente están comprobados sus efectos sobre la libido y el cuerpo.

Nada pierdes si haces una combinación exótica para crear una bomba afrodisiaca.

Los ángeles

Todos tenemos ángeles que ven por nosotros, se trata de nuestros custodios que nos cuidan en todo momento, pero les prestamos poca atención. Por medio de una meditación, hoy vamos a descubrir quiénes son ellos.

Te recomiendo grabar antes la meditación con tu voz como guía, para que no olvides los pasos. Busca un lugar donde estés cómodo; cierra los ojos, inhala profundo y exhala relajando todo tu cuerpo; empieza por tus pies y vas subiendo a tus pantorrillas, piernas, estómago, pecho, brazos y manos hasta llegar a tu cabeza. Cuando hayas relajado cada parte de ti, deja que tu mente vuele hacia un sitio especial donde te sientas en paz, puede ser un bosque, el mar o un espacio imaginario.

Vas a entrar ahí lentamente por una ventana abierta; percibe el entorno, su olor y temperatura, visualízalo; déjate llevar, siente la brisa hasta llegar a una banca que te ha esperado toda tu vida y siéntate en ella.

Después de un rato, siente una energía que se acerca desde lejos, podrás verla, pero, ¿quién es? ¿Cómo es? No temas, al fin estás conociéndolo(s), puede ser uno o varios; ¡son tus ángeles! Abrázalos, siente su amor.

Pregúntales su nombre, cuál es su función al estar contigo, diles cómo estás, qué te hace falta y escucha lo que te tienen que decir. Cuando los sientas, despídete, y no olvides sus nombres. Inhala profundo y, al momento de exhalar, abre los ojos.

Escribe tus sueños

Los sueños son la puerta a nuestro inconsciente, guardan todas las respuestas que siempre buscamos; efectivamente, a veces no son tan claros como quisiéramos, ya que están llenos de arquetipos y símbolos, pero si los escribimos podemos entender con claridad lo que nos tratan de decir.

Al traer algo en tu cabeza que no te deja en paz es porque sientes que está inconcluso, ya sea un altercado con un amigo, problemas de dinero, de salud, etc. Cuando dormimos, la glándula pituitaria libera una sustancia que adormece el cuerpo y se conecta al inconsciente; éste manda datos clave acerca de nosotros, pero despertamos, nos metemos a bañar y toda esa información se desvanece.

Si queremos hacer cambios importantes en nuestras vidas, y vaya que éste es uno de ellos, no podemos dejar escapar todo lo que nuestro inconsciente tiene que decirnos; es momento de escucharlo. Tal vez me digas: *Cuando me despierto no me acuerdo de mis sueños.* Pero si pones interés en tus sueños te será mucho más fácil recordarlos. Y otro punto esencial es no activar la alarma, porque el sonido te regresa abruptamente del sueño e impide acordarte.

Esta vez, al despertar, vas a escribir lo más rápido posible el sueño que tengas. Te recomiendo escribir tus sueños durante un mes y te sorprenderá el caudal de información para concretar una respuesta clara.

Da abrazos

Este día voy a pedirte que abraces a la mayor cantidad posible de personas, hazlo como un conteo y ve qué tal te va. Puede ser a tus amigos o familiares, gente que acabes de conocer o quien tú creas que lo necesita.

Vivimos ensimismados en nuestro mundo, en lo que nos falta, lo que no logramos; en fin, lo que nos inconforma. Todos necesitamos del contacto físico para sentir seguridad, confianza y apoyo emocional que se concretan en un abrazo. Por ejemplo:

Seguridad: nos ayuda a sentirnos eficientes en la vida, pero sobre todo le da un sentido a lo que hacemos y un abrazo crea esa sensación.

Salud: en este caso, el contacto físico de un abrazo crea una energía vital que alivia dolencias o enfermedades.

Estrés: un abrazo reduce el estrés porque baja o eleva la adrenalina y libera oxitosina; muy científico pero eficaz.

Sangre: abrazar baja significativamente la presión sanguínea del cuerpo.

Si lo haces en la mañana, creas una sensación de protección por el resto del día; si lo haces constantemente, créeme que tu día cambiará. Se dice que:

5 abrazos en un día: lo agradece la energía.
8 abrazos en un día: reconfortan tu día.
12 abrazos en un día: cambiarán tu vida.

A tomar fotos

Tomar fotos es un método por el cual podemos conocer nuestro entorno de manera muy personal. Si no somos profesionales o muy aficionados a la fotografía, estamos acostumbrados a tomar fotos solo en las vacaciones y acontecimientos especiales, y claro, hay unas padrísimas que hasta pegamos en un álbum. Ahora no es como en los viejos tiempos que tomabas la foto con tu rollo de 25 exposiciones, y si salías con el ojo vampiro o chueco, no se podía volver a repetir; desde luego, la espontaneidad tiene lo suyo, pero en la actualidad si algo sale medio mal, pues se repite hasta quedar como te guste.

Así como hay día de las madres o del niño, hoy es el día de las fotos; sin importar si tu cámara es vieja o nueva, vas a tomarle fotos a tu entorno; pueden ser personas, flores, coches, la calle, etc. Trata de que la mayoría sean de paisajes o cosas que te llamen la atención, lo importante es que sean imágenes que te muevan algo.

Después, puedes hacer que te las reproduzcan en blanco y negro o hasta puedes hacerlas postales. Diviértete y toma muchas fotos.

Prende un incienso

En el mundo espiritual el incienso es de gran importancia, ya que su humo penetra la dimensión donde los seres de luz reciben nuestras plegarias y ayudan a liberarnos de espíritus negativos. Te presento varios de aroma delicioso y muy efectivos:

- Albahaca: para tensión nerviosa, fatiga mental y depresión.
- Bergamota: refrescante y revitalizante; efectivo para ansiedad y depresión.
- Canela: fuerte purificador de ambientes.
- Coco: protector y curativo.
- Enebro: depura los espacios y el aire que respiras.
- Eucalipto: estimulante del sistema inmunológico.
- Jazmín: exótico y profundamente sensual, afrodisiaco y estimulante femenino; provoca sensación de optimismo y bienestar
- Loto: es magnético y por lo mismo atrae el amor.
- Manzanilla: calmante y sedante.
- Menta: aumenta la concentración y reduce el cansancio; para trastornos estomacales, náuseas.
- Pachuli: desequilibrios emocionales; propiedades afrodisiacas.
- Pino: refrescante y revitaliza tu cuerpo.
- Rosa: alivia la tensión premenstrual y problemas emocionales.
- Romero: gran purificador; para dolor muscular y artritis; estimula la circulación y elimina toxinas.
- Sándalo: poderoso protector de energías; atrae dinero; da energía y vitalidad.
- Vainilla: relajante, propicia un ambiente cálido y afectuoso.
- Violeta: para el reposo y la quietud; estabilizador anímico.

¿Qué tan alegre eres?

Completa este *test* de la felicidad:

1. Prefieres estar solo y refugiarte en tu casa.
2. Eres buen amigo porque sabes convivir con los demás.
3. Tiendes a ser serio y callado.
4. Disfrutas las cosas que haces en el día.
5. No tiene caso darle dinero a un niño cuando se lo va a dar a su papá.
6. Ayudas a la gente.
7. Sientes como si tu energía disminuyera.
8. Tienes un humor simple y te ríes de cualquier cosa.
9. Te irritas cuando te dicen que no estás viviendo tu vida.
10. Sientes que tu energía es muy activa.
11. Crees que tu vida no tiene sentido.
12. Disfrutas tu vida sin pensar que pueda pasar después.
13. Crees que la gente jovial es demasiado para ti.
14. Te sientes agradecido por estar vivo.
15. No te acuerdas cuando sentiste éxito en la vida.
16. Buscas momentos para bailar y cantar.

Si tu sentir tiende más a las afirmaciones de los números pares, es claro que tu dopamina (el neurotransmisor que produce placer) circula correctamente por tu sistema. Por lo tanto, eres muy alegre.

Si tiendes más a las afirmaciones de los números nones, tu amígdala cerebral (responsable de las sensaciones de ansiedad, miedo y pensamientos negativos) trabaja de más y por eso no eres tan feliz como quisieras. Recomendación: si esto empeora, consulta con un terapeuta.

El minuto heroico

¿Cuál es el minuto heroico? Cuando pones el despertador a una hora exacta para levantarte e ir a trabajar, o lo que tengas que hacer; ese instante al abrir los ojos es el minuto heroico. Son los 60 segundos más importantes de tu vida; se dice que cuando tienes tu minuto heroico todo lo que viene será abundancia en tu vida. ¿Por qué?

Si siempre le hiciéramos caso a ese instante y nos levantáramos de volada, nuestro cuerpo crearía una disciplina y una fuerza de voluntad para lograr nuestros objetivos, pero cuántas veces ponemos el reloj, suena la alarma y decimos: *ash, otros cinco minutitos más...*

Ahí ya perdiste el minuto heroico y eso puede traerte consecuencias, como no ser firme en tus decisiones ni cumplir con tus compromisos. Y te preguntarás, ¿cómo es que un simple minuto puede ser tan determinante para crear tanto rollo? Eso pregúntaselo al que creó el universo.

Por eso te voy a pedir que mañana, cuando despiertes, descubras tu fuerza de voluntad y tengas tu minuto heroico.

Agua, elixir de la vida

- ¿Sabías que si vives a una altura de 2500 metros necesitas más líquidos porque respiras más rápido y, por lo mismo, pierdes más líquidos?
- ¿Sabías que cuando haces ejercicio debes hidratarte antes, durante y después de hacerlo?
- ¿Sabías que si vives en un clima cálido, húmedo, templado y seco, sudas más y pierdes más líquidos? Y lo mismo pasa si te enfermas o si estás embarazada.

En los años 40, la Academia Nacional de Ciencias propuso que se tomara un mililitro de líquido por cada caloría consumida. Si hacemos el cálculo, a partir de 2000 calorías diarias equivale a 8 vasos de agua al día. ¿Pero quién dijo que necesitamos 2000 calorías al día? ¿No se toma en cuenta el agua que contienen muchos alimentos?

Nuestro cuerpo es muy sabio, y si llegas a tener sed es porque hay cierto grado de deshidratación, y el cuerpo pide agua. Pero es mejor no esperar a tener sed, porque si el cuerpo empezó a deshidratarse, no funciona bien. Una forma para saber qué tan deshidratados estamos es según el color de la orina; si es transparente y en buena cantidad, es que estás bien hidratado, pero si es poca y muy amarilla, es que te falta agua.

Hoy hazte consciente de la cantidad de agua que ingieres, porque el agua es el elixir de la vida; el 75% de nuestro cuerpo es agua, dale lo que necesita y hasta bajarás de peso.

Ten un diario

Voy a platicarles la historia de una amiga que ha escrito su diario desde que tenía 7 años, ahora tiene 35 y, por supuesto, conserva todos sus diarios en su biblioteca. Conversando con ella, me contó que era muy emocionante ver lo que escribía cuando era niña; por ejemplo:

A los 7: *Hoy comí sopita de letras como a mí me gusta, mi mamá es muy bonita.*

A los 12: *En la escuela hicimos un juego en la clase de mate y fue muy divertido.*

A los 16: *Conocí a un chavo súper guapo más grande que yo, ojalá me pele.*

A los 28: *El día más hermoso de mi vida, ¡hoy me caso!*

A los 31: *Voy a tener a mi bebé y estoy muy nerviosa; deseo que todo salga bien.*

Y estas son solo pequeñas frases de sus diarios.

Yo estaba fascinado con su historia y me arrepentí tanto de no haber escrito mi diario, y nada más por desidia no lo hice. Tantas cosas de mi infancia y juventud que hoy no recuerdo y me encantaría traer a mi memoria y revivirlas para siempre.

Esto me dejó pensando en que aún es tiempo de hacerlo, aunque no tengas 7 años, te queda mucho por vivir. No pierdas la oportunidad de recordar quién fuiste y qué hiciste, empieza hoy, no importa tu edad.

Asilo o un hospital de niños

El lugar ideal para descubrir tu belleza interna.

Sé que dentro de ti muchas veces has sentido necesidad de ir a un asilo de ancianos o a un hospital de niños con algún tipo de enfermedad o con capacidades especiales para brindar tu ayuda o simplemente hacerles compañía.

¿Cuántas veces has ido?

Yo no responderé a esa pregunta, ya que depende de ti, pero creo que es un buen momento para hacerlo, no sabes qué bonito es estar con personas que te necesitan, pueden ayudarte a que te des cuenta de que la vida es mucho más hermosa de lo que crees y que eres un ser noble con mucho que aportar.

Es probable que no sepas cómo hacerlo o por dónde empezar, pero lo único que se hace es buscar un lugar cercano donde puedas ofrecer tu ayuda. Te preguntarás, ¿y qué hago al llegar? Le dices al personal de la entrada que quisieras leerles un rato a las personas del hospital o asilo, y ayudar en lo que se necesite, que si hay alguien que te pueda decir cómo puedes apoyarlos. Y listo, no tienes nada más que hacer.

Que no te dé miedo acercarte a ellos, verás que muchos te lo agradecerán con una sonrisa.

Si no puedes el día de hoy, prográmalo para el fin de semana y queda pendiente este día.

Día vegetariano

Si eres vegetariano, hoy es tu día libre porque vamos a dirigirnos específicamente a los tragones que comen todo tipo de carne.

Ser vegetariano limpia tu conciencia, te conecta más con la tierra, facilita entrar en estados meditativos, es más apropiado para la práctica de ejercicios como yoga o tai chi, ya que hace mucho más ligero nuestro cuerpo.

El día de hoy permítete vivir la experiencia de comer solamente verduras, frutas y semillas, ¡nada de carne! Aquí te dejo un menú de desayuno, comida y cena para tu día vegetariano.

Desayuno
  Licuado de plátano con leche de soya y una cucharada de chocolate en polvo.
  Un *croissant* a la plancha con mantequilla y mermelada de fresa.
Comida
  Sopa de calabacitas con cuadritos de queso panela.
  Ensalada de pepinos con un aderezo hecho de yogur natural sin azúcar, menta fresca, sal y pimienta.
Postre
  Tartaleta de frutas o un helado del sabor que gustes.
Cena
  Plato fuerte de verduras salteadas a la plancha con salsa de soya y limón, puedes mezclarlo con arroz.
  O puedes preparar pasta a los cuatro quesos.

Si te pones a pensar, en realidad todo esto está riquísimo y no necesitas carne.

¡Feliz día vegetariano!

Señales

Las señales empiezan por quien decide verlas, pueden estar en un espectacular, en una revista, en el viento, en cualquier cosa, el chiste es que estés pendiente de verlas porque este día vendrán muchas señales para ti.

Primera señal: la lectura de esta página. Estás leyendo estas palabras en un momento completamente distinto del que otra persona las lee; no olvides que este libro es tuyo y que todo lo que diga te lo dice solo a ti. Tu aprendizaje es distinto del de los demás, por ello las señales que recibas fueron enviadas solo para ti. ¿Pero cómo identificar tus señales?

Viajas en un vehículo, miras hacia arriba y de pronto ves un espectacular que dice: *Vas por buen camino.* Esa es una señal, no importa lo que se anuncie, pueden ser seguros o refrescos, lo importante es el mensaje porque fue enviado a ti.

Caminas por la calle y escuchas a alguien decir: *Es que mi mamá me dijo que era tiempo de ordenar mi vida.* Otra señal más, y si las vas juntando, comprenderás qué es lo que te han tratado de decir todo este tiempo.

Este ejercicio no solo te ayuda para el día de hoy, también despierta tu capacidad de ver las señales que aparezcan en tu vida.

Ritual del cambio de piel

Este ritual te dice que es tiempo de dejar morir cosas en ti que solo te hacen daño: una mala relación, una preocupación, inseguridad, miedos, etc. De este modo, renacerás con una nueva piel.

Material e ingredientes

Una olla.

3 litros de agua: el transmisor ideal para dirigir las energías de los ingredientes.

2 rajas de canela: además de afrodisiaca, concreta el ritual, da seguridad y protección.

7 flores blancas: purifican el alma y tienen un magnetismo especial para conseguir lo que te propones.

1 cucharadita de tu perfume: para activar las feromonas (hormona del amor), encender tu humor y hacerte más atractiva(o).

4 cucharadas de miel: desintoxica y purifica.

Papel y pluma para escribir lo que quieres obtener (amor, paz, dinero, trabajo, etc.).

Echas el agua en la olla y pones a calentarla. Luego agregas todos los ingredientes y los mezclas. Ya todo calentito, escribes tus deseos en el papel. Llevas tu olla al baño, la colocas sobre la tapa del escusado y encima la hoja con lo que pediste. Métete a bañar sin ponerte champú ni jabón, solo remójate con agua caliente. Cierras la regadera y te echas poco a poco la mezcla, desde la cabeza que escurra hasta tus pies; al terminar, sécate sin frotarte, que la toalla apenas quite el agua. Te vistes de blanco y sales a la calle.

Es impresionante cómo la gente voltea a verte y uno se siente que brilla, es una sensación muy especial.

Color azul

Vestirte hoy de azul estimulará tu paz y tu bienestar, ya que es un color profundo, ligero y consuela el alma. El azul también despierta en tu mente la inspiración y tu capacidad artística; teniendo esto activo, visualizamos mucho más fácil y claro nuestros deseos y sueños que queremos lograr. Recuerda que toda realidad empieza por un sueño.

- El azul fortalece y equilibra el sistema respiratorio.
- La ropa azul cielo proporciona mejor protección contra los rayos del sol. Es refrescante y relajante.
- Ver el azul produce esa placentera sensación de distensión.

Al vestirte de azul para una entrevista de trabajo o en la vida diaria inspiras seguridad de ti mismo hacia los demás y, al mismo tiempo, amabilidad y nobleza; las personas te perciben honesto, generoso y honrado, mientras que tú, de una forma indirecta, sientes lo mismo. El azul estimula la comunicación.

Recomiendo que vistas de color azul, pues te hace consciente de todas las cualidades que atrae. Solo te pido no usar azules oscuros porque pueden llevarte a sensaciones más pesimistas; usa el azul cielo, pálido, celeste, brillante, turquesa, etc.

Imagina

Con ella te emocionas, suspiras y hasta te irritas; es mágica,
invencible y oportuna, es simplemente la imaginación.

La imaginación es lo que hace girar al mundo, vivimos en ella, y si supiéramos manejarla, nuestra vida estaría llena de oportunidades para ver la grandeza de tantas cosas. Gracias a la imaginación podemos crear, construir, llorar y amar. La imaginación tiene todo para lograr tu más grande felicidad, pero también tu mayor infierno si no sabes controlarla cuando se desboca.

Te has preguntado: ¿qué tanto crea tu imaginación a tu alrededor?

Valiéndote de tu imaginación encuentras la forma más sencilla de ver las realidades de un futuro promisorio.

Después de reflexionar sobre esta frase del día, decidí prestarle mayor atención porque descubrí que la imaginación siempre está en todo lo que hacemos, y en vez de imaginar cosas que no son, mejor imaginemos que todo está bien. ¿Y sabes? Todo está bien.

Saber escuchar

El día de hoy tengo un consejo muy importante para ti. Es sobre aprender a escuchar, porque una cosa es oír y otra escuchar.

Todos tenemos necesidad de decir lo que nos pasa y nos gusta ser escuchados, pero muchas veces no valoramos escuchar a otros. Si lográramos escuchar como nos gusta que nos escuchen, sería de gran provecho, sobre todo porque cada plática es una lección y crecimiento para ambas partes.

¿Por qué crees que se dice que los sabios no hablan, solo escuchan? Porque prefieren aprender que dar lecciones.

Cuántas veces nos encontramos en situaciones como esta:

—Fíjate que conocí a alguien.

—¿Cómo crees?, yo también y además no sabes qué padre persona es; de hecho lo conocí por Facebook y *wow*, platicamos de mil cosas, bla bla bla…

Y la conversación te la comes tú y no dejas de hablar.

Otro ejemplo:

—Estoy triste, a mí todo me pasa, yo necesito esto, yo necesito lo otro, mira lo que me pasó.

¿Sabes?, para quien escucha, estar oyendo el *yoyo* del otro aturde, claro que puedes dar tus comentarios, pero tampoco eres confesor. Trata de que las conversaciones sean más equilibradas; hablar un poco de ti, pero escuchar un poco de la otra persona.

Hoy escucha, porque es uno de los más grandes talentos de las personas que lo hacen.

Los números de tu vida

Estamos rodeados de números: números por aquí, números por allá, todo son números. En otros tiempos, los números solo se utilizaban para decir cuántos años tienes, pero hoy no es así. Eso sí, todo está mucho más organizado, y con esto de la tecnología manejas gran cantidad de números, pero ninguno te aprendes. Tienes una agenda electrónica más larga que la sección amarilla, pero, ¿cuántos de esos números ahí guardados crees recordar? ¿Cómo sacar provecho de esto?

No es necesario acordarte del número telefónico de tu veterinario, pero sí del de tu gente cercana. Hoy es el día de hacer un ejercicio para tu mente, para estimularla como cuando haces ejercicios mentales. Se trata de memorizar todos los números posibles.

Trata de hacer una canción con números, una tonadilla o una rima; puedes decir: mi teléfono es 30-67. El 30 es el día de tu cumpleaños, o tu mamá cumple 67 años. Une números de una cosa con otra para que se te facilite recordarlos.

A ver al final del día cuántos números logras recordar. Ejercita tu memoria.

Córtate el pelo

¿Y creías que los espirituales no nos cortamos el pelo?, mmm (bueno, es cierto, algunos no lo hacen, jajaja), pero tú y yo sí.

¿Sabes por qué las brujas no se cortaban el pelo? Porque se aferraban a las cosas del ayer, no querían envejecer y su pelo se convertía en raíces para arraigar sus ideas, sus recuerdos y sus necesidades. Pero su vida no cambiaba y se obsesionaban porque no cambiara, les daba terror hacerse viejas.

Hoy en día el pelo sigue siendo símbolo de cambios. Muchas veces, de una forma inconsciente, cuando terminas una etapa importante de tu vida en cualquier ámbito te cortas el pelo o te lo pintas, o te haces rayos.

Este día, como parte de tu cambio generado por la lectura de este libro, realiza una transformación de tu exterior, dale a tu aspecto el símbolo que merece. Córtate la cabellera como quieras, no es necesario quedar pelón, pero sí hazte un corte que te haga sentir diferente, que denote un cambio en ti.

Así que por ahí nos vemos en la peluquería.

Afirmaciones (Mantra)

Día de las afirmaciones. Hoy que te levantes, busca en tu día cuatro afirmaciones decisivas; esto te va a ayudar a concretar cosas positivas en tu vida. Voy a sugerirte algunas:

1. *Mi vida es feliz.*
2. *No necesito nada negativo.*
3. *Soy una persona satisfecha con mis logros.*
4. *Estoy en paz.*

Estos fueron unos ejemplos, tú pones lo que sientas. La idea es que cuando tengas tus afirmaciones, te las digas constantemente a ti mismo, sin dejar que entren otros pensamientos.

A una frase como esta, creada por ti mismo, se le llama *Mantra* y cuando la repites continuamente en tu interior tu cuerpo recibe la armonía de esas palabras y se conecta con ellas.

Por eso cuando has visto personas que meditan, repiten palabras una y otra vez. Entonces tu *Mantra* serán tus cuatro frases. Escógelas muy bien.

Repítelas desde que amaneces hasta que te vayas a dormir. Cada ratito que tengas dilas en silencio y en voz alta, y tenlas en tu conciencia. Algo mágico te sucederá y lo vas a sentir; no por nada las afirmaciones han cambiado la mente de muchos seres humanos.

Renueva tu espacio

A la casa donde uno vive se le llama *vientre materno* porque ahí te sientes protegido y en paz. Con todas las dificultades y situaciones que nos suceden a diario, aunadas a la agresión de la ciudad, necesitamos un lugar donde podamos estar seguros y tranquilos, por ello es muy importante dejar fuera los problemas del trabajo y no llevarlos a casa, ya que ahí es tu santuario y debes cuidarlo y sobre todo amarlo y respetarlo.

Cuando nuestra casa se encuentra desordenada, sucia, desatendida, nos puede llegar a afectar en la toma de decisiones y en cómo asimilamos el mundo exterior, ya que la energía no fluye, se obstruye.

Hoy es un buen momento para hacer alguna transformación a tu casa; pinta una pared, cambia el sentido de tu cama, pon plantas, abre tus ventanas, deja que entre luz a tu habitación, esparce algún aroma cítrico en tu lugar; en fin, hay mil alternativas.

Cualquier cosa va a lograr una mejoría en tu espacio y al mismo tiempo en tu vida.

Crea tu camiseta

Todos en algún momento hemos sido criticados, si porque somos gordos o flacos, o niños o niñas, o nerds o gays, o negros o blancos, y de alguna manera nos han lastimado esos comentarios, pero crecemos y nos hacemos más fuertes, luchamos por nuestros sueños, encontramos amigos valiosos, tenemos vidas más estables y somos una nueva parte de nosotros mismos.

La idea de este ejercicio es tomar una camiseta blanca cualquiera y con un plumón o pinturas de colores poner en la parte de atrás lo que te decían; por ejemplo: *Me decían languiducho.*

Y en la parte frontal de la playera escribir lo que te consideras hoy y te sientes orgulloso de serlo; por ejemplo: *Hoy soy basquetbolista profesional.*

Esto te va a ayudar a sentirte orgulloso de quien eres y en lo que te has convertido, siempre hay algo en tu presente de lo que te puedes sentir orgulloso, puede ser una pareja, un trabajo, una familia, un *hobby*, tu profesión, etc.

Hazlo el día de hoy y compártelo con los tuyos.

Desintoxicación

Ingerimos alimentos llenos de conservadores, químicos y colorantes que afectan nuestro cuerpo; almacenamos toxinas en diferentes áreas, como nuestros intestinos, donde quedan residuos de putrefacción de quién sabe cuánto tiempo y andamos tan campantes.

Una desintoxicación ayuda a que tu cuerpo se limpie de todo lo que no necesita. Es necesaria una dieta, por lo menos un día al mes o al año, en la que nos alimentemos de fruta y verdura solamente; esto nos traerá beneficios para mantener sano nuestro cuerpo.

Desayuna, come y cena la fruta y verdura que desees. De preferencia, pregunta a tu médico si hay problema en que lo hagas y cuáles serían los vegetales y frutas más adecuados para tu organismo.

Te recomiendo que en este día no hagas tanto ejercicio físico como correr, ir al gimnasio o actividades que requieran de mucho esfuerzo, ya que tu cuerpo no tendrá la energía acostumbrada por los alimentos que comúnmente consumes.

Los principales beneficios de desintoxicarte son: eliminación de las toxinas de tu cuerpo; una regeneración celular más completa; eliminar el cansancio, irritabilidad, palidez, entre otros problemas emocionales y de salud.

Recupera tu inocencia

La inocencia es la condición de quien no tiene malicia. Todos tenemos pensamientos de culpa causados por cosas simples o por asuntos que de plano no nos dejan dormir. Creemos que dentro de nosotros ya no existe aquella inocencia en que vivíamos cuando éramos niños, en que todo era ajeno a la maldad. Pero no solo los niños pueden participar de la inocencia, también los adultos. La inocencia existe en todos nosotros, solo falta saber el método para llegar a ella.

El siguiente es un ejercicio muy útil para recuperar tu inocencia y consiste simplemente en observar las nubes. Si nos recostamos a mirar el cielo e imaginamos que las formas de las nubes van convirtiéndose en figuras, dejamos descansar nuestro pensamiento y retomamos nuestra inocencia y nobleza.

El día de hoy recupera tu inocencia mirando las formas de las nubes por 10 minutos o durante el tiempo que quieras; es una experiencia a la que desearás volver periódicamente, sobre todo porque reencuentras a tu niño interno.

El éxito

El éxito es lograr satisfactoriamente un objetivo, pero el éxito es muy relativo (requiere de cierta comparación o relación) y muy efímero (dura poco tiempo). El éxito se vive como cada quien quiere vivirlo; sin embargo, cuando comparamos nuestro éxito con el de alguien más, o si lo tenemos ubicado en un lugar que no le corresponde, estamos propensos a caer en depresión y conflicto personal. Hazte estas preguntas:

- ¿Para ti qué es realmente el éxito?
- ¿En qué te basas para considerar algo como un éxito?
- ¿Dónde tienes ubicado tu éxito?

Si tu éxito está en tu trabajo, ¿qué pasa si te corren? Te vas a venir abajo.

Si tu éxito está centrado en tu pareja, ¿qué pasa si no la tienes? Te vas a entristecer.

Si tu éxito lo define el dinero, ¿qué pasa si no lo tienes? Vas a sentirte muy mal.

¿Entonces dónde debes ubicar tu éxito? **Dentro de ti**.

Pueden fallar cosas en cualquier ámbito de tu vida, pero si llevas el éxito dentro de ti saldrás adelante y lograrás cosas nuevas. Es común que los papás digan que no importa a lo que te dediques mientras seas el mejor; ¿el mejor para quién?, ¿para ellos?, es relativo porque siempre habrá alguien mejor y peor que uno.

Sé el mejor para ti porque la competencia es con uno mismo. Si ubicas el éxito dentro de ti serás el mejor para ti.

Decisión al azar

Tomar decisiones se nos puede complicar, es fundamental aprender a tomarlas, pero el día de hoy no te quiero presionar con algo así; por el contrario, voy a enseñarte un juego de azar con el que puedes divertirte y obtener respuestas concretas; en este caso lo haremos con los dados.

Haces tu pregunta y tiras dos dados tres veces. Cada número tiene una respuesta y la suma de éstas te ayuda a tener el resultado final; este ejercicio es para tomar decisiones simples, no para decidir si te divorcias o no; las decisiones que cambiarán tu vida deben pensarse más y analizarse las alternativas posibles. Aquí se trata de decidir cosas sencillas, como dónde voy a comer, con quién cenaré hoy, cuál es mi mejor plan del día, etc.

Tira los dados, si salen números nones la respuesta es *no*, si salen números pares la respuesta es *sí*; y si salen un non y un par debemos sumarlos para que nos dé un número par o un número non. Por ejemplo:

1 y 3 o 5 = son números nones, la respuesta es *no*.

2 y 4 o 6 = son números pares la respuesta es *sí*.

Si salen 4 y 5 (o cualquier combinación de un número par y uno non los sumamos) 4 + 5 = 9; el nueve es non, la respuesta es *no*.

Limpia tus piedras

Si tenemos piedras o cuarzos o cualquier mineral, la mejor forma para que se limpien de las vibras negativas de personas que las tocaron es sumergiéndolas en agua caliente con sal de grano o en agua de mar caliente, y volverán a seguir irradiando su poder energético.

Pero si requieres una limpieza mucho más fuerte, haz lo siguiente: en luna menguante entierra tus piedras en la tierra de una maceta o en el jardín hasta que sea luna nueva; en luna nueva las metes en agua caliente o de mar y las colocas donde les peguen los rayos de luna, puede ser en la azotea. Déjalas toda la luna creciente hasta que sea luna llena; al finalizar la luna llena, las retiras y las limpias con un trapito, y listo.

Lo que hace la luna menguante es retirar todo tipo de energía que contengan tus piedras, y en luna creciente les transmite energía natural y lunar, de esta manera quedan bien cargadas con energía neutral y puedes volver a utilizarlas para que trabajen solo para ti.

Regala un detalle

La mejor forma para que alguien te aprecie es cuando nace en nosotros regalar un detalle. ¿Por qué crees que el día del amor y la amistad es tan popular? Porque está lleno de detalles, la rosa, la carta, el chocolate, etc.

¿Pero por qué tener que esperar a que sea un día especial, si para ti todos los días pueden ser especiales? Así que hoy puede nacerte obsequiar un detalle a alguien.

Habla muy bien de ti cuando regalas un detallito, por más simple que éste sea. La gente se vuelve más receptiva hacia ti, te ayudan, cooperan contigo, y el espacio donde trabajas o estudias se hace más ameno.

Es excelente idea regalar chocolates, porque además ya viste todo lo que provoca el chocolate en tu cuerpo; también pueden ser paletas de caramelo o dulces. Pero siempre lo más significativo serán las flores, desde una hasta un ramo.

Para estar bien contigo necesitas dar un poco de ti; es darte la oportunidad de decirle al otro que ambos son importantes y que pueden aportarse algo mutuamente.

Disfruta este ejercicio y verás los resultados. Un simple detalle hace una gran diferencia.

Cuento Zen

Caminaban dos monjes por el bosque de regreso al monasterio y al llegar al río una joven mujer lloraba en la orilla.

—¿Que te sucede? —preguntó el más anciano.

—Mi madre muere y está sola en su casa, al otro lado del río, y no puedo cruzar. Lo intenté, pero la corriente me arrastra…, no volveré a verla con vida; pero ahora que aparecieron, alguno de los dos podrá ayudarme a cruzar…

—Ojalá pudiéramos —lamentó el joven—. La única manera de ayudarte sería cargarte, pero nuestros votos de castidad nos impiden todo contacto con mujeres, lo siento…

—Yo también lo siento —dijo la mujer, y siguió llorando.

El monje más viejo se arrodilló, bajó la cabeza y dijo:

—Sube.

La mujer no podía creerlo, y rápido montó sobre el monje. Con dificultad cruzaron el río. Al llegar al otro lado, la mujer descendió y quiso besar las manos del anciano.

—Está bien —dijo el viejo retirando las manos—, sigue tu camino.

La mujer se inclinó en gratitud, tomó sus ropas y corrió por la vereda. Los monjes, sin decir palabra, retomaron su marcha al monasterio. Antes de llegar, el joven le dijo al anciano:

—Maestro, sabes de nuestro voto de castidad y cargaste sobre tus hombros a la mujer.

—Cierto, la cargué —respondió el maestro—, ¿pero qué pasa contigo, que la llevas todavía sobre tus hombros?

Este cuento Zen habla de cuando te aferras a situaciones ocurridas hace tiempo y sigues cargándolas. Libérate de eventos del pasado… y continúa.

Tu propia velada

Hoy es un día perfecto para apapacharte y con uno de los placeres más grandes de la vida como lo es la comida, ¿cierto? Te vas a dar un festín con tu comida favorita y, desde luego, incluirás tu postre favorito. Anda, prepara todo para regalarte un momento especial.

Si lo haces en tu casa, enciende varias velas en puntos estratégicos para crear una atmósfera acogedora. Si sabes cocinar, hazte una deliciosa cena con el platillo que más te guste; si no, pide algo que desde hace tiempo tienes antojo. O de plano lánzate a tu restaurante preferido.

Cuando queremos decirle a la persona que nos importa que la amamos y lo que significa para nosotros, es común darle de sorpresa una velada romántica, con velitas, nuestra mejor vajilla y cubiertos más finos, música romántica, vinito y comida muy rica. ¿Pero por qué esperar a tener pareja o a que llegue ese momento para ambos, cuando la persona más especial eres *tú*?

Un momento como este es ideal para darle significado a todo lo que has logrado con un buen apapacho. No esperes más, prepara tu velada.

Disfrútate… que lo vales.

Darse la mano

No se sabe exactamente cómo ni dónde se originó, pero se cree que nació en el Medievo entre reyes y caballeros que se tomaban las manos para evitar que sacaran armas; sin embargo, también se adjudica la costumbre a la milicia. Con el paso del tiempo fue convirtiéndose en una forma de cordialidad para saludar en varias zonas de Europa, aunque el saludo y la despedida varían en las distintas partes del mundo; en Japón agachan la cabeza, en Rusia y España se dan un beso o dos, en India hacen una reverencia, etc.

El caso es que hoy revisarás cómo estrechas la mano cuando saludas; aunque no lo parezca es básico, sobre todo si queremos abrirnos paso socialmente y conocer gente debemos cuidar este gesto. He aquí algunas recomendaciones:

- El apretón debe ser firme.
- Evitar tener sudada la mano.
- Evitar tener mano áspera.
- No saludar con la mano sucia o pegajosa.
- Que tu presión no sea débil porque inspiras inseguridad.
- Que no sea muy fuerte porque inspiras agresividad.
- Dar la mano completa, no solo los dedos, ya que eso indica debilidad.
- Cuando saludes mira a los ojos de la persona, sentirá confianza.

Hoy hazte consciente de cómo saludas y aprovecha estos consejos.

Movimiento de tai chi

El ancestral arte marcial conocido como tai chi, desarrollado en el antiguo imperio chino, ha prevalecido hasta hoy en día; se le considera una práctica físico-espiritual que mejora la salud y logra el estado de meditación en movimiento.

El tai chi consiste en ejercitar movimientos corporales lentos que estimulan el flujo de energía a través de los canales energéticos del cuerpo. Representa una forma de vida para ayudarnos a afrontar los desafíos cotidianos con mayor energía.

El propósito de este día es hacer un movimiento. Ponte unos pants o algo cómodo y sigue las siguientes instrucciones:

- Párate con los pies juntos; ábrelos a los costados al nivel de tus hombros, extiende tus brazos hacia el frente dejándolos al nivel de los hombros; ahora deja que tus rodillas se flexionen lentamente.
- Con tus manos y brazos crea un movimiento como si fueran olas estirando y luego flexionando tus codos como si quisieras atraer algo con las manos.

Eso es todo.

Hacer estos movimientos en las mañanas durante 5 o 10 minutos te ayudará a fluir.

Cuenta un chiste

Un buen sentido del humor nos ayuda a vivir mejor y a relacionarnos con los demás. Siempre huimos de las personas amargadas o problemáticas, más bien buscamos gente con la que pasas buenos ratos de alegría y risas.

Aunque hay quienes por naturaleza son chistosos y divertidos, nosotros podemos entrenarnos para ser más alegres de lo que somos, pero, ¿cómo? El buen sentido del humor y la gracia tienen la capacidad para desdramatizar y relajar las situaciones, haciéndolas contradictorias, ridículas, paradójicas o sorprendentes.

Una vez un payaso me dijo que no debemos tomar la vida tan en serio o quedaremos acartonados, pero si decidimos reírnos de nosotros mismos nunca te faltarán buenos momentos.

¿Qué tan bueno(a) eres contando chistes? Hoy vamos a entrenarte. Elige un chiste que te haga reír, toma en cuenta que es mejor contar un buen chiste que contar cien malos, así que busca el mejor; ya que lo tengas, pon atención en las acentuaciones para darle sentido al chiste, después examina el modo de contarlo, puede ser serio o muy divertido, lo padre es que salga de ti. No importa si la gente se ríe, al terminarlo ríete mucho, y si no les causó gracia tu chiste, de seguro les causará gracia tu risa.

Checa tu *risómetro* con tus amistades, a ver qué tal te va.

Busca un *hobby*

Encontrar un *hobby* para tus ratos libres es lo mejor que puedes hacer. Aunque ahorita me digas que no tienes el tiempo para un *hobby*, siempre existe un momento para dedicárselo.

¿Entonces de qué se trata la vida si no podemos hacer lo que nos gusta?

Hoy piensa qué te gustaría hacer, puede ser lo que tú quieras. El siguiente paso es encontrar un curso donde las personas que asistan tengan los mismos intereses que tú, quizá te gustaría tomar un curso sobre ángeles.

Busca el curso en un lugar cercano a donde te mueves y elige horarios accesibles. Cuando lo encuentres, no lo pienses dos veces, inscríbete y comprométete a completarlo. Primero puede ser un curso introductorio al tema, después puedes tomar clases a un nivel más especializado.

Hay tanto qué aprender y que puede ayudarte a crecer en el mundo que te vas a fascinar.

Un *hobby* te impulsa a salir de tu rutina y de la gente de siempre; nunca sabes, quizá te encuentras al amor de tu vida al lado tuyo.

Así han salido muchas personas de depresiones fuertes, encontrando a otros con quienes compartir los mismos gustos.

Diez tipos de autoimagen (1)

Vamos a explorar 10 estilos de vestimenta con objeto de que saques conclusiones y descubras cuál es la que mejor te queda, ya que esto te hará sentirte seguro y contribuirá a la afirmación de tu carácter. Luego sucede que admiramos mucho a alguien y queremos vestirnos como ella o él, pero resulta que en nosotros no se ve bien.

Estilo casual: sencillo, natural, optimista, amiguero, tranquilo, no le importa estar a la moda sino cómodo. Prefiere *jeans*, camisetas de algodón sin tanto color ni accesorios, suéteres. En mujeres, faldas o *jeans*.

Estilo conservador: responsable, serio, tradicional, no le gusta llamar la atención. Elige cosas que tapan, suéteres de cuellos cerrados; vestidos largos, colores oscuros y grises; los accesorios son moños y listones o corbatas y pañuelos.

Estilo elegante: empleados citadinos, cultos, autoritarios. Usan trajes de marca, no les importa tener solo uno pero que sea bueno. Fuera del trabajo usan camisa y saco con *jeans*.

Estilo preppy o fresa: anfitriones pulcros, educados, amables. Su *look* es camisa abierta, *jeans*, suéter de cuello v, polos, mocasines, camisas de rayas, pantalones caqui, faldas cortas, tacones altos, colores y que todo combine.

Estilo deportista: se ejercitan y tienen actividades deportivas o extremas. Usan tenis, pants, *jeans*, licras, flats, tops, camisetas con dibujos, sudaderas, chamarras.

Diez tipos de autoimagen (2)

Estilo dramático: personalidades fuertes, sofisticados, les gusta ser admirados, exagerados en lo que usan; aquí entran punks, hippies, etc. Vestimenta de colores o estampados, animal print, muchos accesorios, anillos, pulseras, collares, botas de tacón sea en hombre o mujer, lentes grandes.

Estilo fashionista: viven a la vanguardia, hablan de moda, amigueros, inteligentes, muy *socialité*. Se visten a la moda, sean *jeans* acampanados, licra, el último corte de pelo, el color de temporada; sus clósets son muy versátiles, tienen de todas las épocas, pero odian no estar a la moda.

Estilo seductor: provocativos, con energía magnética sexual, exuberantes, seguros de sí mismos, atrevidos. Usan ropa ajustada, transparente, corta, materiales que resalten sus atributos, mallas, licras, tops, tangas, escotes, faldas muy cortas, tacones.

Estilo creativo: espontáneos, originales, ingeniosos, aventureros y retadores. Visten tenis con faldas y crinolina, los hombres hacen una camisa con un suéter, no siguen reglas de moda, no combinan nada; *jeans*, colores fuera de temporada, prenda sobre prenda o muy sencillos pero originales, los hombres usan cosas de mujer y viceversa.

Estilo indefinido: cambiantes y emocionales, abiertos a todo, librepensadores y a la vez inseguros con el mundo social. Visten con cualquier estilo, pero llegan a complicarse porque no encuentran una identidad.

Solo por hoy

La frase *solo por hoy* se escucha mucho en estos tiempos, sobre todo en personas con problema de alcoholismo que viven al día, aunque realmente todos vivimos al día, porque a pesar de que tengamos la certeza de que mañana despertaremos, no es así, nunca sabemos qué lugar ocupamos en la cola de los que se van de este mundo.

Hoy trata de no hacer algo a lo que estás muy acostumbrado desde hace mucho tiempo, inténtalo *solo por hoy*. Si decides dejar de hacer algo hoy, y lo hicieras todos los días, como comer comida chatarra, beber alcohol, enojarnos, tu mente, cuerpo y alma obtendrían grandes beneficios. Es demasiado monótono esclavizarse a diario en los mismos hábitos, como dicen los viejitos, *ya chole...*

La psicología dice que los hábitos son puramente mentales y que podemos combatirlos con fuerza de voluntad y paciencia, no importa si son adicciones o costumbres nocivas. Existen muchos métodos para deshacernos de mañas, manías, actos compulsivos, vicios, etc.

Esta es una decisión de un día y ese día es hoy, lógralo.

Aprender a ceder

A veces somos capaces hasta de inventar con tal de tener la razón, porque si no la tenemos nos sentimos menos. No cedemos. Veamos la definición del diccionario para la palabra *ceder*: Transferir o traspasar voluntariamente a otro el disfrute de una cosa, acción o derecho. Disminuir o desaparecer la resistencia de una persona.

¿Qué prefieres, tener la razón o ser feliz? Tener la razón te hace ganar (de momento), y ganar te produce placer; pero, realmente, ¿cuántas veces que quieres tener la razón a fuerzas tiene importancia? Está bien, si se trata de algo importante, desde tu punto de vista, pero sin aferrarte a tratar de convencer a alguien.

Cuando quieres ganar a toda costa, ¿qué pasa? Okey, ganaste, ¿te premiaron? ¿Te dieron dinero? No dejaste pasar a alguien en el coche, ¿vas a llegar mucho antes al trabajo? ¡No! La verdad es que son actos de venganza por delirio de competencia: *aaah, sí, a ver quién gana.*

Por qué no cambias el sentido de las cosas y aprendes a ceder, si cedes, hay mucho más que ganar.

Beneficios de ceder:

- Conservas amistades y relaciones.
- Vives más tranquilo.
- Te siente más seguro de quien eres.
- Te enfocas en tu vida y no en la de los demás.
- Aprendes de las ideas de otros.
- Te sientes libre.

Debemos entender que cada persona es un mundo con un microuniverso, las creencias de cada quien son muy valiosas, no te esfuerces en cambiarlas. Hoy cede.

Ylang Ylang

Es un aceite extraído de un árbol tropical llamado cananga, comúnmente utilizado en aromaterapia, posee propiedades estimulantes y sedantes; ayuda en problemas de estrés como insomnio, frigidez, ansiedad, depresión. Si lo untas en la piel, limpia barros, espinillas y quita manchas de la piel, impide la aparición de estrías, cura piquetes de insectos y combate infecciones en general.

Es antiséptico, afrodisiaco y tónico para el sistema nervioso, además refuerza el cabello. El aceite se aplica por medio de un masaje; también se vierte y diluye en el agua de la tina para que penetre en todo el organismo. Su uso excesivo puede causar dolores de cabeza y náuseas, por lo que recomiendo no utilizarlo a diario. También es antidiabético y antiparasitario.

Recomiendo ampliamente este aceite, ya que restaura el equilibrio emocional, reconforta y relaja. Lo encuentras en tiendas naturistas.

El día de hoy consiéntete con este maravilloso producto que la naturaleza nos regala.

Un buen masaje

El masaje profesional es un tratamiento manual por medio de presión de las manos sobre el cuerpo haciendo palpación y movimiento con aceites especiales. ¿Alguna vez te han dado un buen masaje?

Los beneficios de un buen masaje son relajar los músculos, favorecer el sueño, aliviar determinadas dolencias físicas, liberar problemas emocionales a través de la manipulación de puntos corporales específicos, etc. De las diferentes técnicas que existen, mencionaré cuatro.

- *Shiatsu*: la presión se ejerce con manos y dedos; su función: corregir desequilibrios corporales.
- *Masaje con piedras calientes*: se frotan éstas en el cuerpo; ayuda a eliminar toxinas, alivia dolores menstruales, estimula el metabolismo, reduce el estrés y quita dolores de espalda, entre otros.
- *Reflexología*: masaje de pies, manos, orejas y cara para estimular puntos específicos del cuerpo. Regula la circulación energética en forma integral.
- *Masaje tailandés*: consiste en estiramientos corporales; se aplica en el piso, no en camilla. Aporta equilibrio físico, mental y emocional; restablece la energía vital.

Creemos que un masaje es muy caro y que es un lujo tomarlo; efectivamente, es un lujo, pero creo que lo vales. Hay lugares de masaje o masajistas independientes con precios muy accesibles.

Siembra un árbol

Se dice que en la vida debemos hacer tres cosas para dejar un legado al mundo: escribir un libro, tener un hijo y sembrar un árbol.

Escribir un libro, para dar a conocer quién eres, tus ideas, tu vida. Tener un hijo, por lo que puedes hacer por un alma nueva. Y sembrar un árbol, por mejorar tu mundo y su medio ambiente.

Los árboles son los encargados de darnos el oxígeno que los humanos necesitamos; un árbol genera el oxígeno que consumimos 10 personas, ¿pero sabías que el oxígeno que producen 100 árboles en un día será consumido solo por un automóvil en apenas media hora? Ahora cuenta los coches que hay...

Leí un artículo de la UNEP (Programa de las Naciones Unidas para el Medio Ambiente) acerca de los beneficios que aportan los árboles al mundo:

- Restauran manantiales que se han secado.
- Impiden la erosión del suelo.
- Crean fertilizantes para aumentar las cosechas.
- Proporcionan alimento en las zonas rurales.
- Sirven de forraje para el ganado.
- Atraen a los insectos que polinizan los cultivos.
- Extraen el dióxido de carbono de la atmósfera.
- Nos hacen menos vulnerables a las amenazas de los cambios climáticos.

Por todo eso, siembra un árbol.

Mejora tu lenguaje

¡Día de diccionario! Es una gran dinámica por hacer.

En la mayoría de nosotros, nuestro vocabulario se ha vuelto mediocre; las palabras que decimos en un día son mínimas y son las mismas, todo se reduce a *güey, no manches, chale, cero que ver, o sea, tipo, pus, esque, maso, bonito, padre, súper, increíble, malo, feo, horrible* y la palabra *p... tal cosa, híjole, uff, sale,* y así podemos seguirnos con nuestro pobre *diccionario coloquial.*

Alguien que estudia filosofía y letras podría decirnos las miles de palabras hermosas que existen para referirnos a una persona, una situación, un objeto. Con darle solo 10 minutos diarios al diccionario, nos haríamos letrados.

¿Sabes qué es *iridiscente*? Muestra o refleja los colores del arcoíris; produce destellos.

¿Sabes que es *procaz*? Desvergonzado, atrevido, insolente.

¿No te llama la atención conocer estas nuevas palabras y tantas otras que ni sabes?

Pues hoy abre el diccionario al azar y la palabra que salga apréndetela, y luego cinco más, y otras más, y así... y las aplicas en tu lenguaje cotidiano.

Día de suerte

Se dice que una vez al año, un minuto en el día, la suerte es solo tuya; ¿qué harías con esa suerte? ¿Comprarías billetes de lotería? ¿Meterías tus papeles a la escuela o al empleo que quieres? ¿Saldrías con un clavel rojo a un restaurante y conocerías al amor de tu vida? ¿Encontrarías en internet la medicina para tu cura? ¿Y qué tal si ese día es hoy?

El solo abrir el libro en esta página te convierte en merecedor de la ¡SUERTE! Hoy eres el más afortunado, trata de sacar el mejor provecho de esto. Créelo, realmente créelo, quizás alguno de tus deseos al fin se concreta.

La suerte es la creencia en eventos afortunados, pero como bien lo digo, es CREER, pero más que creer es SABER. He conocido personas en mi vida que se han ganado la lotería, y platican que es un sentimiento de saberse afortunados, no solo lo creen sino que LO SABEN. El día de su suerte, dentro de ellos LO SABEN, deciden comprar sus boletos y ¡BINGO!

Ahora sal a la calle y disfruta tu suerte.

Contemplación

La contemplación es meditación profunda donde somos parte del todo.

Haremos una meditación. Puedes estar acostado o sentado, como gustes. Te recomiendo grabar la meditación y luego escucharla. Pon música *new age* o relajante.

Cierra los ojos. Relaja tus pies, poco a poco tus piernas, cadera, estómago; respira profundo y al exhalar relaja tu pecho, hombros, cabeza, brazos y manos; relaja tu cuello y cabeza.

Imagina cómo tu alma se desprende de tu cuerpo. Ve cómo sales del espacio donde te encuentras y observas la calle y los autos cercanos a ti; sube como si fueras un ángel ascendiendo; de pronto, ves los edificios, sigues subiendo y alcanzas a ver las montañas, mientras más alto subes tu sentimiento de libertad es cada vez más grande; al tocar las nubes, logras una relajación más profunda.

Continúa subiendo hasta salir al espacio, donde habita un silencio profundo; ver la luna, planetas y estrellas te produce una sensación de grandeza. Avanzas hasta llegar a un lugar en medio de todo, desde ahí siente la contemplación de estar fuera de todo y que tus problemas se minimizan con la tierra. La sensación es de bienestar total.

Después de unos minutos de disfrutar la experiencia, es tiempo de regresar. Lentamente, recupera las sensaciones de tu cuerpo. Estira tus músculos con cuidado y cuando gustes puedes abrir los ojos.

Salir solo

Somos tan dependientes de la gente que nos rodea que podemos morirnos de ganas de tomar un café con un rico postrecito en algún lugar agradable, o de disfrutar la película que más tenemos ganas de ver, y no lo hacemos porque *qué dirá la gente al verme solo.* Y nadie más que tú se pierde de esa experiencia, ¿por qué es eso?

Que digan lo que quieran, lo que piense la gente nos debe importar poco; además, ¿sabes qué es lo que piensan realmente?: *Yo quisiera hacer eso y no puedo porque no me atrevo.*

No reprimas tus placeres, hoy es un buen momento para romper ese miedo del *qué dirán*, y ve a tomarte un café con un libro a un buen lugar, y disfruta tu momento, ya después intenta un cinito tú solo viendo lo que te dé la gana y, ¿quién sabe?, quizás en un futuro hasta te echas un viaje solo. Aprende a ser tu mejor compañero.

Te puedo decir que yo lo hago y me he beneficiado de una seguridad personal mucho mayor; además, recuerda que estás contigo ¡y eso es más que suficiente!

Sé valiente

*Mientras el cobarde reflexiona, el valiente va, actúa
y regresa victorioso.*

El cobarde es aquel que no se atreve a vivir con los brazos
abiertos y no está dispuesto a entregarse. El cobarde se esconde en su palabra de que en algún mañana dará el primer paso.
El cobarde tiene miedo de equivocarse, sin darse cuenta de que
su mayor error es no intentar, no luchar.

¿Quién va a dar el primer paso, si no es uno mismo? ¿Y cuándo se va a dar el paso, si no es ya, en tu presente?

Cuando quieres alcanzar algo, el primer paso es apoyarte en
tus emociones, tu pasión y tus deseos por conseguirlo. Si dejas para después tu objetivo, se va perdiendo la importancia
y así se te va la vida. Porque el tiempo no perdona ni los sueños, ni los deseos, ni el dolor, ni la alegría, ni a niños, ni hombres, ni mujeres; el tiempo es como un torbellino que se lleva
todo a su paso.

Si valoras tus más grandes sueños como debes, haces que se
logren. Sé valiente, después te preocupas por lo demás, y pronto obtendrás lo que buscas.

Habla con la luna

Existe una leyenda acerca de la luna que dice que es un planeta encantado, con la capacidad de transmitirnos telepáticamente mensajes mágicos, pero esto solo puede ser si abrimos la comunicación con ella, ya sabes que su poder sobre nosotros es muy fuerte e influye en nuestros caminos. La luna te escucha, y te habla.

Lo único que debes hacer antes de dormir, es asomarte a tu ventana y decirle estas palabras:

Tú, luna brillante, que me miras de lejos,
me encuentro frente a ti con la inocencia de un niño
para escucharte y darte mi amor.
Cántame canciones de luna y arrúllame
en tus cuernos iluminados.
Háblame de las estrellas y dame sueños dulces.
Que así sea.

Eso es todo. Antes de acostarte, escribe los mensajes que se presenten en tu mente y duérmete; a la mañana siguiente, léelos y verás qué fue lo que te dijo la luna. Habla con ella y estarás protegido por las noches.

Es muy importante que creas en este conjuro, ya que puede beneficiarte positivamente.

Ayuda con un 20%

¿Cuál es el objetivo fundamental de brindar tu ayuda?

¿Ser reconocido?

¿Esperar algo a cambio?

¿Que después pidas favores sin remordimientos?

¿Tener poder sobre la otra persona?

¿Porque no tienes opción y tienes que hacerlo?

¿O en verdad ayudas a alguien de corazón?

Si tu intención real es la última, entonces debes saber que ayudar a una persona no es resolverle todo, debes enseñarle a encontrar su propio poder. Cuando alguien nos pide ayuda, nos pide el 100% de nuestra cooperación, ¿cierto? Por ejemplo:

—*Préstame 2000 pesos.*

Le prestamos los 2000 pesos, pero eso no ayuda en nada al otro; al contrario, lo perjudicamos. En cambio, si damos el 20% de esa ayuda la persona trabajará por conseguir lo demás. Con mucho cariño le prestas 400 pesos, lo que falta está en él obtenerlo.

Si quiere un trabajo, puedes decirle con gusto: *Yo te paso el teléfono de un conocido que te puede dar chamba*; pero debe ser él quien hablé para conseguirlo. Y así puedo darte un sinfín de ejemplos.

Aprende a dar solo una parte de esa ayuda y en un futuro tu ayuda será mejor valorada que si le hubieras solucionado todo a esa persona.

Los cocos

Los cocos son el principal elemento para alejar espíritus negativos de tu espacio. Esta técnica la aprendí de un amigo santero y, créeme, es cierta. Se dice que los cocos llevan la pureza de los dioses y la fuerza de los héroes para combatir cualquier demonio en el camino.

Consigues cocos peludos, cafés, uno para cada esquina de tu casa u oficina, los colocas por la noche y solo con eso los espíritus se alejan. Debes dejarlos ahí durante un mes o dos y después los retiras, porque los cocos se enferman de energía negativa y ya no sirven.

Decidí incluir esto en el libro porque he visto cómo las personas se comportan antes y después de hacer el ritual de los cocos: su estado de ánimo mejora, la comunicación entre la familia prospera, se logra conciliar con facilidad el sueño, están más sanas físicamente y sonríen.

Si en tu espacio no crees que sean necesarios los cocos, el día de hoy puede ser que haya un espacio de tu casa donde no te gusta estar porque te sientes incómodo(a), ahí colócalos y pásale el dato a quien necesite de este ritual.

¿Qué te hace feliz?

¿Qué te hace feliz? Es una de las preguntas básicas para cualquier ser humano. Para ver si realmente somos felices, primero debemos ver qué nos trae felicidad. ¿Tu familia, tu dinero, tus viajes, tu pareja? ¿O nada de eso?

Cuando hacemos cosas agradables, nuestro cuerpo produce unas hormonas llamadas endorfinas, las cuales suministran las sensaciones de placer, euforia, amor; de pronto, un día común y corriente te llegan todas esas sensaciones, pareciera que vienen de la nada, pero en realidad vienen del cerebro. Por eso se dice que la felicidad se encuentra dentro de cada uno de nosotros.

No hay que pensar que las cosas materiales que buscamos son las que activan nuestras endorfinas, lo que en verdad las echa a andar es la actitud positiva ante eventos que suceden en la vida cotidiana. Recordar momentos felices por medio de la música, la comida, el contacto físico con otros, aromas nostálgicos, o simplemente traer a la mente recuerdos gratos, estimularán la hormona de la felicidad.

El día de hoy identifica todo lo que te produce felicidad y escríbelo en un pizarrón pequeño, cuélgalo en tu cocina o en algún sitio donde seguido te lo topes. Cuando recuerdes un pensamiento feliz, lo apuntas en tu pizarrón; la idea es tenerlos siempre presentes.

Cuatro formas básicas de amar (1)

Hay cuatro formas principales de amar y para comprenderlas mejor vamos a verlas como si fueran colores. Cada color tiene su forma de amar y de expresarse ante el amor, si logras encontrar la tuya, entonces puedes modificarla; la buena noticia es que puedes alcanzar el amor o simplemente entenderlo, o comprender tu relación.

Rojos: son apasionados, aventados, los príncipes azules de toda mujer, valientes, no tienen miedo de pedirte el teléfono, les gusta ser galanes y tienen una energía muy magnética que inspira seguridad y protección; al mismo tiempo son egoístas, irritables, agresivos y no saben controlar su temperamento. Mujeres y hombres por igual son independientes, saben manejar las situaciones y pareciera que tienen todo bajo control, pero por dentro son de emociones inseguras.

Amarillos: son los más astutos, ven a su presa, la analizan, ven lo que les gusta y luego atacan; son manipuladores, y aunque no obligan a las personas a hacer las cosas como los rojos, las convencen, les venden el plan con tal de que el otro haga lo que el amarillo quiera. Su problema es que se aburren mucho, y si no se mantienen entretenidos, se van. De entrada, no se enamoran, ya que primero aplican sus estrategias y, cuando éstas les dan resultado, entonces ya piensan en amar al otro.

Cuatro formas básicas de amar (2)

Verdes: pacíficos, no tienen problemas con nadie, se llevan perfecto con cualquier color, a todo dicen que sí, y más que ser exhibicionistas como el amarillo o el rojo, son espectadores; no les gusta ser el centro de atención y siempre aplauden todo lo que hacen otros. Su problema es falta de carácter y de acción, nunca toman decisiones porque prefieren que las tomen otros, pueden mimetizarse fácilmente con su pareja, o sea, imitan todo lo que el otro hace, lo que les lleva a perder personalidad.

Azules: son los más románticos y enamorados de todos, aman como ninguno y su amor es profundo y eterno, son poetas, artistas, te llenan el alma con palabras hermosas, son muy amorosos, nobles y tiernos, inspirados, te convierten en su ideal. Su problema es el *pégame pero no me dejes,* son sufridos, mártires, todo les duele a la quinta potencia, no importa que estén en una relación tormentosa, el caso es que no pueden salir de ella.

Ahora trata de ver con cuál color te identificas más. Recomiendo a las mujeres que sean *amarillas* y a los hombres *verdes*; y aunque de nacimiento seamos de uno o dos colores, siempre podemos cambiar. Eso opino yo.

Medicina alternativa

Hay una variedad de medicinas alternativas para sanarte, no solo existen la homeopatía o las flores de Bach, ahí les dejo otras que pueden conocer y explorar:

Aura-soma: curación por medio de frascos de colores que combinan esencias aromáticas, piedras preciosas y plantas.

Aromaterapia: esencias de flores, frutos y plantas aplicadas en puntos específicos del cuerpo, mejoran la salud física y en especial el sistema nervioso.

Biomagnetismo: cura a través de imanes, convierte el *Ph* a neutro causando la eliminación de virus, bacterias, parásitos y hongos.

Terapia craneosacral: método realizado con las manos para evaluar y estimular el funcionamiento del sistema cráneosacral; libera tensiones y emociones reprimidas.

Diksha: transferencia de energía divina que ayuda a liberarnos de los condicionamientos que nos hacen sufrir.

Iridología: método para diagnosticar el estado de salud por medio del iris del ojo.

Reiki: ancestral técnica curativa que consiste en imponer las manos sobre alguien para transmitirle energía curativa.

Resonance repattering: integra todo tu ser a través de la palabra y la verificación muscular con *kinesiología*; identifica patrones de creencias negativas en tu inconsciente que impiden lograr lo que deseas.

Terapia de vidas pasadas: sanación de comportamientos destructivos que traemos en nuestra información genética por medio de inducción hipnótica a vidas pasadas.

Regálate un detalle

Cuando compramos algo para nosotros en forma sana, es regalarnos cariño, ¿cierto? Claro, tampoco hay que excederse, porque todo en extremo más que ayudar perjudica. Si compramos compulsivamente demasiadas cosas que no necesitamos, después caemos en un fuerte remordimiento de conciencia y una sensación de culpa.

Voy a recomendarte que hoy compres un detallito para ti. Regalarte algo especial te produce un estado de bienestar y satisfacción que activa las endorfinas en tu cuerpo. Primero piensa en algo que deseas y después contesta las siguientes preguntas:

¿Es realmente un detalle?

¿Afecta tus ingresos o los de tu pareja?

¿Es algo que necesitas?

¿Desde hace tiempo lo deseas?

¿Traerá algún beneficio a tu persona?

Si después de contestar lo anterior tienes la seguridad de que aún lo quieres y necesitas, dátelo con todo el placer del mundo... disfrútalo, hoy es el día ideal para hacerlo; sonríe y no dejes entrar remordimientos, es algo que deseas y tú te permites tenerlo.

Color rojo

Que tu día sea rojo. Vístete de color rojo, ahora te diré por qué.

El color rojo tiene una vibración tan magnética que a todos llama su atención; promueve energía, intensidad, vida, fuerza, un buen comienzo. Es un color emprendedor y siempre puede salir adelante; es luchón y vive creyendo que todo es posible. Su frecuencia te transporta a ser quien tú eres, sin máscaras. Te da la oportunidad de brillar ante el mundo.

Por su peso, el rojo te ayuda a arraigarte y no perder los pies del suelo; a no tener fugas mentales, como aquellos momentos en que nos perdemos durante una conversación o en determinadas circunstancias cotidianas. Sin embargo, te recomiendo que no lo uses para una entrevista de trabajo porque el entrevistador te puede ver como una amenaza y eso no conviene.

Hay que comer alimentos rojos como manzana o carne por el contenido de antioxidantes y proteínas que nos ayuda a mejorar la presión baja y la falta de energía.

Hoy es el día del rojo.

Te amo — *I love you*

Una de las formas de conocer a una persona es por medio de la comunicación multilingüe; hoy nos pondremos como tarea aprender la expresión TE AMO en todos los idiomas posibles. Según la revista *Psychological Science*, quienes aprenden más de un idioma se concentran mejor y estimulan su creatividad, potencian la memoria y la plasticidad cerebral; otro estudio realizado en Toronto, dice que reducen la posibilidad de perder la memoria en la edad adulta y prácticamente están exentos de Alzheimer.

Como ves, aprender idiomas no solo incrementa tus facultades mentales sino también tu comunicación y memoria. La frase TE AMO es la más hermosa en cualquier idioma, no tengas miedo de decirla. Cuando conozcas a un extranjero, tendrás una frase en su idioma para darte a entender. Este es el comienzo de la posibilidad de conocer algo más de lo que este mundo te ofrece.

En internet o valiéndote de diccionarios encuentra cómo se dice TE AMO en francés, alemán, ruso, árabe, sueco, portugués, náhuatl, italiano, etc.

¡Diviértete!

Hablemos de sexo

Hablar de sexo es hablar de uno mismo y de los placeres e inseguridades que todos llevamos dentro. Tener sexo es el contacto físico con alguien que te atrae o deseas hacerlo para disfrutar y procrear. En la sexualidad hay variantes que dependen de la cultura o religión y de qué tanto se acepte socialmente.

Este es un tema muy importante porque gran parte de nuestras depresiones e inseguridades se originan por la represión sexual. Y creo que necesitamos tener un mejor entendimiento sobre ello. El acto sexual te proporciona placer, y si lo haces con sus debidas precauciones, como el uso de condón y los anticonceptivos, es muy sano; de hecho, aporta grandes beneficios:

- Se pueden quemar hasta 560 calorías.
- Es el ejercicio más completo que existe porque ejercitas todos los músculos.
- Mejora notablemente tu salud mental.
- Es relajante, el mejor antídoto contra la tensión nerviosa, reduce la ansiedad.
- Excelente para el insomnio porque al terminar induce al sueño.
- Te da seguridad de tu cuerpo y aumenta la autoestima.
- Segregas feromonas, la hormona del amor.

Y si le seguimos, no acabamos la lista. En fin, creo que lo más importante es explorar tus sensaciones y vivir la experiencia.

Y debo decirte que si amas a la persona, es mucho más benéfico.

¿Cuáles son tus secretos?

Aunque no existen estadísticas acerca de las personas que guardan secretos, te puedo decir que la mayoría lo hacemos y muchas veces eso nos hace sentir culpables o malos. Pero creemos necesario hacerlo, ya que son asuntos privados de los que no tienen por qué enterarse los demás. Esos secretos se quedan dentro de ti, arrumbados. ¿Pero qué tan sano es esto?

Cuando los secretos te provocan inseguridad, es como si fueran veneno que no quieres que salga de tu sangre; estos son los secretos que me interesa que hoy saques. Vamos a entrar a tu bodega oscura imaginaria y saca todo lo que no te gustaría que la gente supiera.

Tal vez sean pensamientos de querernos morir o de que muera el de al lado, o mentiras fuertes que hemos dicho, algún robo que cometimos, o perjudicamos a alguien con alevosía y ventaja. Al final todos, y digo todos, tenemos un lado oscuro.

Hoy te pido que escribas todas esas cosas que tienes en tu mente que consideras oscuras y las leas varias veces; es la mejor manera de limpiar tu mente. Cuando lo hayas hecho, quémalas y di:

Hoy soy una nueva persona y pongo luz a mi oscuridad,
ya no soy eso.

Verás que te sentirás mucho mejor.

Usa protector solar

Hoy hablaremos de una cosa tan simple como el protector solar; pensamos que solo debe usarse en la playa para broncearte y no es así, podemos aplicarlo como crema de día. Actualmente, la capa de ozono se ha reducido y deja pasar los rayos ultravioleta de forma más directa, y sin protección las células de la piel se ven seriamente afectadas. El protector solar previene enfermedades de la piel sumamente graves, así que te sugiero leas con atención las ventajas de emplearlo.

Para la vida diaria recomiendo un protector solar del SPF 8, 10 o 15, y para la playa uno del SPF 30, y aplicarlo constantemente.

Entre otros beneficios:

- Tu piel no pierde elasticidad.
- Evitas que se manche la piel o que se haga más gruesa.
- Ayuda a que los rayos no inhiban el crecimiento de nuevas células y dañen la habilidad de las mismas.
- Evitan que se formen arrugas, por lo tanto, rejuveneces.
- Previene enfermedades de la piel.

Por ello, comparte esta información con tus seres queridos, ya que les beneficiará.

La portada de tu libro

Como te comenté el día de sembrar un árbol, dejar algo tuyo en esta vida, como un libro que hayas escrito, es muy importante; te lo puedo decir yo, escribir es una tarea hermosa pero no es tan sencillo hacerlo, se requiere más que un solo día y mucho de tu parte. Así como a todos nos llega el momento, puede ser que para ti aún no lo sea, o sí, eso solo tú lo sabes.

Te voy a dejar una tarea con la que te vas a divertir mucho. Primero piensa cómo se llamaría tu libro y qué llevaría en la portada. Otra forma súper entretenida para echar a volar tu imaginación sobre planes concretos de tu vida futura es ponerles títulos a las cosas que haces en el presente, como si fueran libros. Esto te va a hacer reír:

Mi título de momento es: *UFF, escribo y no paro.*

Otro ejemplo, estás en el tráfico y piensas este título: *El tormento del tráfico.*

Un mal rato puedes convertirlo en un gran chiste; si gustas, hasta lo puedes twittear; riámonos de la vida, que la vida se reirá contigo.

Conoce tu ciudad

Alguna vez has pensado en irte a vivir a cualquier parte del mundo, donde nadie te conozca y sucedan cosas distintas, conocer gente nueva y otro tipo de costumbres. Podemos hacerlo sin necesidad de ir al otro lado del mundo; se trataría más bien de explorar la ciudad, población o estado donde vives, te aseguro que no conoces todo y será más emocionante si lo haces con tu mejor amigo(a).

Coman en un restaurancito que nunca antes hayan visto, vayan a un parque que no conozcan, métanse al teatro, al circo o a cualquier atracción local. La idea es que se sientan turistas en su propia ciudad. Con este ejercicio se logran muchos beneficios, como conocer bien dónde vives, tener nuevas opciones para divertirte y no las mismas de siempre, entablar nuevas amistades, también pueden hacer más estrecha su amistad y tendrán nuevos temas de conversación.

Una vez, junto con mi hermana y varios amigos, rentamos un camión y nos fuimos por toda la ciudad a descubrirla; la verdad es que yo no conocía ni la mitad, las fotos que tomé durante el recorrido son invaluables y fue toda una experiencia.

Tips para obtener beneficios

Me preguntan mucho cómo conseguir dinero, y aunque en realidad lo que se necesita es trabajar para tenerlo, podemos poner en práctica algunas estrategias para mejorar nuestra economía. En el libro *Experts Guide to 100 Things Everyone Should Know* (Guía de expertos de las 100 cosas que todos deben saber) hay una sección sobre Donald Trump, el famoso multimillonario y magnate de los bienes raíces, donde da los siguientes tips para lograr objetivos económicos:

- Saber lo que quieres y enfocarte a ello.
- Ver cualquier conflicto como una oportunidad.
- No subestimar a tus compañeros.
- Paciencia.
- Perseverancia.
- Mantenerte optimista sin importar la situación.
- Bajar la guardia para obtener lo que quieres.
- Estar abierto al cambio.
- Confiar en tus instintos.
- Negociar es un arte, velo como tal.

En lo personal, estos consejos me han sido de gran utilidad, siempre los aplico y obtengo buenos resultados. No es que quieras convertirte en Donald Trump, pero inténtalo tú, escribe tus propósitos y sigue estos tips.

Cómo reaccionamos

En el libro *Who are you?* (¿Cómo eres?), Malcolm Godwin nos describe las cinco reacciones principales que tenemos ante una situación importante, estas son: *pelear, huir, paralizarte, comer, sexo.*

Hay que saber identificar cuál de ésas se apodera de ti cuando algo pasa en tu vida, pues eso te hará comprender un poco más de ti. Como son reacciones instantáneas, es imposible cambiarlas, entonces no pretendamos reaccionar de otra forma; cada una tiene sus propios beneficios. Descubre primero cuál es la tuya, respondiendo el siguiente test.

Se meten a robar en tu casa y tu reacción es:

1. Te pones a resolver el problema, confrontas la situación y actúas.
2. Ignoras como si no hubiera pasado nada y te vas del lugar.
3. Buscas algo de comida porque sientes que se te bajó la presión.
4. Te pones a llorar de una forma inconsolable.
5. Tienes pensamientos sexuales de lo que pudieron hacer los ladrones.

Si elegiste la primera, nos dice que eres una persona que pelea y se defiende, reacciona al momento y resuelve; la segunda, huyes del conflicto, prefieres no involucrarte y te alejas del lugar de los hechos; la tercera, tu ansiedad te lleva a comer; la cuarta, te paralizas, tu reacción emocional es rápida, pero tu reacción general es lenta; quinta, asocias el robo a agresiones de tipo sexual por parte de los ladrones.

Busca siempre inclinarte hacia la primera.

Un baño natural

El acto de perfumarse todos los días con cremas, lociones y champús puede afectar tu humor y hacerte perder identidad. Usamos aromas (especialmente las mujeres) para fortalecer nuestra persona y porque establecen una frecuencia magnética que nos acerca a los demás.

Esto con el tiempo se ha convertido en un problema grave, ya que a veces son tantos los productos aromáticos que se emplean. Jabón de olor a rosas, cremas de fresa, espray para el cuerpo, perfumes de cítricos y gardenias, desodorante de coco, etc. Nos convertimos en un bodegón frutal que nos hace oler a todo, menos a nosotros mismos. Hay que oler rico, ser pulcro y limpio, pero por lo menos una vez al mes es necesario desintoxicar tu cuerpo y no echarte nada.

Por eso este día te voy a pedir que solo te bañes con agua, no uses crema ni jabón, ni champú ni loción, ni nada; hoy tendrás tu olor natural, para que lo conozcas y lo disfrutes.

Nuestros humores pueden ser fuertes, ácidos, ligeros, amargos, dulces, agrios. Identifica el tuyo, y si logras descubrirlo, podrás saber cuál es la fragancia que mejor te va.

Avivemos la llama

Este relato tiene un gran significado interno.

Cuentan que un rey muy rico de la India tenía fama de ser indiferente a las riquezas materiales. Un súbdito quiso averiguar su secreto. El rey le dijo:

—Te lo revelaré si recorres mi palacio para comprender la magnitud de mi riqueza. Lleva una vela encendida, pero si se apaga, te decapitaré.

Al término del paseo, el rey le preguntó:

—¿Qué piensas de mis riquezas?

A lo que el súbdito respondió:

—No vi nada, solo me preocupé de que la llama no se apagara.

El rey le dijo:

—Ese es mi secreto. Estoy tan ocupado tratando de avivar mi llama interior que no me interesan las riquezas de afuera.

A lo largo del libro hemos hablado del amor, del dinero, de la magia, de lo que debemos hacer o no, de la salud; este relato habla de tu espiritualidad, de estar en contacto con tu interior. Si nos enfocamos en nosotros mismos, dejamos de compararnos, de buscar en lo exterior, de siempre esperar algo. Nos convertimos en una energía pura y completa.

Da el primer paso para entrar en contacto con tu espiritualidad.

Camina descalzo

Camina descalzo para que recibas a la tierra desde tus pies. Busca un lugar agradable donde puedas tener este contacto. Quítate zapatos, calcetines y camina sintiendo cómo crece el pasto, siente la frescura de la tierra, imagina que parte del mundo se encuentra abajo de ti.

El poder de la tierra nos ayuda a arraigarnos cuando nos sentimos desorientados, perdidos, desubicados, de manera que nuestra vida no tiene ni pies ni cabeza. El contacto directo entre tus pies y la tierra tiene la propiedad de recordarte de tus raíces y de hacerte sentir las fuerzas telúricas que rigen a todos los seres vivientes.

Se dice que uno debe de amar como el suelo firme, inamovible; en el suelo crecen los árboles, las plantas, los frutos; del suelo surgen los minerales y ahí vivimos los humanos y los animales, de ahí sacamos nuestro sustento y también enterramos lo que más amamos.

Al suelo nadie lo cuestiona, solo existe sin dar razones, siempre está. Camina por este suelo, aprende de su firmeza y encuentra en ti todos esos atributos.

Decirte por tu nombre

Referirte a una persona por su nombre crea instintivamente un vínculo especial entre ellos y tú; hoy en día, lo más común es hablarnos con palabras como *güey, ese, aquel, oye, tú,* y un largo etcétera, pero todos tenemos un nombre que es necesario respetar, ya que provocas una sensación de categoría en la persona.

Por eso, recuerda que adonde vayas todos tienen su nombre, te juro que éste no es de adorno, es para que te dirijas a la gente. No hay peor cosa que para llamarte hagan "sht, sht" como si fuéramos qué, ni a un perro... Hasta a los animales se les llama por su nombre. No permitamos que se dirijan así a nosotros, quien sea, tú eres único y por eso tienes tu propio nombre. A partir de este momento, pon en claro a la gente cómo te llamas o cómo quieres que te digan si tienes un apodo, o tu nombre abreviado (Mari, Ale, Pepe, Lalo), ¡dícelos!

Y de la misma manera, voy a pedirte que en el restaurante, el súper, el banco, donde vayas, llames a las personas por su nombre, y si no lo sabes, se los preguntes; en lo sucesivo, si vas a estos mismos sitios, saludas y te despides de la gente por su nombre.

Si haces esto, vas a lograr mayor respeto y admiración por parte de quienes estén a tu alrededor.

Mis fotos

—Qué emoción que tengas tantas fotos de tu vida, ¿me las enseñas?

—Mmm, *es que* las tengo en mi cámara digital, *es que* están en mi teléfono, *es que* las guardo en mi computadora.

Y ahí se quedarán hasta que no hagas algo al respecto.

Qué bueno que ya no se usen los rollos, pero tener todo digital hace que no existan los álbumes de fotos y, entonces, no hay forma de verlas. Tus viajes, celebraciones, anécdotas, fiestas, son historias que contar y que debemos valorar, se trata de tus recuerdos ¡que llevarás por siempre! Con tus fotos revivirás todas las etapas de tu vida.

En otros tiempos no había fotos, porque cuando empezaron a existir eran pocos los que podían darse el lujo de tomarlas. Ahora todos tenemos la capacidad de fotografiar y ser fotografiados, pero no guardamos las fotos, por una razón o por otra no hay fotos.

Por eso el día de hoy ya no pierdas más tiempo y busca las fotos que más te gustan, si son viejas las escaneas, las guardas en un disco o las mandas por *mail* y las abres en un lugar donde las impriman; si tienes muchas, poco a poco vas imprimiéndolas y las vas pegando en un álbum, y así, sí...

Hacer ejercicio

Hoy es un día perfecto para empezar a hacer ejercicio. Muchos les tenemos envidia a quienes hacen ejercicio todos los días porque ellos sí lo logran y nosotros no. Te recuerdo que ellos también nacieron del vientre de sus mamás, como tú y yo, solo que ellos sí se esforzaron, se organizaron y adquirieron el hábito de ejercitar su físico; y qué crees, tú también puedes hacerlo.

Existe un sinfín de ejercicios para que elijas el más indicado, es solo proponértelo. ¿Sabes todo lo que obtienes con una hora diaria de ejercicio?

- Beneficias tu sistema respiratorio y tu aparato locomotor.
- Eliminas la depresión.
- Favoreces a tu sistema cardiovascular.
- Mejoras los mecanismos del sueño.
- Acabas con la ansiedad y el estrés.
- Liberas endorfinas en tu cuerpo.
- Aumentas tu colesterol bueno.
- Ayudas al metabolismo del calcio.

En fin, la lista es interminable. Cuando experimentes todos estos beneficios no vas a dejar de hacer ejercicio. Compruébalo.

Armoniza tus chacras

Los chacras son centros energéticos que habitan en nuestro cuerpo y equilibran la energía que recibimos de la respiración, el alimento, las emociones, etc. Si estos centros se desequilibran podemos enfermar. El ejercicio de hoy recupera la energía de cada chacra. Busca un lugar cómodo, siéntate y cierra los ojos.

- Imagina una esfera de luz roja, conforme se acerca tu cuerpo se carga de energía y dices: *yo soy*. Siente que la esfera te recorre todo hasta llegar al perineo.
- La siguiente esfera, que es de color naranja, te envuelve en una sensación de placer. Dices: *yo deseo*. La esfera transita tu cuerpo y llega abajo del ombligo.
- Ahora la esfera es amarilla, siente su alegría y di: *yo puedo*; circula en ti y se ubica en el arco de las costillas.
- Sigue una esfera verde, al sentirla tu corazón se abre, dirás: *yo siento*; recorre tu ser y llega al corazón.
- Continúa la esfera azul, se acerca con mucha paz mientras dices: *yo comunico*; te repasa íntegramente y termina en el cuello.
- Llega una esfera color índigo, brinda claridad a tus pensamientos, dices: *yo visualizo*; se mueve en ti y se sitúa en la frente.
- Por último, se aproxima una esfera violeta y sientes que tu fe se conecta con Dios, dices: *yo confío*; viaja por tu cuerpo y se instala arriba de tu cabeza.

Eso es todo, hazlo por las mañanas y te sentirás más equilibrado.

Resumen de tu vida

Hacer un resumen de tu vida es un ejercicio que realizo con mis pacientes y trae resultados extraordinarios. ¿De qué se trata?

En un cuaderno (o en tu *scrapbook*) vas a escribir todos los acontecimientos que te han marcado a través de tus años, pueden ser alegres, tristes, sorprendentes, *shockeantes*, etc. Escribe todos los que vengan a tu mente, pero, ¿cómo lo vas a hacer? Empieza por poner la fecha o tu edad de cuando ocurrió cada acontecimiento y cómo impactó en tu vida; por ejemplo:

8 años: En unas vacaciones en Cancún, vino un huracán y tuve que estar encerrado en una casa con mi papá y mis hermanos, y por la humedad se llenó el lugar de cucarachas. ¿Qué me causó esto?, fobia a las cucarachas.

Espero que me haya dado a entender. Cuando vemos los cambios drásticos que ha habido en nuestra vida, entendemos con mayor claridad por qué estamos como estamos y tenemos oportunidad de corregir traumas, prejuicios, complejos, temores. Y en respuesta al mismo ejemplo que pusimos:

*Vencí la fobia a las cucarachas gracias a la terapia
o a un libro de autoayuda que leí.*

Es un ejercicio muy padre porque empezarás a hilar unas cosas con otras, relaciones, miedos, trabajo, y todo te quedará más claro.

Feng shui

El feng shui es un antiguo arte chino que fomenta la armonía energética con base en la decoración de los espacios; promueve tu bienestar en concordancia con el entorno en que vives. Conocer un poco de feng shui es de gran utilidad para armonizar tu casa. Cada estancia y sus rincones te dicen que si no tienes todo acomodado con equilibrio te causa problemas en el trabajo, el amor, el dinero o en cualquier aspecto de tu vida.

Aquí te dejo algunos tips para armonizar tu espacio:

La entrada de tu casa: refleja la empatía con los demás; ahí debes colocar un objeto que te represente protección, un espejo, un móvil, etc.

La sala: nuestra historia familiar pasada y futura, nuestros sueños; ubica cosas que simbolicen tu historia, como fotos de familia, un libro de viajes, velas para la calidez, tu aparato de música.

El comedor: es un espacio íntimo donde se comparte, hay conversaciones, risas y disgustos; si tu mesa es cuadrada, corresponde al elemento tierra que aporta estabilidad; si es rectangular, es elemento madera, el cual establece jerarquías entre los miembros de la familia; mesa redonda, elemento metal, indica igualdad y fraternidad.

Recámara: tu lugar de descanso y espacio personal debe tener respaldo, ya que es la seguridad de tu vida; no tengas cosas de trabajo ahí, pues se reduce el optimismo en tu estado de ánimo.

Codependencia

Es una condición psicológica en la que una persona se manifiesta de forma excesiva y a menudo inapropiada; se preocupa demasiado por la situación de otro. Cuando alguien padece alcoholismo, drogadicción, infidelidad, el codependiente se obsesiona por ayudar y, por lo general, se le pasa la mano y acarrea consecuencias más complejas, como:

- Pérdida de identidad.
- Reacciones desmedidas.
- Sentimiento de culpa.
- Inseguridad y preocupación exagerada.
- Miedo al futuro y a las metas personales.
- Drama de control.
- Ser un vigilante las 24 horas.

Pero esto no solo sucede con personas que tienen algún tipo de adicción, una de las principales codependencias se da entre madre e hijo; ella suele chantajearlo porque está enferma o es vieja y el hijo cae en el temor de que ella empeore y no estar a su lado cuando eso suceda.

Existe un libro llamado *The Language of Letting Go* (El lenguaje del adiós), de Melody Beattie, que nos dice que debemos permitirnos salir adelante y crecer aun a costa de alguien codependiente. Es necesario desprenderse de la persona disfuncional, sea quien sea, y por más que duela, porque es imposible ponerse en su lugar.

No es amor entregarte a su sufrir y venirte abajo con ellos. No sirve de nada. La capacidad de amar empieza por el proceso de individuación, para así poder dar amor a los demás.

Planea una jugada

Hoy es un día para divertirte, inventa un plan con tus amigos. Rompe con tus esquemas y haz algo diferente; por ejemplo, al terminar de trabajar o estudiar, organiza una reunión, con una botanita rica, para jugar algo divertido. Hay tantos juegos. Te doy varias ideas para pasar un buen rato con amigos:

Juegos de cartas: póker, continental, canasta o cualquiera que le guste a tus cuates.

Dominó o dominó cubano, que es todavía más interesante.

Papelitos: escribes en varios papelitos, al igual que tus amigos, nombres de personajes, actores o actrices. Se separan en dos equipos, y en el primer turno un equipo saca un papelito y puede decir todo menos la palabra escrita; al ser adivinada, se toma otro papelito hasta que se acaba el tiempo, que es un minuto. Luego el otro equipo hace lo mismo tratando de descifrar la palabra. En la segunda parte se vuelven a esconder los papelitos, se sacan, pero esta vez solo puedes decir una palabra que no sea ninguna del papelito. Se repite el mismo procedimiento hasta que se terminen los papelitos. En la tercera ronda se actúan los mismos papelitos, siguiendo el mismo proceso. En cada ronda se cuentan cuántos papelitos adivinó cada equipo y al final gana el equipo que tenga más.

Sé como un diamante

He escuchado muchas veces que debemos de ser como un diamante; los diamantes mientras más facetados y transparentes son más valiosos.

En el humano, las facetas son sus diferentes formas de actuar en la vida; eres de una forma en el trabajo, de otra con tu pareja, de otra con tu familia y de otra con tus amigos. Quizá puedes enojarte, reír, llorar, pero nunca perder tu autenticidad ni tu transparencia. Ser transparente es no ocultar nada, siempre eres evidente.

Es difícil toparnos con individuos que sean muy amables con su pareja y con la familia; por lo general son contestones, groseros en el trabajo, pero con los amigos son muy agradables. Si este es tu caso, la gente no te reconoce y de una manera inconsciente se aleja porque no sabe qué esperar de ti.

Puedes ser impredecible, pero no en esencia, ya que ésa es tu verdad y tu autenticidad, y si muestras muchas caras, la gente no te tomará en serio ni tampoco tú; por ello, busca tu autenticidad en cada parte de tu vida y sé tú mismo en cada una de ellas.

Listón de poder

Hoy te daré una fórmula para sentirte protegido siempre. Es tan sencillo como portar un listón en tu muñeca izquierda. Los listones son símbolos de protección, por eso las gitanas llevan tantos; cada listón tiene el poder de servir para algo.

Los listones de colores tienen significados distintos que aquí te voy a presentar, pero el que más te recomiendo es el listón rojo.

- Rojo: protección en el mundo terrenal.
- Naranja: contra accidentes.
- Amarillo: da claridad y concentración.
- Verde: para la abundancia.
- Azul: paz y tranquilidad.
- Turquesa: comunicación.
- Morado: protección en el mundo espiritual.
- Blanco: salud
- Negro: energía sexual.

A cada listón debes hacerle siete nudos, diciendo estas palabras:

Nudo primero: protección (y tu deseo).
Nudo segundo: que lo sepa el mundo.
Nudo tercero: que me dé lo que más quiero.
Nudo cuarto: si recibo, comparto.
Nudo quinto: con la magia lo pinto.
Nudo sexto: dame siempre el bien y libera lo opuesto.
Nudo séptimo: todo esto en la pulsera lo imprimo.

No importa el grosor del listón, pero eso sí, no te lo puedes quitar. Por eso, piensa bien qué necesitas porque se te tiene que caer solito.

Tu reflejo

La mejor admiración es la sabiduría que nos permite construir los espejos donde algún día deseamos vernos reflejados.

Cada quien tiene la tarea de ver lo que significa la frase en uno mismo, no solo ésta, todas.

Yo lo que pude comprender con esta frase es que las personas que admiramos siempre tienen algo que deseas lograr en tu futuro y no necesariamente a lo que se dedican. Tal vez anheles tener su seguridad, su encanto, su carisma, su chispa, su suerte, su fortuna, en fin, solo tú lo sabes.

Si esa persona a quien admiramos es centrada y ha tenido logros en su vida, quiere decir que vamos por el camino correcto. Y nos iríamos de gane si esa persona triunfadora nos enseña cómo le hace para alcanzar sus metas.

Si admiras a alguien es porque existe algo dentro de ti que necesita ser rescatado y admirado por igual.

Reflexiona esta frase e identifica a personas que admires, sean cercanas o lejanas, y descubre qué es lo que realmente les admiras, y comprende que eso también está en ti, solo necesitas fuerza para sacarlo.

Cambia de dirección

Sanarte de tus propias heridas depende de tus ganas de hacerlo, pero más que nada de tu poder y habilidad para cambiar de dirección.

Hoy toma una nueva dirección en tu vida, elige hacia dónde quieres ir esta vez. ¿Es tiempo de soltar a alguien? ¿Qué cosas de tu vida te han dejado de servir? ¿Qué te hace falta? Pregúntate con toda honestidad: *¿es tiempo de dar un giro de 360° en mi vida?*

Cambiar de dirección es darle un giro total a tu vida, entender que hay cosas que no podemos mantener, sino, por el contrario, soltarlas. Tienes que analizar tu trayectoria hasta este momento y aceptar que debes cambiar el rumbo.

Hoy toma una decisión sólida, que al final del día puedas ver el cambio positivo, orientándote hacia un nuevo sentido en tu camino. No temas a lo que venga después, siempre habrá algo en que podrás entretenerte y hasta agradecer. Por lo menos será algo distinto que probablemente te dé felicidad y pueda alejarte de la tristeza.

Puedes dejar de pensar que estás triste, eso es un cambio de dirección.

Mejores horas de sueño

Leyendo sobre los promedios de tiempo sin dormir, sin comer y sin tomar agua, encontré esto:

- 11 días sin dormir causa alucinaciones, pérdida total de concentración, palpitaciones y desorientación (no existe registro de alguien que haya durado más tiempo).

- 7 días sin tomar agua, 30 días sin comer y mueres por deshidratación y hambre.

Como verás, el sueño es vital para la salud y para recuperar nuestra energía, ayuda al crecimiento (en niños), libera toxinas que adquirimos durante el día, protege el sistema inmunológico, combate males e infecciones, favorece la producción de anticuerpos, además de relajar el sistema nervioso.

¿Sabes cuántas horas debes de dormir?, ¿y cuáles son las mejores horas para tener los beneficios del sueño?

El Instituto Ferrán de Reumatología dice que las horas esenciales son entre las 23 horas y la una de la mañana. Como hacen la mayoría de los animales, deberíamos seguir al sol y dormirnos cuando se mete; la temperatura ideal no debe ser mayor de los 21 grados; desconectar todos los aparatos electrónicos, ya que interfieren con tu campo energético, reduciendo el descanso. Evita comer dulce, así como beber alcohol y cafeína, pues alteran el sueño.

Los niños deben dormir 10 horas como máximo, adolescentes 9 y adultos entre 6 y 8 horas diarias.

El rechazo

El rechazo solo existe para las personas que emiten la señal de *rechácenme* o las que se sienten inferiores. Es como si trajeras en la espalda un letrero de *pégame* y todos se rieran de ti; lo mismo pasa con expresiones como *hazme sentir mal* o *recházame*.

La forma más sencilla de eliminar esto es cambiando tu señal hacia los demás, en vez de pensar que no te gusta algo que te digan, piensa que te lo dicen porque no están de acuerdo, aunque se trate de algo que a ti te beneficie, por eso lo haces o lo piensas, ¿no? O simplemente piensa que no eres monedita de oro para agradarle a todo el mundo, pero hay mucha gente a la que sí le agradas y ésa es la que vale la pena tener.

Recuerda que no se puede rechazar a alguien que no esté disponible para el rechazo, ni humillar a alguien que no esté dispuesto a ser humillado. Quítate la etiqueta de *me van a rechazar* y mejor sé tú mismo. Cuando me encuentro con alguien a quien no le caigo bien, a mí siempre me ha funcionado solo decir: *de lo que te pierdes*.

Es mejor que te odien por quien eres a que te amen por pretender ser alguien que no eres.

Cuando sufres una pérdida

Sufrir una pérdida no es solo cuando muere alguien cercano, un robo con violencia también lo es, una relación que termina y te duele demasiado, un sueño no realizado, una desgracia, en fin, significan pérdida, todas son difíciles de superar y dejan un sello imborrable en nuestra alma.

Aunque no liberen por completo tu dolor, quiero darte estos consejos que a la larga te pueden funcionar:

- En ciertos momentos de tu vida el dolor será más agudo, pero no es para siempre.
- El dolor actúa en forma distinta en cada persona y cada quien sale de él a su manera.
- Cuando alguien muere, es importante aceptar su muerte con resignación.
- Mientras más te desahogues hablando de tus sentimientos hacia alguien, más fácil te será ubicar a esa persona o esa situación en un lugar donde no te afecte tanto.
- Llora, enójate, no te reprimas, libera todo lo que guardas, eso hará evolucionar tu sentimiento, no te resistas.
- No sumes otros conflictos al problema central.
- La muerte siempre trae grandes enseñanzas para todos.
- Busca tu fe y conéctate con tu espiritualidad.
- No te sientas solo(a); sin renunciar a tu pérdida, solo dale un nuevo lugar en ti.
- Abraza mucho a los que amas.
- El duelo es un proceso que todos vivimos y en el que todos vamos de la mano.

Tus arquetipos

Los arquetipos son imágenes con valor simbólico que forman parte del inconsciente colectivo. Es un concepto creado por Carl Jung y se resume en que tenemos diferentes personajes (o arquetipos) dentro de nosotros, los cuales representan cualidades o defectos. Por ejemplo, la madre simboliza fertilidad, protección, bondad, etc. El bufón es el payaso, el cómico que divierte, pero también el tonto, el ridículo.

Bueno, entonces hay muchos arquetipos; el que te imagines, existe: bruja, dios, padre, mago, prostituta, saboteador, niño, princesa, víctima, personajes ficticios o reales. No significa que seas literalmente ese personaje, solo se recurre a éste para identificar nuestras características ante diferentes situaciones. Por ejemplo, quizás actúas como madre de tus amigos siendo protector(a) o te haces la víctima con tu pareja.

El ejercicio de hoy es para identificar tus arquetipos, descubrirlos amplía el conocimiento de ti mismo y modifica tu forma de interactuar con los demás.

Cierra los ojos, inhala profundamente, imagina que llegas a un recinto donde hay una mesa redonda, te sientas en una silla, empiezas a llamar a los arquetipos de tu presente y les pides que se sienten a la mesa. Obsérvalos a todos. ¿Quiénes son? Identifica a cada uno. Los que están a los lados son los más frecuentes en tu vida. Los que están frente a ti no te gustan, esos son los que debes trabajar.

11:11

En algún momento hemos visto el reloj marcar 11:11; si sucede pocas veces, es normal, ¿pero qué pasa cuando lo vemos muy frecuentemente? Esto tiene un significado importante, porque el 11 es un número maestro que representa el conocimiento del plano superior donde se da la unión con Dios. Después de las 10 revelaciones, sigue el número de Dios: el 11.

Lo interesante del 11:11 es que en medio de los dos onces (las dos unidades) se encuentra un espacio que nos conecta con otras dimensiones espirituales. Por ejemplo, cuando ves el 11:11 es que los ángeles tratan de comunicarse contigo. Quien ve el 11:11 está en este mundo pero en sincronía con otros que puedan existir.

Por ello, cuando veas la hora y estén estos números es una señal maravillosa y tienes que decir: *Acepto esta sincronía, afirmo que DESPERTÉ.* Esto te hará consciente de que eres parte de la evolución en la nueva era.

Otra cosa que se recomienda hacer cada vez que se te aparezca 11:11 es prender una vela blanca para alumbrarte con la energía universal y sus protectores.

Espero disfrutes de esta información.

Ve al museo

Los museos se encuentran envueltos con historias del pasado o del presente, pero siempre tienen algo que decirte. Cultívate, no importa el museo de tu preferencia, puede ser renacentista o de vampiros, o de arte contemporáneo, lo importante es que puedas sumarle sensaciones a tu vida. Este día intenta ir al museo, y si no puedes hoy, entonces prográmalo para el fin de semana.

Muchos creen que el arte es tedioso y aburrido, que solo es para los apasionados de todo eso, lo que pasa es que no tienen idea del arte porque no lo han descubierto. Por ejemplo, en pintura hay gran variedad de estilos; si te gustan los paisajes, existe el realismo, también están el barroco y el renacentista, o tal vez prefieras el arte fantástico o el surrealismo que tiene que ver con los sueños; o quizá te late más un museo de historia; en fin, hay un sinfín de alternativas y de artistas que pueden mostrarte un mundo ajeno al que vives cotidianamente, además de ilustrarte.

Museos de cera, del sexo, de vampiros, de momias, de tecnología, del niño y, *aunque usted no lo crea*, del zapato. El que te imagines, existe. Frecuenta los museos y sin darte cuenta te vas a divertir y te habrás cultivado.

Semillas de melón

Este día llevaremos a cabo un ritual para tener dinero, es muy sencillo, lo único que tienes que hacer es quitarle varias semillas a un melón, lavarlas y secarlas con una toalla, o de preferencia a los rayos del sol.

Ya bien secas, las metes en una bolsita de plástico o en un sobrecito blanco que vas a guardar en tu cartera. Eso es todo.

Lo que estamos haciendo es crear una forma de atraer más abundancia a tu vida. Los frutos que contienen muchas semillas en su interior son frutas de poder, porque su magnetismo es tan elevado que se multiplica. Una semilla ayuda a otra, y a la otra, y así se van creando muchas semillas. Esto es lo que queremos que pase con el dinero, ¿cierto?

El melón tiene como una de sus características su poder magnético para producir semillas, haz de cuenta que ese poder lo metes en tu cartera y así no te faltará dinero. Que una moneda y un billete atraigan a otra moneda, y a otro billete, y así...

Piensa que son las semillas mágicas.

Quédate en la cama

Un día al año no te va a pasar nada si te quedas todo el día en la cama, es uno de esos placeres que dárnoslo nos hace sentir culpables.

Hoy pide permiso en tu trabajo y apapáchate, consiéntete. Ve películas, come palomitas y dite a ti mismo: *Este es mi día de flojera, no voy a mover un pie de mi cama, quiero estar acostado(a) todo el día.*

Deja descansar tu teléfono. Retózate en tus cobijas; puedes aprovechar para leer un buen libro. Conozco a personas muy importantes del mundo de la música, del arte y grandes empresarios que lo hacen. La idea de este día es no sentir remordimiento por hacer algo que ha sido mal visto y hasta castigado durante tanto tiempo.

Trabajar en todos los aspectos de tu vida es algo que haces cada día y podemos decir que el fin de semana es para eso, y si hoy es fin pues hazlo, quédate en la cama, pero luego tenemos más compromisos los fines de semana, con amigos, familia, pareja y demás, y resulta más fácil faltar un día al trabajo, ni más ni menos solo un día.

No exhibir, no exponer

Siempre hay alguien a quien admiramos mucho, pero le mandamos nuestro enojo o nuestra envidia; puede ser tu pareja, algún amigo, familiar o compañero de trabajo. Para no caer en esto, a partir de hoy tendrás presente NO EXHIBIR y NO EXPONER a nadie.

Debemos dar libertad de expresión a nuestros seres queridos. Cuando quieren dar su punto de vista, escuchémoslos y no les tiremos piedras, no importa si lo que dicen va o no con nosotros, no somos nadie para exponer o ridiculizar frente a los demás a las personas que se supone amamos o estimamos. Por ejemplo, tu pareja dice:

—Yo siempre tiendo la cama.

Tú contestas frente a todos:

—Pues a veces, porque eres medio floja.

¿Qué ganas con hacerla sentir mal? ¡Nada! Entonces, NO LA EXPONGAS.

Por otro lado, está cuando admiramos a la persona que amamos y la adulamos frente a los demás. Por ejemplo, tu pareja dice:

—Me fue bien en el trabajo.

Tú contestas:

—¿Te fue bien? Por favor, eres el mejor del mundo, no hay nadie mejor que tú, Dios te creó a ti antes que a todos nosotros.

Con este tipo de adulaciones también puedes incomodar a tu pareja, lo exhibes de tal forma que pareciera que lo estás poniendo en venta y muchas veces ni cuenta te das; ¿luego por qué la amiga te lo robó?

Recuerda: no exhibir, no exponer.

La decisión correcta

¿Cómo saber cuál es la decisión correcta? Es la gran pregunta...

Tomar una decisión, la que sea, es como si fuera la última que tomaremos, nos produce tanta angustia... y es que el primer problema es que *futureamos* mucho y creamos demasiados caminos para una sola opción, pero la realidad es otra, no conoceremos el verdadero resultado sino hasta que llegue el momento. Por ello, antes de tomar una decisión, reflexiona sobre estos consejos:

- Preocúpate por lo que sientes en el momento de tu decisión.
- Lo mejor es estructurar tus ideas para tomar una decisión.
- Qué decisiones salen de tu mente y cuáles vienen de tu corazón.
- Las de tu mente son las que deberías tomar, pero ninguna te convence.
- Las de tu corazón son las que te gustarían, pero podrías perder cosas en el trayecto.
- La idea es buscar la respuesta desde tu intuición, ésta sabrá decirte cuál es el mejor camino que hay que seguir por el momento.
- La intuición funciona con sensaciones más que con pensamientos.

Si tienes en cuenta esto, podrás llegar a una respuesta concreta.

La frazada más larga

Voy a contarte una historia que trata de un hombre que siempre hacía frazadas mucho más largas que los demás fabricantes de frazadas y, claro, era el que más vendía porque costaban lo mismo que las cortas. Un día llegó a verlo un vendedor de frazadas y le preguntó:

—¿Oiga, no pierde dinero al hacerlas 20 centímetros más grandes?

El señor sonrió, contestándole:

—Al contrario, logro que mi objetivo de venta se supere porque esos centímetros de frazada que comenta son los que más calientan. Al escogerlas, la gente lo nota de inmediato.

La moraleja es que nosotros podemos dar a nuestra gente ese extra que más calienta. Cuando en ti nace ese pequeño extra para los demás te lo agradecen mucho. Por ejemplo: tienes un intercambio de regalos y es de 200 pesos. Qué tal si consigues algo mucho mejor de 250 pesos; 50 pesos no te harán ni más rico ni más pobre, en cambio, darás más calidez.

Ese es el pequeño extra que puedes dar a todo lo que hagas en tu vida, en tu relación de pareja, en el trabajo o en cualquier situación. Acostúmbrate a poner el *plus*.

Toma los rayos del sol

Aunque los rayos del sol directamente sobre la piel no son lo más óptimo (como vimos en el tip del protector solar), cuando entran por los ojos y el cuerpo de 15 a 20 minutos al día puedes recibir grandes beneficios, como:

- Cuando la radiación de los rayos UV-B del sol impactan sobre el cuerpo se genera vitamina D, que fortalece el metabolismo y ayuda a mantener los niveles adecuados de calcio y fósforo, fundamentales para los huesos. Tu sistema nervioso también se verá favorecido por la vitamina D.
- Favorecer la coagulación de la sangre.
- Promover el crecimiento celular.
- Reforzar el sistema inmunológico y las defensas orgánicas.
- Mantener un buen ritmo circadiano (periodos naturales biológicos del sueño).

Existen personas que se deprimen por el llamado trastorno afectivo estacional (depresión desencadenada por las estaciones del año), ya que cuando es invierno el cuerpo no recibe suficiente luz y entran en depresión, para lo cual es recomendable tomar el sol 10 o 15 minutos diarios.

Como podrás ver, el sol es determinante para tu salud; toma esos minutos diarios de sol, trata de que sea a la misma hora y listo.

Evento vergonzoso

Recordar es vivir, pero si realmente quieres pasar un día lleno de risas, divertido o con un gran tema de conversación, esto es lo que vas a hacer.

Escribe en una hoja todos los eventos vergonzosos y momentos chuscos que te han sucedido, trata de acordarte de los más chistosos. Ya que los hayas escrito, aprende a reírte de ellos; como te dije con anterioridad, no existe mejor medicina que reírnos de nosotros mismos.

Más adelante en el día, ya con una o varias personas más, puedes sacar el tema empezando con la pregunta: *A ver, ¿se acuerdan de cosas vergonzosas y momentos chuscos que les han pasado de los que hoy se puedan reír?*

Todo el mundo ha tenido situaciones de risa, te juro que se van a reír como nunca y, por supuesto, tú también cuentas las tuyas. En vez de hablar de temas que nos afectan o de la destrucción del mundo y de problemas e injusticias, mejor reír. Hasta llega a darse una verdadera competencia para ver a quién le han pasado las peores cosas.

Mejor llénate de risa creando momentos agradables y de felicidad.

Ritual de luna llena

Hoy te enseñaré un ritual de luna llena. Ese día por la mañana tomas una hoja de papel y sobre ésta vas a hacer un círculo con talco. Con una vela encendida, la cera que gotea la vas dejando caer encima del círculo de talco. Cuando se seque, vuelves a ponerle más talco y más cera con el mismo procedimiento para hacer más firme tu círculo. Cuando se seque, lo retiras.

Ahora, con una aguja, en forma muy sutil para que no se rompa tu círculo, le escribes los nombres de las personas que son importantes para ti. Por la noche, cuando la luna brille en todo su esplendor, sin que haya nubes, sacas tu círculo para que reciba los rayos de luna, dejándolo ahí toda la noche. Por la mañana lo recoges y que no se te olvide, porque si lo dejas mucho tiempo el sol lo derrite.

Este ritual ayuda a proteger a todas las personas que escribiste su nombre en el círculo para que no se alejen o no vivan ningún peligro.

A la siguiente luna llena, solo sacas tu círculo a la luz de la luna y listo, estarán todos protegidos.

Entrevista de trabajo

Todos en algún momento tenemos que hacer una entrevista de trabajo y debemos saber que la primera impresión es la más importante. Hoy vas a recibir muy buenos consejos para esto, así que siéntate cómodamente y pon mucha atención.

Haz una estrategia: cuando quieres entrar a una empresa debes conocer un poco de su historia; cuál es su mercado; quién es la competencia en el ramo.

Ve preparado: estudia bien los requisitos que piden; cuáles son tus aptitudes para desarrollarte en ese medio; qué vas a proponer; qué te hace único.

Ensaya tus respuestas: en la entrevista habrá preguntas básicas, como ¿háblame de ti? ¿Qué propones para la empresa? ¿Cuáles son tus objetivos?

Vístete como se debe: tu imagen es la primera impresión que das, debe ser limpia y saludable; un día antes de la entrevista ve cómo visten los empleados e iguala su imagen; viste colores neutros; si hay un color, que sea azul.

Revisa tus papeles: no permitas errores de ortografía ni de ningún tipo en tu currículo.

Demuestra interés: sé persona y no un robot, conéctate desde el plano más humano posible y siéntete confiado de quien eres.

Asegúrate de tu confirmación: rectifica *e-mails* y números telefónicos de quienes pueden llamar para contratarte.

Envía un mensaje de agradecimiento: en cuanto salgas de ahí, envía un *mail* agradeciendo la entrevista, menciona si es necesario algún dato extra para que se los proporciones.

Acércate al ausente

En este momento de tu vida quizás existe alguna persona a la que has ignorado durante algún tiempo; tal vez esa persona te lastimó o provocó cierta inseguridad en ti, o hizo algo que no esperabas, y te afectó. Sea lo que sea, es un maestro en tu vida que viene a enseñarte algo muy importante acerca de tu persona. No le cierres la puerta, y permítele ser escuchado, piensa que es un ángel y que su enseñanza te fortalecerá.

Tu objetivo el día de hoy es descubrir la capacidad de sanación o ayuda que poseen los seres humanos, empezando por ti. Para lograrlo, es necesario que llames por teléfono a esa persona (ángel y maestro) que hace tiempo dejaste de ver, y le preguntes: *¿Cómo estás?*

Este acto tuyo le sorprenderá y tendrá una reacción de la que aprenderás. Descubre si necesita ayuda para entender lo que le sucede, o si eres tú quien requiere información que te hará sentir mejor.

Es una montaña rusa donde nunca sabemos en qué parte de ella nos encontramos. Disfruta el trayecto, acércate al ausente y permite que florezca esa sabiduría que vive en ti.

Color morado

El color de la transformación, de los cambios y transiciones, también representa el misterio, la magia y el sexto sentido. Es un color que a quien lo usa le hace brillar por sí solo y le da la calma y la paciencia necesarias para aceptar lo que venga.

Es probable que uses el morado cuando te encuentras en situaciones de cambio, pero no te preocupes, tu intuición te dirá por dónde conducirte. Por otro lado, si te vistes con este color te protegerás contra energías negativas y agresiones de tu alrededor; por ello, si sientes que vas a ir a un lugar donde puedes estar incómodo, este color te beneficiará. Despierta tu sexto sentido haciéndote más sensible a todo lo que puede ocurrir en tu entorno. También es de gran ayuda para meditar.

En la alimentación, la comida morada retarda el proceso de envejecimiento, ayuda en algunos tipos de cáncer, protege los capilares de la retina, evita el insomnio y contribuye al funcionamiento óptimo de las vías urinarias.

Una habitación de color morado habla de una persona sensible pero solitaria.

¡Trae a tu vida la magia del color morado!

Amplía tus emociones

Tienes niveles emocionales como si fueran notas musicales; las notas graves son tus emociones pesadas, como el enojo y la tristeza; y las notas agudas son tus emociones agradables, como la alegría y el entusiasmo. Esos son tu blanco y negro, pero en realidad la belleza se encuentra en los miles de colores que hay entre estos dos.

Cada situación en tu vida se ubica en tu escala emocional, a veces es tristeza, otras miedo o felicidad, pero si tu escala es reducida, entonces dará las mismas notas de siempre: *Estoy feliz, no estoy triste, controlo, no controlo, puedo, no puedo.*

El ejercicio de hoy es para ampliar tu gama de emociones. En tu *scrapbook* o en un papel escribe de menor a mayor las emociones que más experimentas. Después, lee la siguiente lista y ve si te faltó incluir alguna emoción en la tuya:

Vergüenza, tristeza, miedo, enojo desidia, incertidumbre, coraje, preocupación, angustia, desesperación, confusión, intolerancia, control, neutralidad, espera, tranquilidad, entrega, solemnidad, creatividad, ambición, imaginación, desarrollo, perseverancia, belleza, fuerza, lucha, confianza, constancia, valor, equilibrio, aceptación, fe, grandeza, enseñanza.

¿Al leer esta lista sentiste ascender la energía?

Existen muchas más emociones, descúbrelas por ti mismo.

Tu aceptación

Aceptarnos a nosotros mismos no es solo hacerlo en nuestra habitación, sino también dentro de la sociedad.

Comúnmente dices que te aceptas como eres, sobre todo cuando estás con tu gente cercana te sientes bien, adaptado, contento, pero no importa la personalidad que tengas, ante ellos y ante ti puedes ser como quieras.

¿Pero qué pasa cuando escuchas que se ríen de ti y como que te ven, pero no? Tu reacción instintiva es ponerte una armadura de acero y no permitir que nadie te haga daño; te enojas y sacas todas tus inseguridades: *Se ríen porque estoy gorda, Porque soy viejo, Porque soy gay, Se burlan de mi ropa, De mi risa o Porque estoy feo.*

Sabías que el 80 por ciento de las veces ni siquiera se están burlando de ti, pero eso no es lo importante aquí, se trata principalmente de entender que no te estás aceptando como eres ante la sociedad.

Vivir en una sociedad es pertenecer a ella, aunque no tienes por qué involucrarte demasiado. Si no dejas de tener ese oído biónico dedicado a escuchar todo lo que pasa a tu alrededor, probablemente salgas lastimado(a) porque no le agradas al mundo, como a ti no todo el mundo te agrada.

Desaparece esas voces y concéntrate en vivir tu vida. ¿Cómo? Restándoles importancia; al principio las escucharás, pero si dejan de importarte después de un tiempo no volverás a oírlas. Eso es parte de tu aceptación.

Escribir y no decir

La idea de este día es encontrar sentido a lo que dices, cómo lo dices y la importancia de tu timbre de voz.

Hablar es una forma de expresar lo que sentimos, nuestra voz tiene entonaciones, acentos, puntuaciones y muchas formas de poder decir lo que sentimos. Sin embargo, en el ejercicio de hoy vamos a escribir todo lo que queramos decir.

Cuando por alguna razón nos quedamos afónicos, y nos vemos obligados a escribir, entramos en desesperación porque debemos pensar mucho más lo que queremos decir por medio de la escritura antes de expresarlo. Queremos ser concisos, rápidos y que exista emoción en las palabras.

Por eso hoy vas a expresar tu sentir y todo lo que quieras por escrito en tu *scrapbook* o en una libretita.

También vas a valorar tu sonido, con su volumen y entonación, para afinar su poder. Esto te ayudará a ser más conciso en lo que trates de decir cuando termines el ejercicio.

Es divertido hacerte el mudo de vez en cuando, cambia mucho la perspectiva de la vida.

Libros para leer

Esta vez quiero recomendarte libros que influyeron para construir mi felicidad y me aportaron un encuentro personal súper positivo. Algunos son profundos, otros de fácil lectura, te dejo la lista con título, autor y un comentario breve.

Manos que curan, Barbara Ann Brenan.

Enseña cómo ver los campos áuricos para detectar el dolor en el cuerpo y sanarlo.

Los secretos de Osho, Osho.

Valiosas enseñanzas del gurú hindú sobre cómo actuamos los seres humanos ante diferentes circunstancias.

La profecía celestina, James Redfield.

Novela de acción sobre 10 revelaciones que hablan del poder que poseemos los humanos.

El alquimista, Paulo Coelho.

Novela sobre un joven que emprende un viaje al norte de África en busca de un tesoro, en el camino encuentra personajes que le enseñan el verdadero tesoro.

El caballero de la armadura oxidada, Robert Fisher.

Relato de un caballero tan orgulloso de su armadura que nunca quiere quitársela hasta que ésta se oxida y le es imposible salir de ella; va en busca de ayuda y en el trayecto se encuentra con situaciones metafóricas de la vida que le hacen comprenderse a sí mismo.

La princesa que creía en los cuentos de hadas, Grad Marcia.

Historia de una princesa que vive su final feliz, pero después viene la realidad, y como el alquimista y el caballero, ella decide emprender un camino de historias y aprendizajes personales.

Di sí

Decir que sí, es decir sí a la vida, es una forma de saber que todo lo puedes y nada te detiene, todo lo intentas y todo lo pruebas.

La palabra *SÍ* es mágica, guarda experiencias infinitas con posibilidades al cambio. Los beneficios que puedes obtener con decir sí son muchos; varios de estos, los más importantes, son:

- Abres las puertas a la posibilidad.
- Conoces nuevas personas, lugares y situaciones.
- Llegan nuevas historias a tu historia.
- Pierdes el miedo.
- Encuentras oportunidades que a simple vista no se ven.
- Te lleva al cambio que buscas.
- Le sonríes a la vida.
- Te *comes* el mundo… sientes que es tuyo.
- Evitas pérdidas de tiempo.
- Te trae felicidad.

Los beneficios pueden ser miles, por ello te propongo que hoy te permitas decir que sí a lo que se te proponga, siempre y cuando no lastime tu cuerpo ni tu integridad; di sí a una comida, a conocer a alguien, a cambiar, a ir al cine, probar algo nuevo, acceder a un proyecto diferente, en fin, hay tantas cosas a las que puedes decir: ¡*SÍ!*

Mi película favorita

Antes de comenzar te voy a pedir que respondas a estas preguntas:

- ¿Tienes tus películas favoritas? Dime cinco.
- ¿Qué es lo que más te gusta de las cinco?
- ¿Aprendiste algo de ellas?
- ¿Cuál fue la parte más bonita para ti de cada película?
- ¿Te identificaste con algún personaje?
- ¿Cómo es ese personaje?
- ¿Te gustaría ser él o crees que así eres tú?
- ¿Cuántas veces has visto esa película?

Todos tenemos películas favoritas que de alguna manera mueven algo en nuestro interior, dependiendo de las circunstancias en que nos hallemos. ¿Has visto últimamente alguna de esas *pelis*? Probablemente no, y creo que pueden decirte algo nuevo y diferente de lo que te habían transmitido con anterioridad.

Este día voy a recomendarte que escojas una de tus cinco películas y la veas. Una vez que la hayas disfrutado, vuelve a responder las preguntas anteriores y nota en qué cambió tu sentir o qué percibes diferente; tal vez deje de ser tu favorita porque lo que percibes de ti en ella es muy distinto de lo que te comunicó antes.

Poco a poco ve cada una de las películas restantes y haz el mismo ejercicio. Compruébalo.

Lenguaje corporal

A partir de los 70 nace la investigación del lenguaje corporal. En un principio, el método fue aprovechado por la policía, ya que es un medio para descubrir si un sospechoso miente o no. Sin embargo, con el tiempo, las personas han desarrollado nuevas habilidades para no ser descubiertas; de hecho, desde que nacemos vamos entrenando de manera inconsciente nuestras expresiones emocionales y físicas, aunque tenemos algunas involuntarias que no podemos erradicar. He aquí varias:

- Por la forma como alguien mueve sus ojos, podemos saber si está mintiendo o no; al responder a una pregunta incómoda, si mira al lado derecho, dice la verdad, si mira hacia el izquierdo, miente.
- Para saber si le gustas a una persona, observa si la pupila se le dilata al verte o parpadea excesivamente. Eso es que sí le gustas.
- Rascarse la nariz representa una barrera física, por lo general significa inseguridad o busca de aprobación.
- Morderse los labios indica que se esconde algo.
- Rascarse el cuello es que se está admitiendo culpabilidad. Lo mismo, sonreír de manera falsa o forzada.
- Sacar el pecho de más, es de alguien que busca ser reconocido; meterlo de más, es que se está escondiendo.
- Cruzar constantemente la pierna de un lado para otro indica que la persona se siente incómoda durante una conversación.

Pócima para el resfriado

Este libro es para ayudarte cuando más mal te sientes, cuando gritas: *¡Necesito ayuda!*

Aunque no trata específicamente sobre remedios caseros, aquí te va uno súper efectivo para combatir el resfriado sin necesidad de meter fármacos a tu cuerpo.

El resfriado lo causa un tipo de virus de ARN que afecta las vías respiratorias y si no se combate puede ocasionar fiebre, dolor de garganta, dolor muscular, etc. En estos casos sí recomiendo ir al doctor. Esta receta es especial para cuando empiezas a sentir los síntomas.

Vas a hacer una pócima como de bruja, con siete ingredientes:

- Miel, una cucharada: evita una posible tos y lubrica los conductos respiratorios.
- Jengibre rallado, 2 cucharadas: reduce los dolores musculares, elimina congestiones en el pecho, es expectorante.
- Jugo de limón, 3 cucharadas: fortalece las defensas por su alto contenido de vitamina C.
- 2 ajos rebanaditos: es un bactericida natural.
- 2 rajas de canela: contiene vitamina C, B1, potasio, hierro, sodio, calcio y fósforo.
- Flores de bugambilia morada, una docena o más: alivia la tos.
- Media cebolla: combate las inflamaciones e infecciones en el cuerpo.

Mezcla todo en una olla hasta que hierva. Tómate la pócima durante todo el día, a la mañana siguiente estarás mucho mejor.

El mejor amigo del hombre

Hace tiempo leí un estudio en la clínica de geriatría (atención especializada en el adulto mayor) donde decía que tener un perro es un remedio infalible contra la depresión en los ancianos que se sienten solos, sin importar si viven en un asilo o en su casa.

El perro se dedica a expresarte su amor, no te juzga ni espera algo a cambio, mientras le sonrías y acaricies siempre moverá la cola de gusto. Hay un sinfín de historias acerca de perros que salvan a sus dueños en incendios, accidentes, asaltos. En este caso salvan a los ancianos de ser infelices en la última etapa de su vida, pues el estudio afirma que el perro se convierte en la compañía perfecta y se ayudan el uno al otro.

Esto me deja pensando que no tienes que ser adulto mayor para tener un perro a tu lado; yo por mi parte tengo tres que me facilitan la vida inmensamente. Si te sientes solo y necesitas un compañero, el perro es una magnífica opción, siempre y cuando lo cuides y ames; él estará eternamente agradecido contigo. Hay muchos lugares donde puedes adoptarlos y no pagas un peso por ellos.

Tenlo en cuenta, hay un compañero que siempre te está esperando.

Justificaciones

¿Por qué todo el tiempo nos tratamos de justificar? Es una forma de salvar la apariencia. Cuando tomamos acción ante algún evento hay veces que reaccionamos por impulso y no medimos las consecuencias que a la larga pueden acarrearnos problemas; por otro lado, no debemos ser tan herméticos en nuestras acciones.

Lo más importante es que al momento de tomar una decisión estés completamente de acuerdo y la apoyes. Si te la pasas justificando lo que haces, pierdes credibilidad y aflora tu falta de carácter. Mejor admite las consecuencias con valor, y si crees que cometiste un error, entonces acéptalo como tal.

No trates de ocultarte como alguien que nunca se equivoca, porque todos somos susceptibles de equivocarnos, ni le eches la pelotita a nadie más, cada quien sabrá lo que hizo y lo que no, pero ser acusón habla de ti como una persona en la que no se puede confiar.

Opta por buscar un momento en que te encuentres solo con la persona para hablar de frente y que de su parte surja reconocer su error.

Ya no te justifiques, no ganas nada y puedes perder mucho.

Lee un cuento

Vivimos en un constante estrés con noticias amarillistas y problemas políticos y sociales. Cuando bombardeamos nuestra mente con tantas noticias negativas, la mente se acostumbra a recibirlas y creamos una burbuja de inconformidad, desconfianza y temor, trayendo con esto todavía mayor miedo, desánimo, impotencia e inseguridad.

Para descansar de los conflictos resulta muy efectiva una técnica que suelo aplicar: leer un cuento (o veo caricaturas). Con este simple recurso, tu mente reposa y te sientes liberado. Además, estimulas tu imaginación, tu creatividad y tu fantasía.

Los cuentos te llevan a lugares misteriosos y divertidos, ríes, te asustas, quieres saber más, pero sin hacerte daño ni lastimar tus ideas limpias y sanas. Eso sí, el día que leas el cuento no veas las noticias en la tele ni las oigas en el radio, ni las leas en el periódico.

No te preocupes por lo que pueda pasar hoy, si algo importante sucede de seguro te vas a enterar después. Aprovecha para cerciorarte de lo bien que funciona leer cuentos. Descubre la moraleja de cada historia, compenétrate en los personajes.

Disfruta vivir sin complejidad, lee un cuento.

Sé feliz

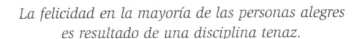

*La felicidad en la mayoría de las personas alegres
es resultado de una disciplina tenaz.*

Me encanta esta frase porque es el verdadero sentido de este libro... para ser felices debemos trabajar en ello.

El mundo no va a cambiar si no tienes la convicción de ese cambio, y para lograrlo hay que esforzarse en tener esa convicción, que en este caso es ser feliz. Recuerda que este libro no es para juzgar o para ver si esto sí y esto no; es un libro elaborado con técnicas experimentadas que han tenido éxito.

No cuestiones, solo haz la tarea de cada día y verás que sin darte cuenta serás feliz. Las cosas esenciales de la vida como el amor, la felicidad, el éxito, no podemos atacarlas de frente porque las destruimos; si todo el tiempo decimos *quiero amor, quiero amor*, estás destruyendo la esencia del amor y no vas a lograrlo, pero si te sientes bien contigo, estás contento, te valoras, cuando menos pienses ya tienes una pareja.

Esta frase también te dice que te enfoques en la disciplina para lograr tus metas, pero sin obsesionarte.

Cuenta tus bendiciones

Hoy escribirás todas las bendiciones que tienes.

Sé que buscamos cosas en el exterior, pero de pronto nos olvidamos de las bendiciones que ya tenemos, las vemos como un hecho pero no sabemos si las tendremos toda la vida y eso nos angustia.

Si aprendes a valorar tus bendiciones será mucho más difícil perderlas, porque siempre las tendrás en tu mente y lucharás por mantenerlas.

Vamos a hacer un ejercicio rápido con preguntas:

- ¿Tienes una casa?
- ¿Tienes qué comer?
- ¿Tienes agua?
- ¿Tienes un amigo?
- ¿Tienes un familiar?
- ¿Tienes trabajo?
- ¿Tienes ropa?
- ¿Tienes un cuerpo que funciona?
- ¿Puedes darte tus gustos?
- ¿Quieres a alguien?
- ¿Sabes leer y escribir?

Si la mayoría de tus respuestas son afirmativas, entonces estamos hablando de una persona muy bendecida, es más, muy afortunada. Las estadísticas de la ONU muestran que 110 millones de personas en América Latina viven con un dólar al día. En países pobres más de 120 millones de personas carecen de agua, 842 millones son analfabetas, 766 millones no cuentan con servicios de salud y así la lista no termina.

Hoy descúbrete bendecido.

Cinco minutos al día

No necesitas una semana de vacaciones para recuperar tu energía y tener una buena actitud ante la vida, con solo cinco minutos diarios *de vacaciones* es suficiente.

A estos cinco minutos les llamaremos los descansos de salud mental. En este lapso, enciérrate en tu cuarto y sueña despierto libremente pensando en lo que quieras, menos en el trabajo o las presiones personales. Respira profundo, tómate un té, medita y mira hacia la nada, pasados los cinco minutos concluye tu descanso.

Después de eso, te aseguro que te sentirás relajado y energizado como si te hubieras escapado de tu rutina cotidiana durante una semana de vacaciones. Si llegas a hacerlo todos los días, se va a convertir en el momento favorito de tu día y tendrás una vida más longeva. Hay personas que prefieren tomar su siesta, pero mejor te recomiendo que aproveches ese tiempo para valorar tu salud mental.

Para terminar, te aconsejo que les hagas saber a todos que en ese rato no deben interrumpirte.

Economiza

¿Recuerdas aquel día que te regalaste un detalle sin remordimiento? Esta vez te aconsejaré cómo ahorrar. Este día no podrás gastar ni un solo peso. Bueno, si tienes que pagar tu transporte, ni modo, pero hasta tu comida te vas a preparar para no gastar en el restaurante. Tal vez te conviene hacerlo en un fin de semana.

Ahorrar tiene su chiste, si todos pudiéramos hacerlo no habría problemas de deudas, por eso voy a darte unos consejos para que economices. Es difícil ahorrar si no tienes metas para hacerlo, pues el dinero entra y lo gastas, así de simple.

¿Qué pasa si quieres hacer un viaje con tus amigos? Surge la palabra mágica: INCENTIVO. Cuando tenemos incentivos, nada nos detiene y nos organizamos; por lo tanto, el día de hoy ese dinero que pensabas gastar lo guardas, ya sea en un cochinito, en el banco o bajo el colchón.

Ahora pregúntate, ¿cuál será el incentivo de ese dinero? Puede ser un coche, un viaje o algo que siempre has querido. No veas la lejanía de tus propósitos, solo hazlo. Si piensas en el auto y dices, *uuuuy, con lo que yo gano, nunca voy a tenerlo.* ¿Qué pasa? Pierdes el incentivo y caes en lo mismo. Piensa: *Qué padre va estar mi auto nuevo.* Y así sí sigue vivo tu incentivo.

Haz una promesa personal: cada semana le vas a dar dinero a tu sueño, no importa si son monedas, la idea es que no te ahorques en tu presente, da lo que te sobre. Por último, cúmplelo.

Cultiva la humildad

Podríamos decir que la humildad es una virtud por la cual los humanos reconocen sus limitaciones y debilidades, el problema es que no puede ser reconocida por uno mismo, si no deja de ser humildad. Es algo que solo los demás notan en tu persona.

Alguien humilde reconoce sus errores, acepta sus caídas y sus fracasos, si sube admite que estaba abajo; aunque sabe que la vida es una montaña rusa, siempre está agradecido. Quien es humilde comparte, ofrece y sabe que donde se encuentra es el mejor lugar, a pesar de los sueños que tiene por realizar.

La humildad es prueba de tu intelecto conectado con tu emoción. Es difícil ser humilde en una sociedad que pide competencia e individualidad, pero ser humilde no significa no sentirte bien contigo mismo y agradecer tus habilidades.

Consejos para cultivar la humildad:

- Ser honesto contigo mismo, reconociendo cada parte de ti.
- Entiende cuáles son tus limitaciones, no importa qué tan bueno seas, siempre habrá alguien mejor o peor que tú.
- No te compares con nadie.
- Aprecia las cualidades de los otros.
- No te preocupes de equivocarte.
- Encuentra la belleza en todo.
- Busca un guía.
- Ayuda a los demás.
- Practica tu gentileza.
- Siempre busca la manera de aprender.

Ser humilde te ayudará en momentos difíciles y a aceptar tu vida tal como es.

Combate tus miedos

Este día voy a acompañarte a descubrir tus miedos más profundos y conquistarlos, para ello reunirás lo siguiente:

- Música tétrica o de lucha, y música dulce y victoriosa.
- Colores.
- Una cartulina.
- Un lugar seguro donde estar.

Lee primero el ritual completo y después empiezas.

Con la música tétrica de fondo, siéntate en el suelo con tu cartulina frente a ti y cierra los ojos. Ve hacia dentro de ti y encuentra tus miedos. Una vez que los detectes, imagina que se convierten en monstruos gigantes, observa a detalle cómo son y después abre los ojos.

Ahora, en la cartulina dibuja a cada uno de ellos en su entorno lúgubre, feo. Realizado tu dibujo, es tiempo de luchar y ganar la victoria. Deja una luz tenue, o una vela, y quédatele viendo fijamente al dibujo; piensa cómo vencerlos, cierra poco a poco los ojos e imagina que entras a un castillo en los infiernos, oyes alaridos. Traes una armadura dorada y brillante, caminas con valor y te enfrentas a todos estos monstruos que empiezan a atacarte. En ese momento, invocas a los seres de luz que te apoyan; todo se va llenando de luz, son ellos que vinieron a defenderte. Luego de una lucha enfurecida, sales victorioso y agradeces a aquellos que te ayudaron.

Regresas feliz a la tierra, abres los ojos y pones la música de victoria y éxito mientras rompes la cartulina en mil pedazos. ¡Ganaste!

Pon en orden tus documentos

Siempre llega el momento en que debemos organizar todo nuestro relajo de documentos. Guardamos papeles, estados de cuenta, notas, facturas y cosas que después ni sabemos para qué eran.

Este día es perfecto para poner en orden todos tus papeles, desde cosas del banco, de la casa, de la escuela, impuestos, y si quieres, hasta tus cartas románticas y recuerditos. Aunque tal vez hoy no entiendas lo útil que es tener todo esto organizado, a la larga cosecharás ventajas que te pueden resolver asuntos de trámites y evitarte conflictos importantes, además vas a deshacerte de mucha basura. A continuación, la forma de hacerlo:

- Compra un archivero.
- Saca todos tus papeles de donde los tengas.
- Divídelos de mayor a menor importancia.
- Toma el primer grupo, los más importantes, y sepáralos: documentos oficiales (actas, certificados, pasaporte, etc.), de bancos, impuestos, papeles de la casa.
- Haz lo mismo con los menos importantes.
- Busca cartas y recaditos.
- En otro espacio reúne recuerdos de viajes, como boletos, fotos, pines y demás.
- Asigna también un sitio para cosas de tus amigos y familiares.
- Cada fólder lleva el título de lo que es y va para el archivero.

Eso es todo, no necesitas más; da flojera, pero hay que hacerlo.

Da besos

Existen numerosos estudios científicos que demuestran que besar tiene beneficios sorprendentes; a continuación conocerás varios de estos:

- Un beso que dure un minuto puede quemar de 2 a 3 calorías diarias.
- Al besar descargas adrenalina, que es bueno para el corazón, ya que se bombea más sangre a tu cuerpo.
- Dar besos a tus seres queridos afianza las relaciones y trae longevidad.
- Un beso reduce el colesterol en la sangre.
- Las endorfinas generadas por un beso son 200 veces más poderosas que la morfina.
- Besar reduce el estrés y calla las voces de tu mente.
- Los besos aumentan tu autoestima, pues te sientes valorado.

El beso expresa una amplia gama de sentimientos que van desde un cariñoso saludo, un adiós, ternura, agradecimiento, hasta la pasión encendida del erotismo. Por esto y más, besar te hace mucho bien; la regla es que beses a alguien que te gusta, que amas o estimas, que es importante para ti. Si no tienes el hábito, es buen momento para empezar hoy mismo a dar besos a tus seres queridos.

Tips para el amor

Tengo una técnica muy buena para encontrar el amor ideal, solo se requiere conocer las flechas y los caminos. Te la explico.

Cuando anhelamos una relación y no estamos del todo bien con nosotros mismos, no estamos seguros si queremos amar, entonces nos encontramos con las famosas flechas: imagínate que estás frente a un camino con flechas que te dicen por dónde ir, pero como te sientes solo y las flechas pueden platicar contigo, entonces te quedas todo el tiempo que quieras con esas flechas, además no son feas, de hecho hay flechas muy guapas, eso sí, siempre te dicen que están dispuestas a enseñarte tu verdadero camino.

Así es en la vida real, te topas con hombres o mujeres que son flechas en tu camino, te encantan y los idealizas, pero ellos entre líneas van a decirte frases como: *No estoy preparado, No me siento seguro, Vengo de una relación y no sé lo que quie), Dame tiempo,* etc.

¡Son flechas! No te atores ahí y sigue caminando hasta toparte con otro camino. Para identificar los caminos, estos siempre te van a decir: *Hola, soy camino, me encantas y quiero compartir la vida contigo, no me importa esperar porque yo te amo.*

Concientiza esto para identificar las flechas y los caminos en tu vida y toma tu dirección.

Memoriza nombres

Hoy vamos a hacer el ejercicio para aprendernos nombres. Es muy sencillo recordar el nombre de tus familiares y de tu gente cercana, pero, ¿conoces el nombre del poli de tu trabajo o el del señor de la basura, el de la señorita que siempre te atiende? ¿Sabías que cuando mueras lo único que quedará vivo es tu nombre? Es la forma en que guardan parte de tu energía las personas que te recuerdan.

Este ejercicio que vamos a hacer te ayudará a mejorar tu memoria y a reconocer la energía de los nombres. Teniendo claro esto, podemos empezar.

Vas a apuntar todos los nombres de las personas que están por donde pasas, simplemente pregúntales su nombre. Cuando ya los tengas todos, en un lugar tranquilo lees un nombre y luego el segundo. Después, sin ver lo escrito, dices el primero y el segundo, y lees cuál es el tercero; de memoria, dices el primero, segundo y tercero; entonces lees el cuarto, y vuelves a decir de memoria el primero, segundo, tercero y cuarto; lees el quinto, y así sucesivamente, a ver si logras memorizar diez.

La idea es que, para aprendértelos, vayas agregando uno cada vez. En un principio suena fácil, pero después de diez se complica. Si son menos de diez en tu lista, pues mejor, te los aprenderás más rápido.

Cuando pides ayuda

Aprender a pedir ayuda nos enseña que no estamos solos, mejora las relaciones con el mundo y desarrollamos nuestra humildad.

Cuando éramos niños y hacíamos la tarea o un trabajo, era común que el maestro nos preguntara, antes de cualquier cosa, *¿Lo hiciste tú solo?* Si decías que sí, todos sonreían y te felicitaban; ¿pero qué pasaba si decías que no? Todos se decepcionaban.

Esto queda guardado en nuestro subconsciente y se detona cada vez que tenemos un evento similar, creando así un patrón de respuesta que puede ser: *Mejor no pido ayuda, porque entonces la gente va a pensar que no puedo hacerlo solo;* o *Pido ayuda y después digo que yo lo hice solo.*

Hay varios puntos indispensables para que tu ayuda sea honesta, y éstos son:

- Estar muy seguro de a quién le pides ayuda, saber que esa persona es la indicada para proporcionarte ese tipo de ayuda; no le pidas un consejo astrológico a un economista, o no le pidas consejo acerca de la pareja a quien esté soltero.
- Tener muy claro lo que necesitamos, pensar muy bien antes de pedir esa ayuda.
- Tener suficientes razones para solicitarla.
- Si necesitas amor y apapacho, piensa muy bien quién es el indicado.
- Si la persona te dice que *no*, sin desconsolarte, buscas a quien te diga *sí*.
- Darle el crédito que se merece en su momento a quien te ayudó.

Cuando le preguntas a un sabio, *¿quién es sabio?,* te responde: *el que aprende de todos.*

Mi mente no me respeta

Todos podemos llegar a tener enemigos, pero no hay un enemigo más grosero, más feo y que te haga sentir de lo peor como tu propia mente: te agrede, te asusta, te dice las peores cosas para que te sientas la persona más vil del universo, ¿y sabes por qué? Porque se lo permitimos.

Imagina que te encuentras en la obra de teatro que diriges, estás atareadísimo con los últimos detalles, los personajes, el escenario, los invitados, en fin, tienes tanto trabajo que buscas a alguien que te ayude; ahí es cuando aparece tu MENTE; pongámosle un nombre, Simón.

Simón se sienta en una butaca mientras tú resuelves problemas; de pronto, dice:

—Sabes, esa palmera que pusiste atrás no se ve bien.

Tú respondes:

—Gracias, Simón, la voy a cambiar.

Pasa un tiempo y Simón te comenta:

—Está padre tu blusa, pero ese pantalón hace que te veas más llenita.

De inmediato, te cambias de ropa.

Después de un tiempo, Simón arremete:

—Ese amigo es de lo peor, no lo perdones.

Tú, muy obediente, no perdonas al amigo y hasta le dices cosas feas.

Simón ya tiene tanto poder sobre ti que te critica:

—*Qué fea eres. Qué gorda estás. Todo haces mal. No vas a ser feliz. Nunca tendrás pareja.*

Es tiempo de decirle ¡NO! a Simón y de ponerlo en su lugar.

Pídele respeto, como se lo pedirías a cualquiera, y dile que si no te va a decir algo bueno que mejor no diga nada. Y ya no lo peles. Terminará respetándote.

Las almas

Existen cinco tipos de almas que tienen funciones distintas y están más cerca de lo que pensamos. Hoy vas a descubrir quiénes son tus almas gemelas y cuáles te falta conocer.

Almas gemelas: cuando las conocemos sentimos conexión y familiaridad, no importa si te gustan o son tus amigos; te sientes bien a su lado y si hay problemas se resuelven rápido, son relaciones que perduran.

Almas maestras: estas almas son las más complejas, se dice que desde antes de venir a este mundo, haces acuerdos con ellas para que te enseñen en esta vida; se disfrazan de villanos y te forjan para que evoluciones y crezcas de manera ruda. Si esa persona no hubiera estado en tu camino, no serías lo que hoy eres o lo que puedes llegar a ser.

Almas compañía: son aquellas que aparecen de la nada para darte un empujón en tu vida y después desaparecen.

Almas de fuego: son el amor puro, son la pareja para estar y compartir. Cuando no la encuentras en esta vida sientes frustración, pero no todos venimos a encontrarla.

Almas kármicas: con quien tienes una situación no resuelta, pero una fuerte necesidad de liberarte de esa relación; esto se da porque se prometieron amor eterno: *Nunca me dejes. Estaremos juntos para siempre*. Se convierte en una relación eterna de amigos o de pareja hasta que logran liberarse el uno del otro.

Planea un viaje

Crearte proyectos a corto plazo son fructíferos disparos de adrenalina, nuestra mente empieza a viajar y a maquinar planes padres en torno a ese propósito, y más tratándose de una vacación porque entran en juego todos los elementos para sentirte bien; los cambios de aires son súper positivos para tu cuerpo, él entiende que va a descansar y que tú le estás dando la oportunidad de hacerlo.

No importa si vas a un lugar lejano o a una ciudad que queda a 30 minutos de tu casa, el chiste es proponerte con firmeza echarte esa escapada.

¿Qué vas a llevar en tu maleta?

¿Con quién quieres ir?

¿Cuánto dinero puedes gastar?

Se ha probado que cuando uno se siente triste, un viaje te cambia totalmente la perspectiva, pero aunque hoy no estés triste, mi mensaje es que entiendas que viajar siempre es necesario porque simplemente planearlo te llena de energía, y una vez que lo llevas a cabo, aumenta tu energía para retomar tu vida cotidiana.

El día de hoy planéalo para cuando puedas y quieras, pero no lo eches en saco roto.

La vejez

¿Cómo aceptar la vejez y ser feliz con ella? Todos le tememos porque en nuestro subconsciente está escrito que nos volvemos inútiles, sin ilusiones. Entramos en un limbo intemporal donde la vida pasa y no pasa nada, muchas veces le tenemos más miedo a la vejez que a la muerte. Cuántas veces has escuchado:

No quiero ser un estorbo para mi familia. No quiero ver mi decadencia. No soportaría enfermarme. No quiero esconder la panza, las arrugas, las canas.

Se hacen tantos comentarios negativos acerca de la vejez, pero por más que huyamos, cuando menos cuenta nos demos, nos la toparemos de frente.

¿Qué piensas hacer al respecto? ¿Deprimirte porque tus huesos eran más fuertes y ahora no? ¿O sentirte mal *por todo lo que pude hacer y no hice*?

Okey, la vejez puede tocar tu cuerpo, pero la buena noticia es que nunca envejeces, el alma es inmortal y vivirá la eternidad, puedes verlo en tus ojos, jamás envejecen. Eres como los vampiros que nunca mueren, se mantienen en una eterna juventud, como la que vive tu alma.

Hace tiempo leí un artículo sobre una anciana de 100 años en perfecto estado; al preguntarle qué aconsejaba a los jóvenes, contestó: *Usar pero no abusar.*

Llénate de proyectos, aunque a la larga no los cumplas; encuentra motivaciones todo el tiempo. Ten amor a Dios, tu familia, tus amigos. Respétate, ámate, haz ejercicio, pero eso sí, nunca dejes de admirarte.

Medita

Al escuchar la palabra *meditación* nos imaginamos sentados en flor de loto diciendo la palabra *om* y vibrando a una frecuencia imposible para nosotros los citadinos, que vivimos en medio de tanto ruido.

La realidad es otra, meditar es mucho más que eso; efectivamente, hay meditaciones profundas de las que hablaré en otra ocasión, por ahora lo que considero importante es que sepas que la meditación ideal ocurre cuando logramos estar conscientes de nuestros actos, fijarnos en lo que hacemos justo en ese momento. Si te vas a enjabonar el cuerpo, observa cómo lo haces, siente el aroma, tu piel, vive esa experiencia como si nunca la hubieras tenido.

No estamos acostumbrados a que todo lo que hacemos lo percibamos con esa intención, pero puedes empezar a prestarle atención a una sola cosa en tu día, concentrándote al máximo en cada acto que realices. Eso es meditar.

Hoy elige una de las actividades que vayas a hacer en el transcurso del día y medita en ésta como señalé en el ejemplo del jabón, y si puedes, a partir de este momento trata de hacerlo diariamente.

Compra flores

Colocar flores en tus espacios es un acto que tiene mucho más poder del que aparenta, no solo por lo decorativas; las flores en el hogar aportan ventajas inimaginables que van mucho más allá del simple adorno. Veamos lo que las flores hacen por ti:

- Hacen más frescos los espacios.
- Te brindan sensualidad.
- Los espacios se vuelven más acogedores.
- Liberan emociones en las personas que viven o trabajan ahí.
- Invitan a que la gente se sienta en casa.

La clase de flor y los colores que elijas te proporcionarán sensaciones distintas, tal y como lo comenta el especialista en feng shui Jayme Barret.

- Si los colores son rosados o muy pálidos, inspiran gratitud.
- Flores amarillas, si quieres unir a la familia y darle bienestar.
- Flores naranjas y rojas son inspiracionales.
- Naranjas y blancas, para traer nuevos comienzos.
- Rojas y moradas, prosperidad.
- Lilas moradas y azules ofrecen serenidad.
- Rosas y rojas traen romance a tu vida.

Compra flores hoy y decide con cuál energía deseas decorar tu espacio; además, todos te agradecerán que lo hayas hecho y tú sentirás la diferencia.

La locura

Con solo escuchar la palabra locura nuestro cuerpo se estremece, pero algo que aprendí de Osho es que constantemente la tocamos. Loco es aquel que se encuentra totalmente fuera de sí mismo, como un iluminado se encuentra completamente dentro de sí mismo.

Cuando tenemos emociones como el enojo, la tristeza, el enamoramiento, o sentimientos profundos, tocamos la locura; la diferencia es que los locos viven en ese estado y nosotros lo hacemos por unos instantes.

Trata de revivir aquel momento en que te enojaste con alguien y se te subió el calor a la cabeza, empezaste a agredir sin poder controlarte, lo hiciste sin pensar en nada, hasta se te nubló la vista.

O recuerda una vez que hayas tenido mucho miedo, dejaste de ver y de saber quién eras. Con la tristeza y el amor pasa lo mismo, pierdes tu identidad: *No eres tú, eres la emoción tocando la locura.* Por eso, si estás en un estado así, necesitas acallar tu mente y tener un momento de silencio. Luego, reaccionar, retomarte y volver a ti.

En pocas palabras, no permitas que las emociones se desborden en un grado extremo porque no vas a ser tú quien reaccione y puedes hacer cosas que en un estado coherente no hubieras hecho. Para evitarlo, haz esto:

Cierra los ojos, acuéstate en el suelo y no pienses en nada, espera a que la emoción desaparezca para actuar siendo tú y no la emoción que se apodera de ti.

Datos curiosos

Hoy es día de los datos curiosos.

Los datos curiosos son experiencias, anécdotas, descubrimientos científicos que nos sorprenden y nos dejan pensando. Y todo el tiempo están surgiendo nuevos enigmas que nos plantean interrogantes difíciles de descifrar y, por lo mismo, nos intrigan y entretienen. La mayoría de estos casos raros resultan irrelevantes, como que los seres humanos no pueden lamer sus codos o que el elefante no puede brincar.

Pero existen otros datos curiosos, como que hace 50 años éramos 3 mil millones de habitantes en el mundo y hoy existen más de 6 mil millones. Con esto no te vas a hacer ni más rico ni más inteligente, pero vas a convertirte en un conversador interesante.

Te recomiendo que hoy leas datos curiosos con los que te vas a divertir y sorprender, de preferencia que sean del lugar donde vives y los compartas así con tus amigos. También te recomiendo que escuches una canción que se llama "La realidad de la vida", de Lazy Boy, que habla de muchos datos curiosos que te van a gustar.

Complicidad

Según el Diccionario de la Lengua Española, *complicidad* es una actitud con que se muestra que existe conocimiento por parte de dos o más personas de algo que es secreto u oculto para los demás.

Hacerse cómplice de alguien es crear un vínculo significativo, puede darse con seres queridos, amistades, no importa el motivo por el cual se haya dado la complicidad, sean asuntos sin importancia o trascendentales; es un tipo de comunicación especial muy útil que solo se da entre dos o más personas que se encuentran en el mismo canal.

A veces no se necesita ni siquiera decir algo, basta con una mirada para que el otro reaccione. Considero que cuando se tiene una pareja, la complicidad es un elemento fundamental para sembrar la relación, se crean sus propias historias personales en común que solo tú y tu pareja han vivido, las experiencias mutuas donde no entra nadie más. Es la creación del vínculo más fuerte que pueda existir.

También puedes hacer cómplices a familiares o amigos, ya que es una manera de creer en los que amas, además sabes que te conocen más que cualquier persona no allegada a ti.

Hoy te dejo como ejercicio que sepas cuántos y quiénes son tus cómplices a tu alrededor. Si sientes que no tienes ninguno, hazlos de inmediato porque te brindan una sensación de formar parte de algo que te da seguridad.

Limpia tu aura

Aprenderás a limpiar tu aura en cinco minutos.

El aura es el campo energético que se conecta desde tu centro al mundo exterior; ahí percibimos todas las sensaciones que nos provocan eventos y personas, por eso, cuando sufrimos algún tipo de agresión, nuestra aura se impregna con toda esa energía negativa.

Para que no nos afecten esas fuerzas adversas absorbidas por nuestra aura, es necesario limpiarla cuantas veces recibamos agresiones externas. Es muy sencillo hacerlo.

De pie y con los ojos cerrados, imagina que tus manos al recorrer tu cuerpo se convierten en aspiradoras que succionan toda la energía negativa; empezando por los pies, vas a repasar todo tu cuerpo, cada parte de ti; siente que la energía negativa de cada zona es succionada por tus manos. Al terminar, entierras las manos en la tierra o en una maceta para que toda esa energía se transforme en energía positiva.

A continuación vuelve a recorrer todo tu cuerpo con tus manos, como si lo estuvieras acariciando. Tu limpia por el día de hoy quedó realizada.

Dentro de cuatro años...

El día de hoy vamos a hacer una actividad muy interesante. Se trata de visualizarte dentro de cuatro años, con tus procesos y éxitos. Es como si hicieras una precognición (habilidad de conocer el futuro) sobre ti mismo y vieras en qué te vas a convertir.

Por lo tanto, no vas a decir lo que tú creas de acuerdo con lo que hoy tienes, más bien vas a dejar que tu intuición vuele y te dé las respuestas. ¿Cómo hacerlo? A continuación te voy a hacer preguntas y vas a contestar lo primero que venga a tu mente; insisto, lees la pregunta y luego luego la respondes, no dejes que tu mente elucubre demasiado.

Toma una hoja de papel y una pluma. Arriba de la hoja escribe tu nombre, la fecha y la hora exacta. Ahora sí, vamos con las preguntas:

- ¿Dentro de cuatro años qué te hará feliz?
- ¿Quién va a permanecer a tu lado?
- ¿Dónde vas a vivir?
- ¿En qué vas a trabajar?
- ¿Quiénes serán tus amigos más cercanos?
- ¿Cómo estarás vestido(a) el día que leas esta hoja?
- ¿Qué habrás perdido?
- ¿Qué mensaje te darías en cuatro años?
- ¿Cuáles son tus mayores preocupaciones el día de hoy y cuáles serán después de cuatro años?
- ¿Cómo estarás de salud?

Ya que terminaste, guarda la hoja con tus respuestas en un sobre cerrado. Ocúltalo en un lugar donde puedas encontrarlo dentro de cuatro años. No debe causarte curiosidad abrir antes el sobre porque entonces no tendrá chiste el ejercicio.

Nos veremos en cuatro años...

Descubre tu cuerpo

Parte de tu comprensión personal es descubrir quién eres y conociendo tu cuerpo sabrás realmente de qué estás hecho. El ejercicio del día consiste en explorar cada parte de ti. Lo único que necesitas es un espejo de cuerpo completo.

Enciérrate en un lugar donde no haya nadie porque, si te encuentran, te van a ver como Dios te trajo al mundo, sí, desnudo. Entonces, es muy importante que no estés ansioso de que alguien vaya a irrumpir.

Ya que te desnudaste completamente, mírate al espejo. Lo primero que vas a tener presente es no decir ni pensar cosas feas de tu cuerpo; por el contrario, lo verás como un mundo por descubrir porque básicamente es eso.

Revísate toditito, de los pies a la cabeza. Mira fijamente cómo son tus pies, cada dedo, cómo se mueven. Sube a tus tobillos, ¿qué ves? Observa tus piernas, ¿tienen granitos? ¿Vello? ¿Son lisas? ¿Son fuertes? ¿Son delicadas? ¿Cómo te han ayudado todo este tiempo a soportar tu cuerpo?

Ahora ve tus órganos sexuales, ¿qué te gusta de ellos? Descúbrelos; muchas veces no somos capaces siquiera de ver de qué estamos hechos, y menos nuestra zona genital, como si fuera un error hacerlo.

Así, repasa cada parte de ti hasta llegar a tus ojos; en la profundidad de tu mirada encuentra tu alma y di estas palabras: *Me amo como soy.*

La soledad

Sé que te has sentido triste porque no se logran tus sueños o porque no encuentras alguien en quien confiar; sé que te sientes solo porque no consigues comunicarte con más personas o porque te han lastimado mucho en la vida.

¿Sabes? Te entiendo; entiendo lo que estás pasando, a veces sientes presión en el pecho, suspiras constantemente, te duele el cuerpo y hasta llegas a tener envidia de los demás.

Lo que te voy a decir este día quizá no cambie tu forma de pensar, pero son palabras que si las reflexionas, te ayudarán.

Una amiga me dijo: *No te sientas tan especial creyendo que nada más tú te sientes solo, no importa si eres exitoso, rico, guapo o el más buena onda; en algún momento todos nos sentimos así, la diferencia está en que cada quien tiene su manera de salirse de ese sentimiento.*

Toma en cuenta estos consejos:

- Cambia el *switch* de negativo a positivo. No esperes que sea fácil, pero sí posible, y cuando ves un camino con posibilidad dentro de ti hay un cambio.
- Debes estar consciente de que tú solito puedes rescatarte, aunque estés solo.
- Escribe por qué te sientes solo, esto creará una liberación en ti.
- La mejor forma de encontrar amigos es ayudándolos.
- Únete a grupos de cualquier tipo.
- Haz yoga.
- Practica la meditación.
- Busca amigos en las redes sociales.
- Comprende que estar solo es decisión tuya.

Jardín Zen

Hoy vamos a hacer una manualidad entretenida y hermosa: vamos a crear un jardín Zen.

¿Has oído hablar de los jardines Zen? Son pequeños espacios cuadrados o rectangulares que contienen arena y piedras, los construyen los monjes para meditar realizando movimientos con un pequeño rastrillo. La satisfacción que te proporcionará un jardín Zen son excepcionales:

- Creación (forma tu criterio).
- Tolerancia (respeto por tus logros).
- Perdón (tu etapa de aprendizaje).
- Belleza (eres parte de la naturaleza y su equilibrio).
- Liberación de estrés (se alejan de tu mente los pensamientos negativos).

Para crear tu jardín miniatura requieres este material: minirastrillo agrícola, contenedor de madera cuadrado o rectangular, arena, piedras. En tiendas de manualidades o de jardinería encuentras todo.

En el contenedor esparces la arena (al crear surcos en ella representas los caminos de la vida, también significa el mar); varias piedras, 4 o 5 (simbolizan los obstáculos o las montañas).

Con tu rastrillo vas a peinar la arena en todas las direcciones creando los surcos, a la vez que respiras profundamente y liberas la tensión corporal.

Listo, eso es todo. Ubícalo en tu oficina o en un lugar donde necesites encontrar momentos de paz.

Los milagros

Los milagros son sucesos divinos que indican que Dios está con nosotros, refuerzan tu fe, manifiestan amor y engendran bondad; el problema de la sociedad actual es que niega su existencia y, aunque ocurran, no los acepta. Pero tú no solo puedes aprender a reconocerlos, podrás hacerlos.

La mejor forma de certificar un milagro es producirlo tú mismo. Si quieres conectarte a esa frecuencia específica, concéntrate en hacer un milagro para alguien más. Por ejemplo: escribe un *mail* aleatorio donde digas que ese mensaje tiene como finalidad producir un milagro dentro de tres días. Dirígelo a alguien que lo necesite y dile, entre líneas, que debe tener confianza en sí mismo y que todo estará bien en su vida, o lo que sientas que es adecuado para esa persona.

Cuando hayas creado el primer milagro, espera tres días y tú recibirás un milagro, pueden ser cosas sencillas, quizás una noticia que esperabas o un evento sorprendente, y al suceder y pase por tu mente la palabra *milagro*, quiere decir que se concretó el primero de una cadena. ¿Por qué en tres días? Es el tiempo aproximado en que ocurren.

Pídele a Dios, o en quien tú creas, que logre hacer un milagro para alguien que conozcas, ya sea para que mejore su salud o le vaya bien. Deja pasar otros tres días y le preguntas a la persona si cambió su situación o si recibió algún tipo de ayuda.

Los milagros existen, introdúcelos a tu vida.

Día de higiene

Un día de higiene completa es muy importante para mantener limpio nuestro cuerpo, ya que se renueva y purifica. Vas a necesitar:

Qtips, zacate o esponja, jabón, champú, crema corporal, crema para la cara, mascarilla de cualquier tipo, talco de bebé, exfoliante, cortaúñas, palillos, hilo dental, cepillo y pasta de dientes.

Te vas a bañar como acostumbras, solo que esta vez con el zacate (o esponja) y el exfoliante frotas tus codos y rodillas, ya que son zonas donde se acumulan más células muertas y las partes más secas de la piel. Al ponerte champú haces un masaje circular en el cuero cabelludo. Después enjabonas tu cuerpo, dándole especial atención a cada parte; con el exfoliante te frotas toditito y te enjuagas.

Sales de la regadera y te secas; te untas crema corporal y luego te pones la mascarilla facial dejándola el tiempo necesario, ya que limpiará las impurezas de tu rostro. Mientras esperas, con papel de baño envuelves el palillo y limpias entre las uñas y dedos de manos y pies. Ah, con dos Qtips limpias muy bien dentro de las orejas. El cortaúñas ya sabes para qué sirve. Te enjuagas la mascarilla y te secas. Con el hilo dental, limpias cuidadosamente entre tus dientes y muelas, después enjuagas y te cepillas con la pasta. Aplicas la crema para la cara y luego el talco de bebé en todo el cuerpo. Y, para terminar, un perfume rico.

¡Como nuevo(a)!

¿Qué animal eres?

Se han hecho estudios acerca de lo que simbolizan tus animales favoritos desde una perspectiva psicológica. Con mencionar a tus tres animales favoritos podrás tener algo más claro sobre ti.

¿Dime cuáles son tus tres animales favoritos y por qué? Ya sabes cuáles, apúntalos.

Tus animales favoritos son proyecciones de ti mismo; la idea de este ejercicio es identificar esas proyecciones y saber cuáles buscas en los demás. Los animales también son formas de representar a la gente que admiras o cómo sientes que la gente te percibe. Aquí están tus respuestas:

- El primero: representa los ideales que te gustaría lograr.
- El segundo: así te ven y perciben los demás.
- El tercero: es lo que ves o no crees ver cuando te miras frente al espejo.

Los animales más comunes y sus significados:

Perro (leal, buen amigo); águila (libre, emprendedora); león (valiente, audaz); jirafa (soñadora, perseverante); elefante (estable, noble); pingüino (enamorado, igualdad); gato (astuto, sofisticado); caballo (enérgico, sensual); chango (divertido, versátil); delfín (sabio, exitoso); colibrí (ambicioso, luchón); cisne (hermoso, artístico); oso (grandeza, poder); pez (ingenioso, intrépido); toro (responsable, metódico); ratón (ahorrador, encantador); serpiente (mágico, escrupuloso).

¿Qué te pareció el *test*?

Color rosa

El color rosa trae a tu vida romanticismo y sensibilidad, es fantasioso, dulce, detallista, generoso, amoroso, cursi...

Cuando te vistes de rosa ayudas a tranquilizar las agresiones y las emociones fuertes; si te encuentras en estados de crisis respecto al amor, fortalece tu espíritu brindando seguridad y autoestima. Pero aguas, si lo usas siempre es probable que tengas problemas con tu mamá o con alguna mujer de tu familia.

No existen muchos alimentos y frutos rosas pero sí flores, y el té de rosas mejora el sistema circulatorio y todo lo referente a la presión sanguínea.

Se ha dicho que el rosa es el color más femenino y delicado, pero originariamente tiene propiedades más fuertes de lo que pensamos, ya que es un rojo degradado con blanco y eso lo hace ser un color dominante; socialmente, es costumbre ponérselo a las niñas, pero les digo a los hombres que no tengan miedo de usar prendas rosas, hoy en día ya se aceptó como color masculino y puedes verlo en camisas, suéteres, corbatas, etc. ¡Úsenlo!

Ayurveda

Sistema de medicina tradicional hindú que estudia la mente, el cuerpo, el comportamiento y el entorno de las personas. Conjunta energía y materia en una sola unidad.

Al combinarse en el cuerpo humano los cuatro elementos (aire, fuego, agua y tierra) se crean los *Doshas*: *Vata* (viento y éter), *Pitta* (fuego y tierra) y *Kapha* (tierra y agua).

El cuerpo está integrado por estos Doshas, cada uno tiene características propias que refieren a los diferentes tipos de personalidad, carácter y complexión física. Si los Doshas se desequilibran, sobrevienen enfermedades físicas y mentales.

Descubre tu Dosha:

Vata: alerta, alegre, confiable, piel suave, ligero, delgado, poco pelo, imaginativo. Le gustan los sabores dulces, ácidos y salados, la comida caliente con muchos ingredientes y especias.

Pitta: enérgico, carismático, hambriento, cálido, curioso, amiguero, emprendedor, estresado, radiante, complexión media. Le gusta la comida fría, sabores dulces y amargos en grandes cantidades.

Kapha: relajado, metódico, mucho pelo, robusto, estable, sencillo, noble, tranquilo, agraciado, mala retentiva, dormilón. Comida ni caliente ni fría, sabores fuertes y amargos, le gusta picar todo el día más que comer grandes cantidades.

Con este esquema, identifica tu Dosha, y ama tu cuerpo.

Música de fondo

El gran problema de la realidad
es que no hay música de fondo, ¿o sí?

No te ha pasado que cuando tienes eventos importantes o momentos devastadores quisieras que hubiera música de fondo para después rememorar ese gran acontecimiento. O cuando vas caminando y ves a alguien que te encanta, ¿no te gustaría que todo fuera en cámara lenta, y al mirarse a los ojos decir: *al fin te encontré?*

Lo interesante es que sí existe tal música de fondo, solo que dejamos de escucharla cuando nos hallamos en una situación fuerte en la que perdemos el control y nos hace salir de nosotros. La meta es oír esa música dentro de ti, que emane desde lo profundo de tu ser interno y descifrar la respuesta que la vida te está poniendo en frente. También existe esa cámara lenta que tanto llegamos a anhelar.

La vida va a ser mucho más sencilla y te aseguro que en un momento romántico hasta escucharás violines. Solo date la oportunidad de sentir para encontrar tu propia música.

Respiraciones

La respiración no solo nos mantiene vivos, también sirve para permanecer sanos, con energía y en un estado de tranquilidad. Esta vez te daré dos ejercicios básicos para que descubras las ventajas de practicar una respiración profunda. Con el primero aprendes a enfocar tu respiración para liberarte del estrés.

- Toma tu pulso. Recorre tu dedo pulgar con la otra mano hasta llegar a la muñeca; con tu dedo índice presionando ligeramente la muñeca sentirás pulsaciones. Lo ideal son entre 60 y 100 pulsaciones por minuto. Cuando te estresas, las pulsaciones aumentan y pueden afectar tu estado físico y emocional.
- Toma el tiempo. Al tener tu primera pulsación, inhala por la nariz hasta llenar tus pulmones de aire y detén el oxígeno por unos momentos, luego exhala lentamente por la boca. Repite esto 10 veces.
- Vuelve a tomar tu pulso. Lo más probable es que hayan bajado las pulsaciones, ¿qué significa esto? Que tu cuerpo reposa y está más tranquilo.

El siguiente ejercicio consiste en inhalar por la nariz y llevar el oxígeno a tu abdomen. Cuando se haya llenado, exhalas lentamente por la boca. Esto te conecta con tu energía, y si logras activarla, tu estado de salud se verá favorecido.

Continúa haciendo estos ejercicios por el día de hoy.

Salir adelante

Cuando te topas con una desilusión, especialmente de pareja, es común que llores y te afecte hasta lo más profundo de tu alma.

Al llorar, pregúntate si esas lágrimas son de esperanza (las que desean que el otro recapacite y regrese a buscarte) o de resignación (cuando realmente sabes que eso terminó). Las relaciones que cortan y regresan, cortan y regresan, a la larga no funcionan; es mejor terminar, darse un tiempo suficiente para sanar tu corazón, y si deben regresar, ya regresarán. Mientras tanto, llora lágrimas de resignación y te será más fácil salir adelante.

Si te sientes así, recuerda las lecciones que has aprendido de la vida; la vida nunca te dijo que tiraras el corazón por la borda, pero eso es lo primero que quieres hacer; te lastiman y dices *ya no quiero volver a amar porque me hace mucho daño.*

Pero la oportunidad de volver a amar es algo bueno para ti. Igual y la otra persona estaba tapando tu vista sin que pudieras ver al amor verdadero.

Pon tu corazón en renta y vuelve a sentir, solo que ahora con mayor intensidad que nunca.

Deja que el dolor fortalezca al amor, no que lo destruya.

Las feromonas

Hablando del amor, las feromonas son moléculas biológicas o sustancias químicas secretadas por los seres vivos para provocar ciertos comportamientos entre la misma especie, incluyendo, claro está, a la raza humana. Actúan como transmisores de señales con alcance a distancia y tienen capacidad de aceptar o rechazar.

Gracias a estas hormonas del amor se explica la atracción entre dos seres. Básicamente se da una conexión favorable, aunque no sean guapos ni tengan los mejores cuerpos, pero algo hay que induce a la conexión. O sea, el físico nada tiene que ver.

Asimismo, ocurre que te presentan a alguien muy guapo e inteligente, pero de inmediato sientes un rechazo porque no aceptaste sus feromonas. Y a la inversa, tus feromonas pueden resultar rechazadas.

Por lo tanto, la función de las feromonas en la comunicación humana es determinante. De hecho, por ahí dicen que hay perfumes elaborados con feromonas para atraer al sexo opuesto, pero a mí no me consta.

La finalidad del tema aquí es que hagas caso a tus conexiones y entender que no eres del todo tú cuando alguien te dice que no le interesas, tienen que ver esos químicos corporales. De ahí el dicho *no hubo química*.

Lectura del té

Arte adivinatorio que interpreta los símbolos formados por las hojas de té. Se origina en China y es llevado a Europa por gitanos nómadas que cambiaban una lectura de té por comida o dinero.

- Se necesita té negro, una taza del tamaño de la palma de tu mano color blanco liso y su plato.
- En una tetera echas las hojas de té, agregas agua caliente revolviéndola hasta que quede a tu gusto de fuerte o ligero.
- Haz varias respiraciones profundas y pon tu mente en blanco.
- Sirve el té en la taza, dejando caer los pedacitos de hoja.
- Tómatelo tranquilamente hasta dejar muy poco al final de la taza.
- Voltea la taza boca abajo colocándola en el plato y espera unos minutos.
- Observarás restos de hierba en áreas de la taza; si están a un lado del asa es tu presente; en medio, es tu futuro en los próximos seis meses; frente al asa es el futuro lejano (un año o más).

Símbolos:

Burbujas: dinero.

Burbujas en las esquinas: sexo.

Varitas: personas.

Varitas horizontales: infidelidad.

Gotas: lágrimas.

Varitas verticales: fidelidad.

Montañas: viaje.

Casa: cambios, triunfos.

Restos de hierba al filo de la taza: brujería.

Corazón: felicidad.

Dos corazones: matrimonio.

Víbora: peligro.

Aves: buenas noticias.

Gatos: rompimientos.

Ataúd: pérdida.

Luna: cambios.

Círculo: fracaso.

Billetes y puntos: dinero.

Escoba: cambio de país.

Estrella: abundancia.

Triángulo: éxito.

Mensaje a tu pasado

Esta dinámica tiene un objetivo muy especial, es para fortalecer tu espíritu.

Imagínate que un día despiertes y te encuentres contigo pero con 10 años de edad, ¿crees que te daría gusto verte o te sentirías triste por haberte prometido cosas que aún no cumples?

El ejercicio consiste en escribirle una carta a tu yo de 10 años y contarle cómo ha sido tu vida, señalando lo que tu yo esperaba de ti a sus 10 años. Es tiempo de hablarte de aquellos sueños que querías realizar y de las razones por las que no se han logrado.

Los niños tienen más claro lo que quieren en su futuro. A ellos no les detiene ni el dinero, ni la pareja, ni el trabajo, ni las obligaciones de una persona adulta. A un niño le preguntas qué quiere ser de grande, y aunque no conozca todas las profesiones o todo lo que puede hacer, sin rodeos responderá doctor, bombero, enfermera, arquitecto, carpintero, policía, artista, etc.

Escribe hoy la carta a esa personita tuya de 10 años y recuerda quién querías ser y qué puedes recuperar.

Siéntete atractivo

No podemos conquistar el mundo si no nos conquistamos a nosotros mismos frente al espejo. Cuando ves tu cara, tu ropa, tu complexión, tu estatura, tu pelo, ¿qué dices? ¿Te gustas? ¿Cómo vas a gustarle a alguien si no te sientes guapo?

¿Crees que actrices y actores al levantarse de la cama están maquillados, con la piel rozagante y con aroma a flores? ¿Crees que no roncan ni amanecen con mal aliento, legañas, mocos y demás?

A todos nos va igual, ¿pero sabes cuál es la diferencia? Las personas que se aceptan no se fijan en lo que no tienen sino en lo que sí.

¿Has oído hablar de encontrar tu mejor perfil? ¿O si te ves mejor tres cuartos? ¿O que tu ojo derecho es más grande que el izquierdo y por lo mismo más expresivo?

Pues el día de hoy eso vas a hacer, que no te importe si te salió un nuevo grano o que tienes ojeras; mírate fijamente a los ojos y di: *Me encantas, tu sonrisa, tu boca, tus ojos, tu nariz...* incluye todo lo que consideres hermoso de ti.

Ahora descubre cuál es tu mejor perfil, entrena; ponte a ligar frente al espejo, utiliza una voz suave, provocativa, derrama una mirada sensual. ¡Conócete frente a un espejo!

Así saldrás a la vida bien preparado para conquistar.

Ocho cosas que Dios no te preguntaría

Leí esto acerca de cuáles serían las preguntas que Dios jamás te haría y me parecieron muy ciertas, además de que caen como un balde de agua. Aquí te las presento y después de leerlas saca tus propias conclusiones.

1. Dios no te preguntará qué modelo de auto usabas sino a cuánta gente llevaste.
2. Dios no te preguntará los metros cuadrados de tu casa sino a cuánta gente recibiste en ella.
3. Dios no te preguntará tu marca favorita de ropa sino a cuántos ayudaste a vestirse.
4. Dios no te preguntará cuán alto era tu sueldo sino si vendiste tu conciencia para obtenerlo.
5. Dios no te preguntará cuál era tu título sino si hiciste tu trabajo con lo mejor de tu capacidad.
6. Dios no te preguntará cuántos amigos tenías sino cuánta gente te consideraba su amigo.
7. Dios no te preguntará en qué vecindario vivías sino cómo tratabas a tus vecinos.
8. Dios no te preguntará el color de tu piel sino por la pureza de tu interior.

¿Qué te pareció? Seguramente le sacarás provecho.

Cuarto blanco

Espacio o cuarto blanco se le llama a un lugar donde no hay nada que te pueda distraer, según yo, así lo nombraron en los manicomios para designar el sitio donde encerraban a individuos con un alto grado de locura para que sacaran toda su agresión y controlarlos, como hemos visto en películas.

Por otro lado, experimentos psicológicos han demostrado que personas que permanecen encerradas solas durante una hora limpian las capas emocionales que nos vamos creando para no sentir dolor ni ser vulnerables. Pero a la larga, estas capas también impiden el amor y cualquier otra emoción positiva. Por eso, si algo duele es porque amas.

Este ejercicio te libera de las capas emocionales.

Enciérrate en un espacio donde no haya nada que te distraiga, pon una alarma de una hora.

Mira al techo. Pronto sentirás la primera capa, te vas a desesperar pensando que el ejercicio es una tontería, que no tienes tiempo, etc. La segunda capa te hará caminar de un lado a otro, sin ton ni son. Durante la tercera capa terminarás acostado pensando en lo que te está pasando y por qué reaccionas de tal o cual forma. En la cuarta capa habrás llegado al centro de ti, te tranquilizarás y para entonces, riiinnn, habrá transcurrido la hora.

Si te gustó el ejercicio, hazlo una vez al mes; digamos que es un tipo de meditación.

No exageres

Exagerar las cosas es algo que comúnmente hacemos para llamar la atención, ya sea para sacar al mártir que llevamos dentro o al valiente y exitoso.

Aunque esto a veces nos resulte divertido, no es real, y en estos días está devaluado porque es un falso intento por buscar aprobación y aparentar lo que no somos. Por eso siempre debemos analizar los dos lados de la moneda y entender por qué no hemos sido capaces de ser objetivos.

Quiero que veas este ejemplo y descubras la diferencia. Una pareja:

Hombre: Amor, ¿por qué no compraste lo que te pedí?

Mujer: Perdón, pero no tenía tiempo.

Hombre: Ash, nunca tienes tiempo para mí.

Mujer: Ni tú para mí.

Hombre: Mejor me largo, me das flojera y no quiero discutir.

Mujer: Pues vete.

Ahora, mujer con su amiga:

Mujer: No sabes todo lo que me dijo, fue horrible, que yo no servía para nada y que igual y terminábamos.

Amiga: Qué poca... ¿y por qué?

Mujer: Nada más porque no tuve tiempo de darle algo que me pidió y ya está mandando la relación por la borda.

Amiga: ¿Sabes qué? Él no te merece.

Y con los hombres pasa lo mismo, el hombre se queja de que nunca lo atienden, que pobre de él que ha dado todo a su familia y ¿cómo lo tratan?

¿Se dan cuenta cómo somos un chiste?

Sé honesto, di las cosas como son, dales la medida justa, sé más objetivo en tus afirmaciones y respuestas, ¡no exageres!

Vive el *no*

Cuenta la cantidad de veces que te han dicho *no*. Supongo que han sido muchas, pero lo curioso es que después de tantas veces el *no* nos siga doliendo como el primero.

Desde que nacemos nos enseñan a que el *no* es malo, porque no podemos tener lo que queremos. Ese *no* habita en nosotros, y cada vez que nos lo dicen nos sentimos fatal, pensamos que algo hicimos mal, que son errores nuestros. Pero la realidad es que los *no* de tu infancia eran en tu beneficio. Cuando te decían *no metas el dedo en el enchufe* no era porque fuera un error tuyo, era por las consecuencias.

Después crecemos y ya no están nuestros papás para decirnos *no toques el fuego porque te quemas*, pero sí tenemos a los seres espirituales que nos cuidan y a la vida misma para decirnos *NO*.

Ahora cambia el sentido del *no* y, cuando lo recibas, velo más como una oportunidad de darte cuenta de que no era por ahí, que a la larga habría peores consecuencias; o sea, se te está protegiendo.

Sabes cuántas personas se han salvado de accidentes mortales porque la vida les dijo: *No tomes ese taxi. Ve con tiempo. No pruebes eso. No te inyectes esa droga. No te acuestes con esa persona.*

Y al final nos vamos con nuestro *no*, sin pensar en las ventajas de no haberlo hecho.

Hoy descubre que los *no* son oportunidades.

Apuesta por conseguirlo

Una persona exitosa es aquella que puede apostar a que sus sueños se verán realizados.

¿Cómo le hace? Mide la cantidad de escalones que se necesitan subir para lograr su objetivo, pues sabe que todo proyecto tiene pasos concretos por seguir. Cuando ya sabe cuántos y cómo son esos escalones, sabe que debe organizar los preparativos antes de emprender el primer paso.

Lo importante es que una persona con mentalidad de éxito cree tanto en su sueño que puede apostar a la segura, como si ya lo hubiera logrado. ¿Y saben por qué? Porque lo da por hecho; está verdaderamente predispuesto a alcanzar la meta que se fijó.

Primero visualiza su logro ya realizado, después no hace nada más que construirlo minuciosamente.

¿Dime hoy por cuáles de tus sueños apostarías a que serán un hecho? Puede ser que ahí esté el problema, en que no crees tanto en esos sueños como piensas.

Para esto no hay ejercicio, solo un consejo: apuesta por tus sueños, visualízalos ya logrados y sonríe porque se acaban de escribir en tu destino.

Muñeca de los sueños

La muñeca de los sueños te va a traer mensajes clave mientras duermes para que sepas qué pasos dar y así lograr tus propósitos, también te va a liberar de los malos espíritus que irrumpen en los sueños. Esa muñeca la vas a crear tú mismo.

Material:
- Algodón.
- Una amatista.
- Hilo y aguja o engrapadora.
- Plumones.
- Tijeras.
- Tela de la que prefieras, pero que sea de colores.

Con la tela haces dos rectángulos de 20 cm; en uno de ellos, con un plumón negro, vas a dibujar el contorno de una muñeca (brazos, piernas y cabeza). Lo recortas con tijeras y luego lo usas como molde para repetir la misma figura con el otro rectángulo.

Ya que tengas las dos figuras iguales, las vas cosiendo o engrapando, empezando por la cabeza y después todo el contorno, dejando una abertura para introducir el algodón. Cuando hayas terminado de coserla, para que no se vean las costuras, volteas la tela dejando la parte interna hacia fuera. Ahora sí, la rellenas con el algodón y la amatista. La cierras, cosiéndola o con la engrapadora. Píntale ojos y boca.

Colócala cerca de tu cama para que siempre que duermas vele tus sueños y te dé los mensajes que necesitas.

Humildad

Es una virtud moral que obra con base en las limitaciones y debilidades de nuestros conocimientos. Humilde es quien no pretende ser más grande o más fuerte, ya que su aspiración personal no se encuentra en la grandeza del yo, sino en la admiración de lo que encuentra, trayendo una igualdad a lo bueno como bueno y a lo malo como malo.

¿Te consideras tú humilde? ¿Lo eres en un cien por ciento o crees que te falta humildad? ¿Crees que habita en ti un orgullo que tiene que justificar todo lo que haces?

Un astronauta dijo:

Si todos los humanos pudieran ver lo pequeños que somos cuando vemos la Tierra desde el espacio, seríamos más humildes, veríamos nuestros problemas, nuestros autos, nuestros logros, nuestras casas, nuestras decisiones, como algo tan pequeño que dejaríamos de pretender que somos el centro del mundo. Porque no lo somos. Somos solamente un punto en el espacio. Esta perspectiva nos ofrece una clara certeza de quiénes somos en realidad, y que en ese punto del espacio viven millones de seres que buscamos lo mismo, ser felices.

Tu pizarrón de corcho

Era muy común en los años 80 y 90 tener un pizarrón de corcho en la pared con muchas fotos, credenciales, boletos, llaveros; prácticamente se convertía en la pared de los recuerdos, llena de cosas con un valor sentimental para ti.

Años después a esta idea del corcho se le dio una finalidad más espiritual para concretar tus deseos materiales. Y da un 80 por ciento de resultado, nada mal, ¿no crees?

Consíguete tu corcho y llénalo con imágenes de cosas que quisieras tener (casa, auto, dinero, viajes); puedes poner lo que te imagines. Colócalo donde siempre lo tengas a la vista, ya que esto crea una nueva forma para percibir lo que deseas y magnéticamente lo atraigas; visualmente, tendrás más claros tus objetivos. Adquiere el siguiente material:

- Pizarrón de corcho para pared, se consigue en papelerías.
- Junta revistas de todo tipo.
- Tachuelas.

El día que lo elabores, relájate y visualiza exactamente lo que quieres. Ubica el pizarrón en el lugar más indicado. Busca en las revistas las imágenes que ejemplifiquen tus deseos y recórtalas. Con las tachuelas pega los recortes.

Eso es todo. Te recomiendo que hagas esto en año nuevo junto con tu familia o tu pareja, y terminando el año retiren todo lo que se les cumplió. Te sorprenderás.

No somos lo que éramos

Probablemente pienses que sigues siendo lo que fuiste en el pasado.

No te gusta tal comida, te enojas si te jalan el pelo, haces berrinche si no llegan temprano, te gustan físicamente solo cierto tipo de personas y la lista no termina. Pero ¿te has detenido a pensar que quizá ya no eres nada de eso?

Te recuerdo que la vida nos mueve y nos transforma: de niña te gustaban las barbies, ahora te gusta trabajar o estudiar.

Y así es con todo; lo malo es que la gente siga pensando que tienes 10 o 15, o 20… y nadie te saca de su error. Te dejan congelado en el tiempo y eso crea conflictos porque siguen pensando que eres como eras.

Tu mamá les dice a los demás: *A ella no le gusta que le hablen de esas cosas* o *Te hice estas galletas que tanto te gustan*, y ni te gustan esas galletas ni te molesta hablar de tales temas.

El ejercicio de hoy es hacer una lista de todas las cosas que no te gustaban o ante las que reaccionabas negativamente; también puedes enlistar las cosas positivas que creas han cambiado en ti; por ejemplo:

Antes no me gustaba el helado de fresa, ahora me encanta.

Antes no me gustaba que me dijeran narizona, ahora no me importa.

Antes no me gustaba la gente alta, ahora podría salir con alguien alto.

Cuando termines tu lista se las mandas por *mail* a toooda tu familia y amigos para que descubran quién eres hoy y quién dejaste de ser.

Código de amistad

Sentir que eres parte de algo fortalece tu espíritu, tu confianza, al igual que inspira seguridad en el mundo que te rodea. Desde los antiguos tiempos hasta ahora las tribus se hacen identificar por anillos, tatuajes, aretes o peinados, sabiendo que siempre serán cuidados y protegidos entre las mismas razas mientras lleven esos símbolos de identidad.

Hoy en día las amigas se ponen pulseras que dicen *Amigas para siempre*. Los novios se compran corazones rotos y cada uno se queda con una parte del corazón. Los casados tienen sus anillos y los equipos sus camisetas.

Esta vez vas a crear un código familiar o de amistad que simbolice la unión con las personas que te importan. Tendrás una sensación de complicidad, de protección y de formar parte de algo. Una pulsera de un mismo color, un collar, una moneda en las carteras o cualquier cosa que puedas portar siempre, al igual que tu gente.

Pruébalo, es una excelente forma de reconocer que no estás solo(a).

Apoya una fundación

¿Por qué apoyar una fundación? Porque trabaja a favor de causas nobles.

En innumerables casos, las personas y el medio ambiente no cuentan con los suficientes recursos y el apoyo para mejorar. Tu ayuda beneficiaría programas educativos o contra el maltrato de animales, a enfermos de cáncer o sida, niños con quemaduras o capacidades diferentes.

Existen muchísimas fundaciones a las que una aportación económica tuya al mes o al año ayudaría a cambiar desde la vida de alguien hasta al planeta Tierra. Es un acto que engrandece tu corazón; ayudar sin esperar nada a cambio fortalece tu nobleza y tu humildad.

¿Esto cambiará mi vida? Eso dependerá de ti.

Ahora la gran pregunta: *¿Quiero apoyar, pero cómo confiar en ellos?*

Te recomiendo apoyar a fundaciones ya reconocidas mundialmente y que tengan cierto prestigio. Pero si quieres apoyar a una organización menos conocida o que apenas empieza, infórmate y ve el tipo de labor que realizan. Hay organizaciones que en vez de dinero aceptan alimentos, ropa, medicinas, juguetes, etc. Cuando quedes convencido de que su labor es de a de veras, entonces aporta dinero, la fundación te hará saber cómo depositarlo.

¿Dónde las encuentro? Internet es el medio ideal, pero en cualquier ciudad hay varias a las que te puedes unir.

271

Travesura

¿Hace cuánto tiempo que no haces una travesura? Parece que la parte divertida del ser humano la vamos perdiendo conforme crecemos; actuamos como si hubiera una ley que dice: *¿Creciste? A ponerse serio.*

Si te das cuenta, creces y tienes más y más necesidades, y también más complicadas de cumplir. Antes con el agua de la manguera eras feliz, ahora tiene que ser un hotel en la playa, con gente conocida y con un tema de conversación; antes jugabas en tu cuarto, hoy tiene que ser un lugar donde pagues por divertirte.

¿Por qué una travesura? Porque las travesuras ablandan el control y quitan la seriedad a tu vida; una travesura, tan simple y tan noble como pueda ser, romperá con tu esquema de ser un adulto maduro con complicaciones.

Ríete, diviértete, disfruta hacer una travesura, puede ser algo simple como hablar por teléfono y preguntar: *¿Es el veterinario? ¿Y por qué me contestó un perro?*

No sé, utiliza tu creatividad, no vas hacerle daño a nadie. Como te comento, son travesuras nobles, sanas, deja que la adrenalina suba a tu cabeza y disfruta la experiencia. Te recomiendo que lo hagas con un amigo, se van a divertir mucho.

Factor sorpresa

Existen perfeccionistas que planean todo con demasiada antici-
pación, su agenda está llena de compromisos de aquí a lo que
queda del año; siempre tienen un plan A, B y C para cada procedimiento, es su manera de sentir seguridad, de que la vida no
se les salga de control y nada afecte su confort.

Sin embargo, por más que tratemos de imaginarnos las miles de posibilidades de lo que pudiera pasar en tu día, tu semana, tu mes, o en determinada situación, jamás sabremos lo que
realmente va a pasar y eso nos frustra y nos enoja con nosotros
mismos.

No es fácil decir *sé más libre* y dejar que las cosas sucedan por
sí solas, sobre todo si somos de los que nos gusta tener el control
y no queremos soltar o delegar responsabilidades en otros. Aquí
es donde entra el consejo del día.

Como no vas a saber qué va pasar y no dejarás de organizar
y estructurar tu tiempo, te recomiendo que además de todos tus
compromisos que anotes en tu agenda, agregues el *factor sorpresa*, el cual te previene ante algo inesperado que pueda suceder y rompa con lo planeado; de modo que si ocurre un impre-
visto digas: *este es mi factor sorpresa* y te relajes.

Inevitablemente, la vida siempre te sorprenderá, aunque no
quieras, pero puedes hacer predecibles las situaciones inespera-
das agregándolas a tu agenda.

Regala frases

Hoy vamos a hacer una dinámica cursi para algunos y romántica para otros, pero es una actividad súper bonita para ti y para los que amas. La idea es ser la galleta de la suerte de tus familiares y amigos.

En varios papelitos vas a escribir frases positivas que consideres sean de ayuda para el que las lea. Cuando las hayas terminado de escribir, vas a enrollarlas como si fueran pequeños pergaminos que amarrarás con un listón (si te da flojera, los doblas y ya).

Acércate a cada uno de tus seres queridos y pídele que haga una pregunta, la que quiera, y que tome un papelito. Ayúdale a interpretar ese mensaje que el destino le envía en relación con la pregunta que formuló. Es una manera de expresarles a quienes quieres que son importantes para ti. También te darás cuenta de que todos tenemos miedos, necesidades y dudas, y para que los entiendan, tú aportas tu granito de arena.

Después de entregarles el mensaje e interpretarlo, toma un mensaje para ti y léelo. Ese mensaje te lo manda el universo con mucho cariño.

Ensoñación dirigida

Esta técnica psicológica consiste en inducir una aventura imaginaria, creada por el terapeuta y el paciente, a partir de imágenes y temas. Su finalidad es entrar al subconsciente del paciente y sanar sus emociones dolorosas profundas. Además, por medio de la imaginación, se viven experiencias que estimulan y equilibran.

La ensoñación dirigida también se aplica en pacientes con enfermedades terminales que no pueden salir del hospital; con música, los ojos cerrados y la imaginación logran escaparse a lugares emocionantes, olvidándose del dolor y los malos ratos.

Voy a explicarte cómo hacerlo:

- Se requiere lo mismo que en una relajación: música, un espacio tranquilo y una postura cómoda.
- Cierra los ojos e imagina el mismo espacio donde te encuentras, pero que se abre una ventana. ¿Cómo es la ventana?
- Sales por esa ventana y entras a un lugar fantástico. ¿Qué tiene ese lugar fantástico? ¿Flores, arena, tierra? Describe el lugar.
- A lo lejos ves algo que jamás habías visto antes. ¿Qué es? ¿Cómo es?
- Cae una fruta de un árbol, ¿de qué color es? ¿A qué sabe? Deja que los sabores recorran tu cuerpo brindando sanación y armonía.
- Inhala, exhala, ahora abre los ojos.

Esta ensoñación puede durar el tiempo que gustes. Aunque sea una interacción entre terapeuta y paciente, puedes hacerla contigo mismo grabando la ensoñación y luego haciéndola.

Castillos de arena

¿Has oído hablar de una mujer llamada Isha? Es una maestra espiritual nacida en Australia, creadora de un sistema de autosanación y expansión de la conciencia. Una de sus filosofías es: *La felicidad y la libertad no dependen de las circunstancias externas sino de las internas, podemos tener todo y ser prisioneros de nuestros miedos y nuestras limitaciones.*

Un ejemplo que da Isha es que observemos a los niños cómo construyen sus castillos de arena cerca del mar. Le ponen todo el empeño y emoción y, de pronto, inevitablemente llega la ola y acaba con el castillo; ellos se ríen y excitados vuelven a construir otro, pero ahora con una nueva ventana, una torre de más y nuevos túneles. Llega la ola y el castillo vuelve a desmoronarse, pero ellos nunca pierden la emoción y construyen y construyen hasta que sus papás les dicen que es tiempo de irse.

Ser exitoso no es construir un castillo, lo eres cuando te tiran una y otra vez los castillos y siempre tienes entusiasmo para construir uno nuevo.

De eso se trata la vida, no te sientas perdido cuando algo se rompe o se destruye, ten el ánimo de volver a empezar y diviértete haciéndolo.

Hablar en público

Sudas, tiemblas, a la mera hora se te olvida lo que ibas a decir, en fin... Así como hay personas que tienen la facilidad, otras no, y tarde o temprano en algún evento, sea de la escuela, la boda de tu mejor amigo, una presentación de trabajo, todos debemos hacerlo.

Te daré varios tips para combatir el miedo y hablar bien en público.

- Escribe en tarjetas los puntos importantes de tu presentación; si olvidas algo, te ayudas con la tarjetita.
- Relájate por medio de la respiración; inhala profundamente sin forzar, detén el oxígeno unos segundos y exhala.
- Cuando vayas a hablar, no veas directamente a los ojos, mira a la frente de las personas, ellos pensarán que los estás viendo, pero no. También gira tu cabeza a la derecha, izquierda y frente, que estos sean tus tres puntos.
- El comiezo es la primera imagen que das al público, por lo tanto sonríe, sé amable pero firme en tu postura, no metas las manos a los bolsillos ni te muevas de un lado a otro como si te estuvieras balanceando, entierra los pies en el suelo como si fueran de cemento.
- Empieza hasta que hayas captado la atención de los oyentes.
- Exprésate con sencillez, piensa que es una simple plática, como las que tienes diariamente.
- Sé breve y conciso. Es importante dar tu punto de vista, pero si eres breve la gente se queda con más información que si redundas.

¡Disfrútalo!

Prepara un postre

¿Alguna vez has intentado cocinar? Si lo has hecho, has sentido la satisfacción y el apoyo moral que te dan cuando lo haces, creo que para las mamás que cocinan es una de sus más grandes alegrías.

Es fácil decir *yo no sé cocinar* y dejar que los demás hagan el trabajo; si es tu caso, ¿por qué no sorprendes un día a todos con un postre hecho por ti?

La gama de repostería es infinita, pero sin mucha complicación puedes ofrecer un rato dulce para disfrutar la vida. No te pido que hagas una isla flotante en salsa de frambuesas y demás, aunque podrías hacerla, mejor inspírate para elaborar algo sencillo como un pastel, un *mousse* o una gelatina. Puede ser con ingredientes *light*, sin azúcar ni levadura.

La idea es que pongas manos a la obra y descubras en ti a ese chef que todos llevamos dentro. No te metas el pie tú solo diciendo que no puedes, claro que puedes. Y en un futuro ese será un elemento perfecto para llevar a reuniones, cenas y fiestas o preparárselo de sorpresa a tu pareja. Con que aprendas un solo postre experimentarás lo que todo chef busca: aplausos y porras.

Perfecciona tu postre y ponle tu sello.

Los *debería*

Como hemos visto en otros tips, nuestro vocabulario debe ser constantemente enriquecido, debemos cuidar nuestra forma de hablar, informar, pedir las cosas, porque luego nos enredamos con cada palabrita y redundancias inútiles a las que se les conoce como muletillas. *Sale. Va. Digo. Mmm. ¿Eeee? Tons qué. Namás. Ojalá. Debería. Si hubiera...*

El *hubiera* queda en el pasado y el *ojalá* en un futuro incierto, pero el *debería* está en un tiempo presente en el que todavía puedes hacer algo por ello. Un *debería* es pensar en algo importante pero que no tienes el ánimo, las ganas o el entusiasmo, o sientes incertidumbre al hacerlo y por eso no lo haces. Pero también un *debería* podría cambiarte el destino para siempre.

Cuando te encuentres una situación en la que vayas a decir *debería*, hazlo y no pienses más, porque es la manera en que tu intención te dice: *sigue ese camino.*

Debería ir al cine, *debería* hacer ejercicio, *debería* hablar con mi mamá.

Es la palabra viva de tu intuición, no la tires por la borda, escúchala y emprende lo que *deberías* emprender.

279

Talentos ocultos

¿Alguna vez te has preguntado si a lo que te dedicas es tu verdadero talento?

Se supone que naces con un talento único y particular que vienes a ofrecer al mundo, no necesariamente un oficio extraordinario, tú lo haces extraordinario.

Cuando no estamos en el lugar indicado, nos sentimos como pez fuera del agua, es una sensación de inestabilidad y muchas veces ni sabes siquiera de dónde proviene. Por ello, es necesario que el día de hoy hagas una lista de las habilidades que creas tener. Las siguientes preguntas te ayudarán a saberlo:

- ¿Qué te gustaba hacer de niño?
- ¿Qué es lo que te dice la gente que haces muy bien?
- De las actividades que realizas, ¿cuál es la que más se te facilita?
- Cuando te imaginas en un futuro, ¿qué te ves haciendo?

El ejercicio consiste en escribir otra lista de todas las cosas a las que te gustaría dedicarte y que te consideras bueno haciendo. Al terminar, busca la forma de relacionar entre sí los oficios de las dos listas. Por ejemplo:

Me gusta el medio artístico, me gusta tratar con la gente, me gusta organizar eventos.

Al unirlos, obtendrás el oficio de organizador de eventos para artistas y gente famosa.

Juega a unir todos tus talentos, quizá encuentres tu verdadera profesión. Después, da el primer paso para arrancar.

Se preocupa por ti

En varias partes del mundo existen unos muñecos llamados preocupones, hay de madera o de tela, en inglés, *worry partner* o *worry Buddha*; son personitas que captan tu preocupación para que tú no la cargues.

Su mensaje es: *El sufrimiento en la vida es causado por el deseo. Hay que suprimir el deseo para obtener paz y felicidad. Practica la misericordia, la paciencia y la amabilidad con todos.*

Tomas al muñeco entre tus manos, piensas en tus preocupaciones y dices estas palabras: *Te tomo entre mis manos para ofrecerte mi preocupación, la cual no me deja hacer nada; al momento de hacerlo me sentiré tranquilo y con paz en mi cuerpo.*

Aunque este muñeco no se consigue en todos lados, la idea de este día es que cuentes con tu muñeco preocupón, ya sea que lo elabores tú mismo o lo busques en tiendas de productos *New Age*; escógelo de un tamaño que quepa entre tus manos, aunque se dice que él te elige a ti, no tú a él.

Di las palabras y listo, él se va a preocupar por ti.

Saber pedir

Todos queremos saber cómo pedir al universo o a Dios para que nos escuche; todos queremos cosas y, por lo general, se nos ha dicho que solo con pedir se nos cumplirá. Sin embargo, te daré unos consejos muy especiales para aprender a pedir.

Estamos acostumbrados a pedir con la frase *te pido*, pero *te pido* suena más a exigencia que a súplica.

Si le pides a alguien que te diga un piropo, te lo dirá forzadamente; en cambio, si tú se lo dices primero, lo más seguro es que te responda con otro. Pero cómo reaccionarías si en vez de un simple piropo te dicen: *Quiero agradecerte por ser la luz en mi vida, por ser tan buena persona y por ser mi mejor amigo.* ¿Prefieres el piropo o esto último?

Así es la ley de la atracción, uno no pide sino agradece, porque cuando agradeces recibes, así de simple.

Otro punto es que no pedimos en tiempo presente: *Ojalá... Me gustaría que llegara... Podría tener...* Si pides así, a lo mejor te llega algún día o en otra vida. En la ley de atracción el tiempo no existe. Pide en presente, como si ya fuera un hecho: *Gracias por la pareja tan hermosa que tengo* (aunque aún no haya llegado).

Y al terminar de decir tus palabras recalca: *Aquí y ahora.*

Navega en internet

Aunque la tecnología no tiene mucho que ver con la felicidad real, nos sirve para descubrir cosas maravillosas que jamás pensamos que existieran; es el caso de navegar en internet porque nos conecta con el mundo, las noticias, las cosas prohibidas, pero también con los mensajes positivos, palabras de grandes sabios a través de sus escritos, videos y obras en general.

Encuentras libros excelentes para leer (gratis), consejos o simplemente imágenes de las cosas más bellas de este mundo: obras de arte, fotografías, la geografía, la historia... un sinfín de temas que te instruyen y elevan tu nivel cultural.

Por eso este día tienes la tarea de investigar en internet mensajes y videos que alimenten tu alma y puedas compartirlos con quienes aprecias; este día no lo llenes de imágenes amarillistas, llénalo con imágenes positivas y alienta tu estado emocional. Tu ser interior necesita saber que existe un mundo extraordinario del cual debes aprender.

Voluntad y valentía

El miedo tocó a la puerta,
la voluntad abrió y no era nadie.

Alguna vez escuché que el miedo era miedoso, y cuando uno se atreve a confrontarlo el miedo siempre va a salir corriendo, ese es el mensaje de esa frase.

Aunque tengamos miedo, porque es natural que todos en algún momento lo sintamos, si recibimos la vida con voluntad eliminamos cualquier tipo de temor. La voluntad es uno de los estados emocionales más valientes.

¿Qué representa para ti la *voluntad*? ¿Qué te dice la palabra *valentía*? ¿Te sientes bien cuando dices *soy valiente*? ¿Qué te hace sentir la expresión *tengo voluntad*?

Si decir *soy valiente y tengo voluntad* son palabras tan fuertes y positivas para el cuerpo y la mente, ¿por qué no las aplicamos en el día a día?

Te voy a pedir que vayas al espejo y digas con todas tus fuerzas:

¡Soy valiente, tengo voluntad!

Sentirás cómo tu cuerpo las recibe con emoción y grandeza, y si las sientes es porque estas palabras habitan en ti.

Jengibre

¿Te ha pasado que después de una intensa jornada de trabajo te duele la cabeza o te sientes mareado o cansado? Aquí te presento un secreto para aliviar este tipo de malestares.

El jengibre es una de las plantas más famosas y utilizadas en la medicina china por sus múltiples propiedades; lo incluí en este libro por ser uno de los productos naturales que mayor bienestar puede traernos, un auténtico regalo que nos da el universo. Contiene aceites esenciales como el limonelo, oleico; ácido ascórbico y gingerol, este último es lo que le da su sabor picante. Tiene vitaminas B y C, además de calcio, fósforo, aluminio y cromo. Es rico en aminoácidos y antioxidantes.

Entre sus múltiples beneficios para el organismo cabe mencionar que cura molestias estomacales, al igual que náuseas y mareos, lucha contra el envejecimiento celular y es un magnífico antiinflamatorio. Alivia dolores de cabeza fuertes como la migraña, pero sobre todo es de gran ayuda para eliminar el estrés.

La mejor forma de tomarlo es rallándolo o en cuadritos para hacerte un té. Lo recomiendo plenamente, pruébalo.

¿Cómo ayudarle en su dolor?

No solo sentimos dolor cuando nos pasa algo directamente, como una separación o una pérdida, también nos duele ver sufrir a alguien que amamos y muchas veces no sabemos qué hacer o decir para ayudarle. Pensamos que le harán bien frases como *lo siento mucho* o *pronto pasará*, pero no es así, al contrario, porque no *sentimos* lo mismo que la otra persona ni *pasará* tan rápido su pena.

Una de las primeras cosas por hacer es aprender a contener a la persona, abrazarla, que sepa que estás ahí con ella y que no piensas dejarla. Alguien en duelo poco escucha, pero es necesario decirle que por el momento atienda su dolor, que lo saque, porque solo así cesará. Hay que ayudarle a romper las asociaciones mentales ligadas a su dolor, diciéndole que son cosas totalmente distintas; facilitarle poco a poco el nuevo acomodo que le causa angustia y tensión en su vida.

Aunque la persona esté muy dolida, se le debe preguntar si realmente podrá vivir sin la persona que murió o de quien se separó. Decirle que la verdadera muerte de un ser querido es el olvido, no la muerte del cuerpo. Pídele que lo hable, que no se lo calle, que no se lo guarde, porque eso a la larga le afectará mucho más. Si se enoja, es parte del duelo que está viviendo.

Son mis consejos como tanatólogo, y aunque el dolor lo sufre cada quien en diferente forma, considero que esta es la mejor manera de apoyar.

Cuando tienes tu periodo

Este tip es especial para mujeres porque, a pesar de que los hombres también sufrimos cambios hormonales al mes, no son tan drásticos como los de una mujer. Cuando las mujeres están en sus días, las hormonas afectan su estado emocional, se sienten tristonas, sin ganas de hacer nada, cansadas, adoloridas y es un malestar que sufren durante años hasta que llega la menopausia, pero la pregunta es, ¿por qué?

Un estudio realizado a mujeres entre 22 y 35 años, por medio de una resonancia magnética en el cortex orbitofrontal (área cerebral que regula las emociones) para medir sus reacciones antes y después de su periodo, reveló que uno de cada cinco días antes de éste esta zona del cerebro muestra mayor actividad. Médicamente queda claro que sufren un desbalance hormonal.

El psicoanalista Eduardo Quijano comenta que los humanos viven con un 70% de su atención fuera del cuerpo y un 30% hacia dentro de éste. Durante la regla hay un cambio de porcentajes: su atención hacia fuera del cuerpo pasa a 40% y 60% hacia dentro. Esto hace a las mujeres más vulnerables a sus sensaciones físicas y emocionales.

Te recomiendo distraer la atención de tu cuerpo y entretenerte con otras actividades, como ir al cine, salir con tus amigas y evitar emociones fuertes para regular los porcentajes de atención a tu cuerpo.

Estírate como perro

Muchos de los problemas en cuanto al estrés es que los seres humanos no estiramos el cuerpo al despertar, si tienes mascota habrás observado cómo siempre lo hacen y, aunque no tengan conciencia de los beneficios de sus estiramientos, los disfrutan mucho.

Cuando dormimos quedamos en un largo periodo de inactividad, el cual produce toxinas en el cuerpo manifestadas en la rigidez matutina. Si nos estiramos, logramos liberar esas toxinas del cuerpo ayudándonos así a tener una mejor circulación y, por lo tanto, movimientos más ágiles, pensamientos más claros, mayor energía para todo el día, etc. Por ello, a partir de hoy hagamos movimientos como los perros o gatos.

Primero, mientras sigues acostado estira tus brazos y luego tus piernas, luego espalda y pies. Descansa por un minuto. Después de levantarte, debes desperezarte moviendo todo el cuerpo.

Con esto te sentirás mucho mejor y no te quita tiempo. Inténtalo diariamente y notarás la diferencia. Tu cuerpo te lo agradecerá.

Estrés, ansiedad y tensión

¿Estás estresado? ¿Tenso? ¿O tienes ansiedad? Cuántas veces decimos alguna de estas palabras, ¿pero conoces la diferencia entre cada una?

Conocer tu estado interno real te ayuda a tener la respuesta acerca de cómo manejarlo.

Por eso este día vas a conocer la diferencia entre cada término.

Estrés: es cuando tienes que hacer una tarea y no crees tener la capacidad o los elementos para llevarla a cabo a tu entera satisfacción; por ejemplo, realizar un trabajo escolar, aprobar un examen, una presentación laboral. No te exijas demasiado, aporta lo que esté en ti y duerme profundamente.

Ansiedad: estado de nerviosismo del cual participan la mente y el cuerpo. Por ejemplo: cuando nos preocupa no saber dónde se encuentra una persona. Esto se libera con respiraciones y con tés de valeriana o de azahar y lavanda.

Tensión: es una actividad física que se genera con base en expectativas exageradas de resultados; por ejemplo, una competencia deportiva. Con un buen masaje corporal o con medicamentos para dolores musculares obtienes efectos positivos.

Espero que ahora sepas cuál es tu padecimiento más frecuente.

Distorsión

La distorsión son deformaciones de imágenes, sonidos o señales durante su propagación. Se trata de un problema latente en algunas personas y lo más común es que distorsionen su propia imagen. Esto es un grave problema en quienes padecen anorexia, pues se creen gordos cuando en realidad están raquíticos. Este es un caso de distorsión en grado extremo, pero todos padecemos un poco de esto, sobre todo cuando nos sentimos inseguros las distorsiones de la realidad se disparan.

¿Alguna vez te has visto gordo y todo mundo te dice que estás bien? ¿Al verte en un espejo dices qué feo estoy? Este tipo de distorsión es creada por tu mente, no es real. Por ello, uno no debe de confiar en lo que el espejo o la mente te dice, ya que pueden traicionarte.

Pero eso no es todo, la distorsión ocurre también cuando vemos sucesos a lo lejos y pensamos cosas que no son, como ver a tu pareja hablando con una mujer en la calle y de inmediato piensas que te está pintando el cuerno.

El consejo que te doy el día de hoy es que no te dejes llevar por las visones que produce tu mente porque pueden ser distorsiones, primero que nada asegúrate de qué se trata, no caigas en falsas sospechas que te atormenten inútilmente.

No compares

¿Sabías que uno de los principales problemas de autoestima se origina por comparar?

Estás en una permanente observación de las personas de tu entorno, empezando por tu familia, luego tus amigos o colaboradores de trabajo, creando una competencia constante.

Esto no te lleva a nada bueno porque te acostumbras a clasificar a los que crees están arriba de ti: el que gana más, el más guapo, el más inteligente, el más exitoso, etc. Esta actitud crea envidias en ti, celos, coraje y dejas de vivir tu vida porque comparar casi siempre te situará en menor escala que alguien más. Igual ocurre al revés, piensas que eres mejor que alguien X y te inflas de placer; entonces, ¿por qué y para quién son tus logros? ¿Para ti o para los demás?

Deja de voltear a ver al vecino porque vas a sufrir mucho, mejor ve tu vida y ámala como tal, a la larga comparar te hará perder. Un consejo: cuando empieces a comparar, solo piensa en las cosas que tú tienes, en las personas que amas y que te aman y di:

Yo me amo como soy y admiro la vida que tengo,
admiro mi camino y me siento satisfecho con mis decisiones,
me queda un futuro por construir y un pasado para agradecer.

Después de haber dicho esto, piensa en una pared blanca, y pronto se te quitará la sensación de envidia y comparación.

Color blanco

El blanco es imaginativo, espiritual, depurador, perfeccionista, limpio, fresco, seguro, sanador, positivo, paciente, protector, sincero; el blanco es pureza, inocencia y mucho más...

Cuando vistes de blanco eres más optimista ante la vida, te ves más joven, te sientes más seguros de ti mismo, creas una sensación de independencia. La gente te ve como un ser noble, transparente, sin problemas, que inspiras confianza, irradias buena salud y transmites una sensación de no ocultar nada, de impecabilidad.

Como cualquier otro color, el exceso en su uso tiene consecuencias y puede afectar en un nivel más profundo, obligándonos a ser perfeccionistas, a sentir culpas, emociones reprimidas, lágrimas que no podemos sacar. Si te aferras al blanco debes descubrir por qué lo haces, qué hay dentro de ti que es necesario liberar; obsesionarte por el blanco indica que temes perder el control.

En cuanto a los alimentos, hay tantos blancos, pero principalmente se le asocia a los productos lácteos, que por su contenido de calcio fortalecen nuestros huesos.

Hoy vístete de blanco.

Todo o nada

El ejercicio de hoy es muy simple, se le llama *todo o nada*. Tienes que responder las siguientes preguntas con un *todo* o un *nada*; si no existe absolutamente nada en tu vida acerca de determinada pregunta, entonces pones *nada*; si tienes aunque sea un mínimo relacionado con la pregunta, contestas *todo*. Escribe tus respuestas. Comenzamos:

¿Tienes amor en tu vida?
¿Tienes buena salud?
¿Tienes pareja?
¿Te has enamorado alguna vez?
¿Tienes trabajo?
¿Ganas dinero?
¿Tienes amigos?
¿Eres feliz?
¿Eres infeliz?

¿Sientes miedo?
¿Sientes coraje?
¿Sientes emoción por algo?
¿Tienes sueños a futuro?
¿Has realizado sueños en tu vida?
¿Te gusta algo de tu físico?
¿Has salido adelante?
¿Te han lastimado?
¿Has perdonado?

Si la mayoría de tus respuestas fueron *todo*, significa que tu vida es abundante y la abundancia indica que estás lleno de oportunidades para salir adelante y, sobre todo, estás lleno de vida.

Si en la mayoría respondiste *nada*, entonces es importante revisar por qué te sientes así, busca ayuda de tu familia y de alguien profesional que pueda orientarte.

293

Noventa y nueve monedas

Había una vez un rey muy triste que no lograba entender por qué su sirviente, a pesar de vivir con ropa vieja y sobras de comida, era el más feliz.

El rey mandó llamar a uno de sus sabios para preguntarle por qué su sirviente era tan feliz. El sabio contestó:

—Es que vive fuera del círculo.

—¿Cuál círculo?

—El círculo 99. Para demostrártelo debemos hacerlo con él, pero ya no será feliz.

El rey contestó:

—No me importa, quiero que entre al círculo.

El sabio le pidió 99 monedas de oro al rey, quien sorprendido accedió. En la noche fueron a casa del sirviente y por la ventana lo vieron feliz, cenando con su familia. Dejaron las monedas, tocaron a la puerta y corrieron a esconderse.

El sirviente abrió y vio las monedas. ¡*Wow*, era el hombre más feliz del mundo con todo ese dinero! Emocionado, lo contó para descubrir que eran 99 monedas, de seguro había una más que se cayó en algún lado. La buscó desesperado, sin hallarla; culpó a la esposa, pero ella no sabía nada. Entonces, decidió trabajar dos turnos al igual que su esposa, pues creía que teniendo 100 monedas de oro sería rico y se sentiría completo.

Con tanto trabajo dejó de ver a sus hijos, no dormía y llegaba de mal humor y contestón con el rey. Hasta que un día el rey lo corrió por su mala actitud.

Moraleja: siempre esperamos más y nunca es suficiente, por lo tanto, la felicidad siempre se espera y nunca llega, no entres al círculo.

Mi trabajo esperado

El esfuerzo y la tenacidad siempre podrán darte el trabajo que buscas, pero muchas veces necesitas un empujoncito... A este minihechizo se le llama psicomagia y les ha funcionado de maravilla a quienes se los he recomendado. Si estás buscando trabajo, sigue estos pasos:

Necesitas una hoja de papel en blanco. El ritual se hace con gotas de sangre, pero con tinta roja está bien; por lo tanto, lo que escribas debe ser con color rojo. Esperarás a que sea luna llena y cuando ésta se encuentre arriba de ti escribes en la hoja el tipo de trabajo que necesitas. Ya que lo escribiste, vas a romper la hoja en siete partes, primero a la mitad, otra vez a la mitad y así siete veces. Quedarán pequeños papelitos. Te diriges a un lugar donde el viento se los pueda llevar y dices estas palabras:

*Luna llena que mueves las mareas y las aguas, escucha
mi súplica: es necesario un trabajo que genere cambios en mí
para que pueda evolucionar como un ser
de la tercera dimensión, ayúdame a encontrarlo
y estaré agradecido eternamente.*

Al terminar, olvídalo y no vuelvas a pensar en eso para que así se libere de tu mente y se concrete. Dale un tiempo para que se logre.

Sacar conversación

Todo mundo te dice: *Conoce gente...* Como si fuera tan fácil.

Hay personas más tímidas que otras y les cuesta mucho trabajo sacar conversación. Es verdad que debemos obligarnos a hacerlo y qué mejor que con tus hermanos o amigos cercanos, ellos tienen conocidos que a su vez tienen otros conocidos y, de este modo, puedes iniciar nuevas relaciones, solo rompe con tu timidez (que es una forma de miedo) y estarás del otro lado.

No pienses en lo que van a decir de ti, de tu vestimenta, de tu peinado, piensa en que al evento que asistas encontrarás a alguien que te va a entender como nadie, o tal vez a la persona que esperas como pareja.

Okey, llegaste al lugar, todos se ven muy entrados en su conversación y te preguntas: *¿cómo me integro?* Lo primero que debes saber es que a cualquier persona le encanta que se interesen por ella. Elige a alguien, acércate y pregúntale algo de su ropa o qué está tomando, o dile que se te hace conocida (aunque no sea cierto), te preguntará: *¿de dónde?* Dile que de la escuela o de algún amigo. De seguro lo negará, pero ahí ya empezó la plática:

—*¿Entonces de quién eres amiga(o)?*

—*¿La(lo) conoces hace mucho tiempo?*

—*¡Qué padre! ¿Y dónde estudias o trabajas?*

—*Siempre me llamó la atención eso...*

Si es de pocas palabras, puedes decirle:

—*No hablas mucho, ¿verdad?*

Y si no le interesa, créeme que habrá alguien a quien sí le interese... ya tenemos el *No*, vamos por el *Sí*.

Abre tus alas

Esta vez haremos una meditación para esos momentos en que nos sentimos sin ánimos de nada o sentimos que en nuestra vida no pasa nada nuevo, o quisiéramos volar y escapar de donde estamos por un rato.

Busca un lugar tranquilo, cómodo, donde no te interrumpan. Siéntate y cierra los ojos. Relaja tu cuerpo, empieza por los pies, sube lentamente relajando cada músculo y órgano. Imagina que estás en la punta de una montaña, lo único que ves son muchas nubes a tu alrededor. De pronto, sientes que de tu columna vertebral salen dos alas enormes de un color que te encante y se extienden con mucha fuerza. Si piensas en moverlas, se moverán, cualquier instrucción que les des la harán.

Ahora extiéndelas y ponte en la orilla de la montaña porque vas a volar con tus alas. Si te sientes inseguro, intenta volar en tu mismo espacio; cuando sientas que es el momento, lánzate... Al aventarte hacia el precipicio sentirás la libertad total entre el viento abrazando tu cuerpo. Conoce los paisajes, ve a otros países, a otros mundos...

Cuando consideres que debes regresar a la montaña, inhala profundo y abre los ojos. Estírate poco a poco. Eso es todo.

Cada vez que creas que es momento de volar, ¡abre tus alas y vuela con toda intensidad!

Canciones que transforman

Como hemos mencionado en otra sección, hay canciones cuyo efecto inmediato es de relajación, también ayudan a inspirarte y hasta te pueden cambiar la vida. Quiero proponerte una lista de canciones que han transformado a muchas personas, búscalas y reúnelas en un disco... seguramente en ti también producirán un efecto súper positivo.

En español:

Color a esperanza, Diego Torres
Bonito, Jarabe de Palo
Vive, Kabah
Vive, Napoleón
Mi primer millón, Bacilos
Gracias a la vida,
  Mercedes Sosa
Waka waka, Shakira
Sale el sol, Shakira
Luz y compañía, Fidel
Coco loco, Daniela Romo
Celebra la vida, Axel
Tiempos de amor, Musical Rent
Cuando pienses en volver,
  Pedro Suárez Vértiz

En inglés:

Bad Day, Daniel Powter
Don't Worry be Happy,
  Bobby Mc Ferrin
Beautiful Day, U2
Shiny Happy People, REM
High, Lighthouse Family
Wear Sunscreen,
  Baz Luhrmann
Return to Innocence, Enigma
Move Along, The All Amercian
  Rejects
Club can't Handle Me, David
  Guetta (con Florida)
Running, Eliane Elias
Fireworks, Kathy Perry
The Middle, Jimmy Eat World
All You Need is Love,
  The Beatles

Tu primer amor

La primera vez que te enamoraste, correspondido o no, está grabada en tu cerebro. Por medio de este ejercicio vamos a hacer que llegues a ese momento y tu cuerpo vuelva a experimentar todas aquellas sensaciones con esa persona. Se trata de que comprendas que la forma de amar nunca muere y que muchas veces la escondemos por miedo, pero ahí sigue viva esa llama ilusionada de nuestro primer amor.

- ¿Cuántos años tenías cuando conociste a esa persona?
- ¿Cómo era él(ella)?
- ¿Qué te hacía sentir?
- ¿Cómo era el amor que vivía en ti en esos momentos?
- ¿Qué sucedió al final?

Ahora vamos a ver qué tanto se ha modificado ese amor en ti:
- ¿Cómo amas ahora?
- ¿Qué sientes ahora?
- ¿Cuál amor te traía mayor ilusión, el de tu pasado o el de tu presente?
- ¿Qué tanto ha cambiado tu forma de pensar acerca del amor?
- ¿Prefieres tu forma actual de amar o haber seguido como en tu primer amor?

Después de responder a esto, si tu amor del pasado tiene más brillo que el de ahora es porque has reprimido tu ilusión con miedos y dejaste de creer en él. Lo padre de este ejercicio es que te enseña que existe la posibilidad de recuperar ese amor que vive dentro de ti, solo tienes que creer de nuevo en él. Vívelo así y serás más afortunado.

Tu mentor

La confesión en la religión católica ayuda a mucha gente a liberar su dolor y sus penas. La psicología ofrece otra forma para externar nuestros problemas y encontrar respuestas que nos ayuden a vivir. Existen consejeros espirituales a quienes podemos hablarles de nuestro sentir y nos proponen estrategias para alcanzar una mejor forma de vida.

La sociedad nos ha inculcado que pedir este tipo de ayuda significa que estás loco porque no consigues resolver tus problemas tú solo. Pero la realidad es que todos necesitamos un consejero que nos haga ver nuestros problemas desde otra perspectiva que nos aporte objetividad y alternativas.

Tal vez tengas a un amigo, un familiar o tu pareja con quien desahogarte, pero estas relaciones tan cercanas conllevan vínculos que pueden influir no tan positivamente en los consejos que te den. Por ello es necesario tener un mentor que te guíe y que de preferencia no sepa nada de ti para que sea lo más ecuánime posible.

Este día mi consejo es que busques ese apoyo, no tienes que estar súper mal para acudir con alguien, con que solo tengas algo que contarle te dará mayor claridad. Puedes elegir un psicólogo, un maestro, un guía espiritual, no importa quién sea. Existen muchas oportunidades allá afuera para descubrir al mentor indicado.

¿Cómo es la vida de los demás?

¿Alguna vez te has preguntado cómo es la vida de tal o cual persona? Esta es una forma de no solo pensar en ti y para que sepas un poco más acerca de otras personas. Con esto también puedes despertar tu clarividencia, ya que activas tu intuición y tu capacidad de descifrar a quienes tienes cerca. Además, puede ser muy divertido.

La idea es ir a un café, un parque, un centro comercial, sentarse a observar a las personas que pasan y crear sus historias a partir de preguntarte: ¿a qué se dedica? ¿Tiene hijos? ¿Pareja? ¿Vive lejos? ¿Es reconocido en lo que hace? ¿Necesita ayuda? Todas las preguntas que se te puedan ocurrir respóndelas intuitivamente, imaginándote sus vidas.

¿Cambiarías tu vida por la de tal persona? ¿Y si fuera así, te gustaría quedarte en su vida para siempre? ¿Extrañarías algo de la tuya?

Como podrás darte cuenta, es un ejercicio por medio del cual vemos lo que queremos ver.

Pero esa es la ley de la vida, uno ve lo que quiere ver.

¿Tú qué es lo que estás viendo en los demás?

Gente positiva

Una de las mejores formas de salir adelante es juntándote con gente positiva.

Se dice que el dinero compra todo lo que quieras, hasta grandes amistades, pero no es cierto, te sentirás rodeado de gente pero no de amistades verdaderas. Nos la pasamos tratando de conseguir dinero para halagar a los cuates, pero eso no nos traerá gente valiosa, verdaderos amigos. Ser millonario no te garantiza la lealtad de un buen amigo.

Para saber qué tipo de gente positiva necesitas encontrar, debes tener en claro qué tipo de gente te gusta; idealmente, personas alegres que siempre ven el lado bueno de las cosas, que te hacen reír, que te escuchen y te den el consejo perfecto; y desde luego, tú corresponder de igual modo.

Pero ojo, cuando tratas de buscar en la gente cierto nivel de conciencia, siempre vas a atraer a tu similar. Por ejemplo, las personas positivas siempre son honestas, ¿tú eres honesto? Son leales, ¿tú eres leal? Preguntarte a ti mismo sobre los valores que buscas en otros es una magnífica estrategia para hallar gente positiva.

Último punto: si quieres encontrar personas positivas, necesitas verte como una de ellas. Vístete bien, come sano, camina con seguridad con el pecho levantado y los hombros para atrás.

Con estos consejos podrás rodearte de gente positiva, pero más que eso, de personas con las que contarás para siempre.

Camina sonriendo

Esta vez vamos a hacer un ejercicio físico para estimular las endorfinas en el cuerpo y liberarnos de todo tipo de angustias y estrés: caminar sonriendo 30 minutos diarios. Menciono varias de las enormes ventajas que trae esta práctica a tu bienestar físico y mental:

- Oxigena tu organismo, acelera tu metabolismo y tonifica tu cuerpo.
- Evita problemas del corazón.
- Mejora el estado emocional de personas con depresión.
- Fortalece tus músculos, ligamentos, huesos y articulaciones.

Según un estudio realizado por la Escuela de Medicina Feinberg, de la Universidad Northwestern de Chicago, caminar tres veces por semana detiene el avance de la enfermedad arterial periférica, siendo este uno de los padecimientos más comunes en las piernas de personas maduras.

¿Y por qué sonreír? En el tip número 5 te hablé de los beneficios de sonreír, ¿te acuerdas? Si juntas caminar y sonreír, olvídate, ya la hiciste... tendrás muchos beneficios en poco tiempo.

El día de hoy te propongo que camines sonriendo en un parque o por donde quieras durante 30 minutos, y si te gusta, hazlo todos los días o por lo menos tres veces a la semana.

¡Libera endorfinas para sentirte feliz!

¿Eres Yin o Yang?

La antigua filosofía china habla de un principio fundamental: la dualidad de todo lo existente en el universo. Mujer-hombre, blanco-negro, día-noche, arriba-abajo, etc. Yin es el principio femenino, Yang el masculino, y están contenidos los dos en uno, aunque el ser humano vive más en uno que en otro dependiendo de la estructura emocional y mental de cada quien, lo que suele causar desequilibrios.

Saber de cuál lado de la moneda vives te ayudará a descubrir las cualidades que te hacen falta y necesitas reforzar para que encuentres el equilibrio perfecto. Porque esa es la idea central de la realización espiritual: llegar a un equilibrio. Aquí te menciono algunas de las características de cada una de estas fuerzas universales.

Yin: sensible - negativo - luna - quietud - inhibición - inactividad - artista - pasivo - débil -conservador - crecimiento - femenino - noche - delgado - concreto - blanco - frío blando - abajo.

Yang: arriba - ascenso - día - claridad - rapidez - masculino - gordo - abstracto - movimiento - excitación - actividad - funcional - defensivo - externo - fuerte - positivo - racional - sol - duro.

Después de leer las cualidades de Yin y Yang, la idea es que cuanto antes te pongas a trabajar en las que consideres que fallas o te faltan.

La visita de las siete casas

Hoy es día de visitar a las personas que más te importan, y si no puedes ir hoy, espera al fin de semana para hacerlo.

La historia de la visita de las siete casas dice que si vas a visitar *siete casas* a las *siete* de la noche un día *siete* del mes se cumplirán tus sueños; además, las ninfas te proporcionarán talentos y dones para fortalecer tu espíritu.

Estas son las instrucciones de lo que debe hacerse:

- A la primera casa que visites lleva algo de alimento; esta casa te traerá salud a ti y a los tuyos.
- A la segunda casa debes llevar un compañero; ésta, a cambio, te brindará compañía siempre.
- A la tercera casa lleva monedas y tendrás fortuna.
- A la cuarta casa lleva un trébol de cuatro hojas, si no lo consigues, lleva uno de tres. Te ofrecerá suerte.
- A la quinta casa llega con flores, a cambio recibirás belleza.
- A la sexta casa lleva algo de papelería y tendrás trabajo.
- A la séptima casa debes llevar un amuleto o un símbolo espiritual, como una cruz o algún objeto que para ti represente fe; obtendrás protección y cuidado.

Pueden ser las casas de familiares y amigos. Es una dinámica muy entretenida que te permite recibir a cambio cosas que deseas.

Perdónate

A lo largo del libro has conocido varias formas de liberar emociones y sentirte mucho mejor, pero la tarea de hoy, una de las más importantes, es perdonarte.

Nos enseñan que debemos perdonar a los que nos ofenden, a quienes nos lastiman o nos engañan o nos traicionan. Y con el paso del tiempo y aceptación, perdonamos; pero, ¿te has perdonado a ti mismo?

Identifica situaciones de tu vida en las que te has enojado contigo o algo que hayas hecho que te haga sentir coraje hacia tu persona. Son cosas inevitables e irremediables, y quisiéramos regresar el tiempo y callar nuestras palabras o evitar nuestras acciones, pero ya no hay vuelta de hoja. Lo hecho, hecho está. Lo que debes hacer es no seguir martirizándote con algo que no se va a reparar.

Ámate tanto por las acciones que te enseñaron a crecer como por las que te mostraron tu dolor, porque todas son parte de ti. Repite estas palabras:

Me perdono por todo lo que hice y por lo que no hice,
me amo profundamente y decido respetarme
y valorarme hoy y siempre.

Te sentirás mucho mejor.

Ley del Karma y Dharma

El Karma es la ley de compensación, de acción y reacción, (con la vara que mides, te medirán) y el Dharma es la ley de retribución.

Ahora aquí viene lo extraño y a la vez magnífico, que esto no necesariamente ocurre en esta vida, sino que pudo haber sucedido en otra reencarnación (encarnación del alma en un nuevo cuerpo) o, digamos, en una vida anterior. Se trata de una creencia específica de las doctrinas hinduistas y budistas.

Por lo tanto, si en alguna vida anterior causaste daño conscientemente, tendrás un karma, o sea, de alguna manera pagarás por ese daño en esta o en otra vida. En pocas palabras, lo que hagas, tarde o temprano, se te regresará. Esa es la ley del Karma.

El Dharma es lo que debería de ser, es lo que sustenta la vida de una persona y la mantiene en el curso debido. Por ejemplo, decir la verdad en vez de mentir es Dharma. Si construyes tu vida a través del Dharma superarás los desafíos y amenazas que se te atraviesen.

Entonces, si haces daño creas un Karma; si haces lo correcto ganas un Dharma. Son leyes naturales en las cuales no podremos intervenir.

La fuerza interior

Cuando hablas de ser una persona centrada o ubicada estás hablando de una fuerza. Esta fuerza es energía pura, es un sol que nunca se extingue, accesible para todos, ¿y sabes por qué? Porque se encuentra dentro de ti.

Para que esta fuerza se manifieste, lo único que necesitas es cerrar los ojos y mantenerte en silencio; pones tus manos en el estómago e inhalas profundo. Al exhalar, percibe el poder o la luz que se enciende dentro de ti; hazlo continuamente hasta que sientas el poder de esa fuerza.

Todos los proyectos que surgen o se crean nacen de esta fuerza, todo aquello que en un principio veíamos tan complicado, pero logramos salir adelante, es gracias a esa fuerza. Por ello, necesitamos hacernos conscientes de esta fuerza y conectarnos con ella para recibir su poder.

Ya sea para comenzar un nuevo proyecto, vencer un obstáculo difícil, cerrar algún ciclo o remediar una situación vergonzosa por la que atravieses, si estás lastimado o lo que sea, conéctate con tu fuerza interior y encontrarás la respuesta y el ánimo para superar el momento.

Sé un héroe

A través de los tiempos, los héroes han sido hombres y mujeres que conquistan victorias. Antiguamente, pelear contra los malos o salvar a una persona te hacía un héroe. Hoy, los héroes son personas que ganan batallas combatiendo enfermedades, quienes han perdido una parte de su cuerpo y lo superan, quienes cuidan y ayudan en todo momento al prójimo. La madre Teresa de Calcuta es un ejemplo de heroísmo en nuestro tiempo.

Hay miles de casos que nos enseñan que en la vida existe mucho más que solo quejarnos. A pesar de pérdidas o separaciones, de enfermedades o dolor, hoy te encuentras leyendo este libro. Lo grande de esto es que todos somos héroes, pero no lo sabemos. Una de las formas más bonitas para descubrir a ese héroe que eres es mirar tu historia y ver de cuántas cosas has logrado salir adelante.

En lo personal, puedo decirte que tuve hipoglucemia y me desmayaba, se me bajaba la presión constantemente y tuve que cambiar mi estilo de vida y mi alimentación para estar bien, fue un año muy complicado, pero salí adelante, logré superar la enfermedad y hoy me considero un héroe.

Ahora tú dime, ¿qué ha pasado en tu vida para considerarte un héroe?

Trabajador compulsivo

Existen personas que por más que buscan trabajo no lo encuentran, tal vez porque no quieren encontrarlo; existen quienes tienen trabajo pero huyen de éste cada vez que pueden; existen los que están satisfechos con su trabajo y también con su vida personal; y existen los trabajadores compulsivos, de quienes hablaremos hoy.

El trabajador compulsivo es el que trabaja desde la mañana hasta la noche, en sus horas libres sigue metido en cosas del trabajo, duerme poco y mal, solo piensa en su trabajo. Casi no tiene vida social ni vacaciones. El dinero no es tan importante como estar ocupado; por lo general tiene problemas de pareja y difícilmente se relaja.

Todo en exceso daña nuestro cuerpo y nuestro entorno, y esta no es la excepción; se dice que el trabajador compulsivo huye de su vida personal porque no sabe cómo vivirla y ha perdido el interés en ella.

Hoy recibe estos tips para darle equilibrio a tu vida:

- Pregúntate a qué le temes.
- Planea un estilo de vida como si fuera un proyecto laboral.
- Estudia a las personas que tienen equilibrio entre su vida personal y su trabajo.
- Incluye en tu agenda una actividad para después de trabajar, un curso, ejercicio…
- Dosifica tu tiempo sin temor a perder oportunidades.
- Sé más tolerante.

Vampiros energéticos

Estás en una junta y, de pronto, empieza una discusión; de la nada, te sientes cansado, te duele la cabeza, los ojos, etc. ¿Te ha pasado? Significa que estás en una guerra de poder energético y el que vence, gana la energía.

Barbara Ann Brenan explica claramente que cuando las personas discuten arriba de sus cabezas se crean esferas de energía que pelean entre ellas. El que va ganando, poco a poco chupa la energía de los demás, quienes van sintiendo cansancio físico. El ganador queda muy alterado por el exceso de energía chupada y los otros muy agotados.

Esto ocurre en una discusión, pero hay gente que todo el tiempo roba la energía de los demás, se les llama vampiros energéticos. Son pesimistas, retadores, se enojan fácilmente, te hacen sentir culpable, discuten por todo, te chantajean.

Lo que debes hacer ante un vampiro energético o en una guerra de poder es cerrar los ojos y mentalmente crear una esfera de luz para proteger tu energía y tu cuerpo, diciendo estas palabras:

Esfera de luz, cuida mi energía de todo vampiro energético
y no formes parte de la discusión.

Si te retan, no les alegues, dales por su lado o quédate callado, esto cortará instantáneamente el robo de energía y la persona se quedará callada o se retirará.

Dios camina contigo

Este es un relato que se cuenta acerca de Dios.

Caminaban cotidianamente un hombre y Dios por la playa, se veían con toda claridad las cuatro pisadas en la arena.

Un día, el hombre tuvo una crisis, perdió todo; en esos momentos sintió que ya no podía seguir más... En la arena solo podían verse dos huellas, y no cuatro.

El hombre atravesó por ese momento difícil y se volvieron a ver las cuatro pisadas.

Triste, molesto y decepcionado de Dios, el hombre le preguntó:

—¿Por qué en el momento más difícil de mi vida, en la etapa que me iba a perder en el camino, no estuviste conmigo, solo estaban mis dos pisadas en la arena?

A tal pregunta, Dios le contestó:

—Siempre he estado a tu lado, siempre te he cuidado, y aquellas dos pisadas en la arena no eran tuyas sino mías. Yo te cargaba.

Es una historia muy cierta, sin importar cómo lo imagines, Dios siempre está para ti, aunque él no cambié el curso de las cosas, si lo buscas siempre te escuchará.

¿Cuántas veces nos va fatal y nos enojamos con Dios?

Tu problema era inevitable, pero él te estaba cargando.

Momentos de pánico

Hoy quiero darte recomendaciones para aquellos momentos de pánico en que te sientas desesperado.

El ataque de pánico es un trastorno de ansiedad generado por agotamiento físico y emocional. Y cuidado, porque el cuerpo se vuelve susceptible a enfermedades de tipo nervioso.

Los síntomas de una crisis de pánico son sudoración, dificultad para respirar, estrechez en la garganta, hiperventilación, escalofríos, sentido de muerte inminente, mareo, náusea, dolor de cabeza y pecho, calambre abdominal. Si te hallas en este caso extremo, mejor ve con un doctor que te lo controle, porque es controlable. Pero si nada más te sientes alterado, te aconsejo esto:

- En vez de enojarte, usa esa energía a tu favor, ya que tu cuerpo está más sensible al entorno, aprovecha esa percepción para sentir la vida positivamente.
- No te presiones ni te asustes, es algo que puede resolverse.
- Respira profundamente y exhala.
- Crea en tu mente un espacio de paz adonde vayas cuando te sientas ansioso, como un bosque, una playa, un lugar pacífico.
- Relaja tu cuerpo y tu mente, di para tus adentros: *Todo está bien*.
- Acuéstate unos minutos y cierra los ojos, sentirás calma.

Sé tú mismo

Si haces lo que todos hacen, terminarás siendo como los demás. La diferencia de lo ordinario a lo extraordinario es ese pequeño extra.

Cuando nos preocupamos mucho por lo que puedan decir los demás, nos atamos a una forma de ser poco auténtica porque la sociedad siempre busca que todos sean como borregos, y si hacemos caso, perdemos nuestra identidad. ¿Por qué tenemos que hacer lo que todo mundo hace, o lo que la sociedad dice que se debe hacer? ¿Por qué somos ordinarios?

Una persona extraordinaria es aquella que sobresale no por sus logros sino por aceptarse como es; y aceptarnos como somos es algo de lo que sí debemos abusar porque nos hará brillar como seres independientes. No hay que ser "del montón", como vulgarmente se dice, alejémonos de lo ordinario, busquemos lo extraordinario. Tratemos de ser originales.

Es bueno escuchar consejos, pero si los adoptas tiene que ser por decisión propia. Encuentra tu forma de expresarte ante la vida y conviértete en una persona extraordinaria.

No te rindas

Hay momentos para rendirse y momentos para no hacerlo; esta vez, lucha y no te rindas. Sé que te desesperas, sobre todo en momentos críticos, todo lo ves mal y sientes que no solo te llueve sino que te truena y relampaguea. No ves el fin de las adversidades y te sucede una cosa tras otra.

A mí me enseñaron que cuando nos pasan tantas cosas tan seguido es porque estamos cambiando de piel, estamos viviendo un cambio y necesitamos afrontarlo. No es algo que te mate, ¡pero, ah... cómo molesta!

Voy a exigirte que no te rindas, te tienes a ti y a gente que te quiere y por la que vale la pena vivir la vida; no te rindas porque sé que en algún momento sacarás provecho de todas tus caídas; no te rindas porque no te han derrotado, sigues en pie; no te rindas porque no necesitas tanto, lo que hoy tienes es suficiente.

Descansa y no permitas que tu mente te haga daño. Apóyate en quienes amas, no eres el primero ni el último en sentir desesperación y dolor, todos podemos salir adelante.

No te rindas hoy, no; sé fuerte.

De qué estamos hechos

Todos llevamos dentro una personalidad, un temperamento, un carácter y una esencia, ¿pero cuáles son las diferencias entre estas cuatro palabras?

> *Temperamento:* es la intensidad con que reaccionas emocionalmente; es el área dominante del humor y la motivación; tiene que ver con el sistema nervioso. El temperamento bajo ninguna circunstancia cambia, es tu primera reacción. Por ejemplo: un vaso con la mitad de agua, alguien lo ve casi lleno; otro individuo lo ve medio vacío; otros más, lo ven medio lleno o casi vacío.
>
> *Carácter:* cúmulo de reacciones y hábitos de conducta que a través de los años te hacen un ser individual. El carácter puede cambiar, es el caso de la gente que cambia; por ejemplo: *Antes era un flojo y no quería trabajar, ahora trabajo por necesidad y mejoró mi estilo de vida.*
>
> *Personalidad:* son tus pensamientos, percepciones y comportamientos arraigados y estables. Hay un debate sobre si puede o no cambiarse; por ejemplo: cambiar de religión, aunque esto no necesariamente cambiaría la personalidad de alguien.
>
> *Esencia:* las características con que naces están en tus genes, por lo que son invariables y permanentes. Tu esencia definitivamente no cambia porque está arraigada en tu alma; por ejemplo: si siempre fuiste soñador, en mayor o menor grado seguirás siéndolo toda tu vida.

Es importante que sepas lo que puede cambiar de ti y lo que no; identifica tus rasgos personales, te ayudará.

Crea un amuleto

Te recomiendo llevar siempre contigo un amuleto porque necesitas todo lo que te ofrece: protección, amor, estabilidad, etc. Además, vas a crear el tuyo.

El amuleto que haremos este día es especial para traerlo en el coche o llevarlo contigo; sirve para proteger de accidentes a ti y a los tuyos.

En cinco costalitos de color morado vas a introducir estos ingredientes: ajo, avena, arroz, almendra, algodón, albahaca, anís, canela, clavo, eucalipto, hierbabuena, laurel, semilla de manzana, mirra y romero. Cada una de estas hierbas y especias tienen una poderosa vibración energética.

Ya que metiste los ingredientes en los cinco costalitos, los repartes entre las cuatro personas más importantes para ti, tú te quedas con uno. Vas a pedirles que un día del mes intercambien sus costalitos entre los cinco; harán esto durante cinco meses para que cada costalito quede impregnado con la energía de los cinco seres queridos. Cuando reciban el último costalito, cada quien le pone una gota de su perfume, ya que esto creará el vínculo personal.

Este amuleto es muy efectivo porque, al traerlo contigo, si algo le sucede a alguno de los otros cuatro, los demás lo van a presentir y así podrán ayudarle.

¿Cuál es tu misión de vida?

Esta es una de las grandes preguntas que se hace el ser humano: *¿cuál es mi misión?* Podemos recibir ideas de la astrología o la numerología, pero en realidad nada te dirá exactamente cuál es tu verdadera misión, puesto que está en ti descubrirla. ¿Cómo hacemos esto?

Uno debe buscar en su vida las cosas que le hagan más feliz porque, aunque no lo creas, todo tiene una razón de ser; por ejemplo, hay personas a las que les gusta trabajar en una oficina, otras prefieren valerse de su iniciativa y crear proyectos nuevos, hay quienes gustan de la música y quienes eligen las matemáticas.

Lo primero que debes comprender es que tu misión espiritual es ayudar a los demás con tus capacidades personales. Segundo, que aquello que hagas debe ser algo que engrandezca tu alma. Tercero, que sepas cómo hacerlo.

Tarea de hoy: visualiza un momento del pasado en que hayas sido muy feliz. ¿Qué estabas haciendo? ¿Estabas solo o en equipo? Al responder estas preguntas descubrirás tu verdadera misión en esos pequeños momentos de felicidad.

Tu misión espiritual va de la mano con esa misión de vida que no logras descubrir, pero a partir de ahora vas a encontrar la forma de llegar a ésta.

Di una mentira verdadera

Este ejercicio te va a servir para hacer más fuerte tu personalidad y sacar lo mejor de ti. Toma papel y pluma y escribe una carta llena de mentiras sobre ti, que te hagan ser demasiado increíble, no importa si son exageradas, al fin y al cabo son mentiras. Cuando termines de escribir, lee la parte siguiente.

Esta carta es una visión de lo que tú deseas ser, pero además es el principio de una realidad. A los seres humanos se nos complica ver todo lo que podemos lograr, por lo tanto la mente crea la fantasía para empezar a creer en ella a partir de la mentira, para darte cuenta de que eres todo eso y mucho más. Si en tu mente existe, entonces es una realidad. Claro que requieres decisión y compromiso para lograrlo, pero lo importante es saber que puedes serlo.

Pronto tus objetivos tendrán mayor claridad y podrás expandir tus posibilidades. Si no visualizas un mejor *tú*, entonces no puedes ver un *tú* en absoluto.

Un día imaginé que escribía libros y se sentía muy bien pensarlo, pero era solo un invento de mi cabeza. Hoy esos libros son una realidad.

No lo tomes personal

El maestro taoísta Chuang-Tzu nos enseña por qué no debemos tomar las cosas tan en serio.

Imagina que te encuentras teniendo un picnic en una barca rodeado de un río pacífico y tranquilo, de pronto un golpe voltea la barca y caes al agua; cuando sales, miras a una persona riéndose de ti como si disfrutara del mejor chiste, ¿cómo te sentirías?

Imagina el mismo escenario, pero ahora lo que te golpeó fue un tronco que iba pasando por ahí y volteó tu barca, ¿cómo te sentirías esta vez?

Si te das cuenta, en ambos casos sucedió lo mismo: se arruinó tu picnic y quedaste empapado. Si te lo tomas en serio, las sensaciones en el cuerpo son peores. Pero este es solo un ejemplo.

Nos tomamos personal el tráfico, cuando alguien llega tarde a la cita, cuando no se acepta una presentación tuya. Y todo es por tu culpa o para perjudicarte. Antes de tomarlo personal, cuestiona cuáles serían las razones de la situación que vives.

- Sé compasivo.
- No juzgues si no sabes.
- Relájate y respira profundo.

El *yo puedo* enfermo

El *yo puedo* es una intención con mucho poder para salir adelante de cualquier obstáculo; sin embargo, en numerosas personas su *yo puedo* está enfermo; ¿eso qué significa?

Que no crees poder hacerlo y antepones el *no puedo*. Para recuperar esa falta de fe en ti mismo, voy a darte unos consejos fundamentales:

- Ve por qué el *no puedo* está antes del *yo puedo*.
- No argumentes tus *yo puedo* a menos que sea necesario, esto puede llevarte a dudar.
- Observa las buenas intenciones en todo lo que piensas y en lo que puedes hacer.
- Ve las cosas con perspectiva y no con juicio.
- A partir de ahora sé positivo siempre.
- Si existen heridas del pasado, no creas que la vida ya no te herirá más adelante y, por lo mismo, acéptalas y tómalas como parte de la experiencia.
- La forma como se presenten las cosas siempre será distinta de lo que pensabas, por ello no pienses tanto.
- Ten fe, cada cosa que hagas tendrá su precio y su paga.
- Relájate porque en ti existe lo posible.

Simplifica tu vida

¿Cómo es que existen personas multiusos, verdaderos estuches de monerías que parecen tener todo el tiempo del mundo para hacer de las suyas? Lo que pasa con estas personas es que simplifican su vida y la mejor forma de hacerlo es siendo creativas.

Para empezar, debes eliminar todas las cosas que no funcionan y aletargan más tu tiempo, como por ejemplo estar indeciso sobre dónde vas a comer o si te metes a internet para ver quién anda en tu Facebook.

Ya que lograste agilizar el tiempo, ahora aprende a ser creativo, ¿y cómo? Combinando tareas en el día.

Reorganízate de tal forma que puedas hacer tres tareas en una; por ejemplo: tienes que entregar un trabajo pero quedaste con una amiga de tomar un café, además necesitas hablar con tu mamá. Le pides a tu amiga que te acompañe a llevar el trabajo, que ella maneje mientras hablas con tu mamá y terminan tomándose su café.

Como ves, intenta combinar tus actividades en el día y tendrás tiempo suficiente para lo que gustes. Otra forma es escribir una lista en la mañana de todas las pequeñas tareas que debes hacer y tratar de hacerlas todas a la vez. Es probable que se te revuelva la cabeza, pero te vas a divertir y lograrás que tu mente sea más ágil y más creativa.

La iluminación

Todos quisiéramos alcanzar la iluminación, pero no se trata de un lugar a dónde ir, tampoco se necesita tanto tiempo o tanta dedicación, ya que la iluminación llega en un momento inesperado. Cuando menos cuenta te das, tu ser ha sido iluminado. Y en verdad, iluminados somos todos; es más bien la activación de esa luz la que buscamos.

Debes hacer pequeñas cosas en tu día a día que te lleven a lograr esa iluminación, como meditar, hacerte realmente consciente de tus acciones, salir de la inconsciencia. Revisa cada parte de tu vida y toma conciencia del equilibrio que siempre debe haber entre mente y cuerpo, arroja luz a tu estado interno. Cuando hayas iluminado todo ese espacio, entonces llegará la iluminación.

Osho dice que cuando un hogar está completamente iluminado, entonces la vida será un milagro porque tendrá la cualidad de ser mágico. Lo mundano se transforma en sagrado y todo vuelve a tener un significado.

Descubre la iluminación por ti mismo y sal de la inconsciencia interna.

Que no te teman

Uno debe ser firme en lo que piensa, honesto y directo, pero sobre todo asertivo, sin necesidad de que la gente te tema. Sabemos que las cosas que hacemos tendrán consecuencias, por lo tanto, todos nuestros actos deben centrarse en el respeto. Tú no serás quien se convierta en hombre lobo y agreda al que se equivoque.

Las piedras son duras, pero aun así no les tenemos miedo.

Está comprobado que podemos sentirnos amenazados con provocaciones muy simples, aunque por lo general no las percibamos, como el tono de voz, las preguntas directas, cuando nos presionan, el movimiento de los ojos hacia arriba, un suspiro, un ash, un sarcasmo, etc., todo esto nos afecta internamente y eso al final nos aleja y confunde.

Piensa en lo benéfico que puede ser tener una persona que confía en ti y que se siente segura contigo.

Entonces considera tu volumen de voz, no hables fuerte, controla tu agresión, dales espacio a los demás, no les robes su espacio personal, sé confiable, aprende a decir las cosas, no hables tan rápido, se pacífico.

La pregunta es: ¿con quién te sientes más seguro, con alguien que te agrede o con alguien que es noble y honesto?

Evoluciona

Podemos darnos cuenta de que la mentalidad ha evolucionado en forma significativa a través de los años; antes la mujer no era valorada como lo es ahora, se legalizó el matrimonio gay, hay más relaciones interraciales y entre personas con grandes diferencias de edades. ¿Por qué? Para sostener la ciudad o el país donde se crían las nuevas generaciones.

El problema es que no todos están en el canal de la evolución y siguen apegados a tradiciones obsoletas que les inculcaron desde niños y hoy ya no son necesarias para evolucionar.

Pregúntate:

- ¿Amas a tu prójimo?
- ¿Aceptas su condición sexual y su forma de amar?
- ¿Cómo resolverías una situación similar si te llegara a suceder?
- ¿O si has estado en una circunstancia en particular cómo la resolviste?

El ejercicio del día de hoy es observar la evolución del amor y decidir si quieres evolucionar de acuerdo con ello o no. No censures a quienes tienen determinada forma de amar diferente de la tuya, no les niegues la posibilidad que la naturaleza les dio. Respeta a tus semejantes.

Tú mereces ser amado y respetado de igual forma que los demás.

Explota tus debilidades

Esta vez vamos a hacer un ejercicio para el cual necesitas un lápiz y una hoja de papel donde vas a escribir todas las debilidades que crees tener. Cuando termines, léelas y vuélvelas a leer todas las veces que sea necesario hasta que llegues al punto en que no te duela leerlas.

Ya que lo hayas hecho, salte de ti y ten una perspectiva distinta acerca de tus debilidades, ve en qué forma podrían beneficiarte todas ellas. Como bien sabemos, en todo existe una dualidad; intenta sacar la dualidad de tus debilidades, su positivo y negativo, lo más seguro es que encuentres unas magníficas herramientas para tu vida.

El miedo, por ejemplo, nos ayuda cuando nos encontramos en peligro; es tu punto de alarma y en momentos de tomar decisiones el miedo puede decirte por dónde está el camino. El enojo puede hacernos salir de un *shock*. La tristeza puede tocarnos fibras que nos hacen sentir vivos.

Piensa que cualquier debilidad tiene algo a favor, el chiste es acomodarlo en ese lugar donde te beneficie y no te agreda o te haga perder.

Acepta la muerte

Vive como si fueras a morir porque en verdad te vas a morir, a todos nos va a tocar. A veces pensamos: *Imagínate si me muriera.* Ok. Pues sí, te vas a morir, ¿qué piensas hacer al respecto?

Tenemos miedo de mencionar la palabra *muerte*, no vaya a ser que la atraigamos. En la sociedad nos han enseñado que la muerte es algo malo y, por ello, le tememos, ¿pero qué si decidimos abrazar y aceptar la muerte?

Para empezar, nos dejarían de perseguir sentimientos como el de que tenemos mucho que perder o que necesitamos tantas cosas para ser felices. Llegamos al final y nos vamos desnudos, ricos y pobres, hombres y mujeres, todos...

Piensa lo liberador que puede ser hablar de la muerte con naturalidad, de tu sentir, de tus inseguridades y quitarle el tabú, sería mucho más fácil cerrar ciclos, comenzar nuevos. Piensa que nuestro cuerpo dejará de existir, y aunque eso te produzca incertidumbre y ansiedad, a su vez te dará una sensación de libertad.

Algo positivo de cuando vamos a los velorios es que nos llega a todos ese momento de reflexión, nos damos el permiso de ser más vulnerables, de dejar nuestro ego en la puerta y enfocarnos en lo que verdaderamente vale nuestra vida.

Nadie me entiende

¿Alguna vez has sentido que no importa quién esté contigo, aun así te sientes solo e incomprendido? ¿Tratas de dar tu punto de vista y las personas no escuchan?

Esto no significa que te encuentras solo ni que toda la gente no te entienda, probablemente no cuentes con personas que tienen tus mismos intereses o que hayan vivido algo similar que les haga identificarse. De todas maneras, él no es tú y no sabe lo que tú sientes, y viceversa. Otra de las razones que te hace sentir incomprendido es porque tu ideología no es compatible con la de otros, y no trates de convencerlos, solo ofrece tu punto de vista y nada más.

No pierdas tu autenticidad con tal de ser parte de un grupo y tengas que ser como ellos.

Eres diferente y, por lo mismo, no trates de cambiar a los demás; de seguro habrá alguien en el mundo que te comprenda, tal vez no como lo has idealizado, pero al menos que esté dispuesto a escucharte. También intenta ser vulnerable y accesible a lo que los demás tienen que decir.

Por último, es importante que estés consciente de que no todo lo que pensamos va a entenderlo la gente, ya que mucha de esa información solo es tuya y de nadie más. Trata de convivir con quienes sientas que tus temas tienen afinidad y que juntos tengan conversaciones interesantes. ¡Exprésalo!

El ataúd

Este ejercicio te ayudará a encontrar el valor de las personas y lo importante que es expresarles y comunicarles todo lo que en realidad sientes.

Lo único que voy a pedirte es que te acuestes e imagines que estás en tu ataúd, como si ya hubieras fallecido.

Ahora ve quién es la primera persona que se acerca. ¿Qué te dice? Despídete de ella y dile todo lo que sientes.

Haz que venga otra persona que amas, deja que te diga todas las cosas que quiere decirte, al final tú dile todo lo que sientes, y despídete.

Así, trata de recibir a cada uno de tus seres queridos y despídete de ellos, diles lo importantes que son para ti.

Es probable que este ejercicio te saque lágrimas y no tanto por tu muerte, sino por todo lo que no le has dicho a la gente que amas.

A partir de este momento, no dejes nada sin decir, háblales o escríbeles a todos los seres que viste estando en tu ataúd y diles exactamente lo mismo que les dirías estando ahí.

La vida es para vivirla y no llevarse nada de ella.

Lágrimas de felicidad

¿Por qué lloramos de felicidad? ¿Por qué cuando vemos una historia de amor salen nuestras lágrimas? ¿O cuando se casa alguien que quieres mucho? ¿O cuando nace un bebé? ¿O por qué lloramos en una película con final feliz o triste?

Lloramos porque dentro de nosotros habita algo tan grande que valdría la pena ser visto. Pero también las lágrimas brotan cuando sabemos que no hemos alcanzado ese logro en nuestras vidas, nos duele ver que los demás evolucionan y nosotros seguimos en el mismo lugar.

Ahora es el momento de dejar salir todo ese brillo que existe y logres verte a ti en esa mágica relación o en la película de amor, o en el nacimiento de tu bebé, no lo fuerces, solo acepta que estás listo para vivir esas experiencias.

Inspírate y permítete llorar de felicidad por tus propios logros, por los que has conseguido y por los que estás por conseguir, que sean lágrimas por hechos reales, personales. ¿Cómo hacerlo?

Activa tu aventurero interno, mueve las piezas que se necesitan para obtener lo que quieres, vive de tus experiencias, abraza la vida y entrégate a tus sueños…

Una relación más íntima

¿Cómo tener una relación mucho más íntima con tu pareja? No lo digo desde la perspectiva sexual, sino en general. Estos puntos que voy a dar a continuación son para mejorar las relaciones de pareja, lograr una mejor comunicación y mantener la llama encendida.

- *Aprende a escuchar sin interrumpir:* siempre queremos hablar nosotros primero, y cuando el otro habla, ni le hacemos caso, solo pensamos en lo que vamos a contestar.
- *Habla desde tu sentir:* cuando hablamos desde el corazón, las palabras son más dulces.
- *Sé detallista:* es importante hacerle saber a tu pareja que todo el tiempo piensas en ella, no es necesario regalar grandes cosas, pero regalarle un detalle cuando cumplen algo es muy estimado; los pequeños detalles como recaditos de amor o cartas son lo máximo.
- *No decir yo, sino nosotros:* hablar en plural crea un equipo, *nosotros te invitamos, esta es nuestra casa, nosotros la hicimos, somos uno, nos podemos ayudar.*
- Apoya: siempre que puedas brinda tu apoyo y jamás la juzgues.

Que tu relación no sea lo primero que quieras tirar por la borda, se habla, se discute, hasta se pueden enojar, pero realmente comprométete con tu relación y lucha por ella.

Color amor: rojo y rosa

Hoy es un día excelente para vestirte con estos dos colores, ya que pueden traer amor y atracción a tu vida. Esta combinación genera una energía atractiva, especialmente en el lente óptico de los hombres, activando su testosterona; a nivel inconsciente, esto se asemeja al periodo menstrual de la mujer.

Por otro lado, en cromoterapia se dice que la fuerza del rojo despierta pasión y el rosa produce sensualidad y belleza entre quienes se encuentran alrededor de alguien que viste estos colores, detonándose una auténtica bomba de amor.

Siempre que propongo a mi gente en Twitter que combinen estos dos colores en su indumentaria, recibo comentarios positivos acerca de la inexplicable atracción que ejerce éste, al que he llamado *color amor*.

La idea es que haya armonía entre los dos colores que den sensación de reciprocidad. La blusa tiene que ser rosa y rojo lo que vaya encima, como un suéter, abrigo o chamarra. Esto también funciona para los hombres, aunque en menor potencia, pero siempre provoca actitudes interesantes en las personas que se encuentran cerca.

Vístete del color amor y deja que todos quieran estar contigo.

Ser flexible

Ser flexible no significa ser débil, es una capacidad que decides tenerla o no. Si eres flexible la vida es mucho más llevadera y pierdes menos; por ejemplo: peleaste con tu amigo porque no estuvieron de acuerdo con una idea, en vez de dejarle de hablar por orgullo, sé más flexible y vuelve a hablar con él; busca un término medio.

Aquí te dejo varios consejos para perder la inflexibilidad.

- Una de las cosas que más nos hace ser inflexibles es cuando nos sentimos atados a un idea y el otro no opina lo mismo; no tengas ataduras y menos a ideas y conceptos que mañana podrían cambiar.
- Estar consciente de que puedes equivocarte en lo que estás haciendo o diciendo.
- No te tomes tan en serio la acción ni tu pensamiento, no seas fatalista ni autodestructivo creyendo que sin eso no podrás vivir.
- El universo nos provee de una fluidez natural, siéntela y adóptala en momentos de inflexibilidad.
- Aprende de los demás, recibe consejos, escucha lo que otros tienen que decir.
- Es más fácil decir que eres flexible que en verdad serlo.
- Solo sé espontáneo y escucha estos consejos.

Despídete de viejos patrones

¿Por qué todo el tiempo repetimos patrones que afectan nuestras decisiones? Una de las principales razones es porque esos patrones son como tu casa, el lugar más cómodo que existe, desde ahí estás acostumbrado a repetirlos constantemente.

¿Pero quién dijo que todas las casas estaban iluminadas? Hay espacios lúgubres y oscuros y aun así no nos queremos salir de ahí. Es difícil salir de casa, pero es una decisión que debemos tomar, buscar espacios más amplios que nos ayuden a estar bien orientados.

No tengas miedo de salir de tu espacio conocido; al contrario, emociónate porque conocerás algo nuevo. Identifica ese espacio de patrones repetitivos que te hacen daño, proponte dejarlos atrás y no meterlos a tu nuevo hogar. Por ejemplo, dices:

En las relaciones sentimentales siempre me dejo
y espero a que me truenen porque se me dificulta
hacerlo yo primero.

Este es un patrón de casa vieja, déjalo atrás, deséchalo, no va a existir más.

Otro ejemplo de un viejo patrón: *No tengo una relación porque me van a lastimar y estoy más cómodo sin intentar tenerla.*

Identifica en todos los ámbitos de tu vida tus patrones viejos, así lograrás el cambio y vivirás en un espacio con diferentes estructuras, pero con nuevas oportunidades.

Salir de un accidente

Cada año millones de personas sufren accidentes de todo tipo, si nos vemos envueltos en uno, nos afecta de manera importante en nuestro sistema nervioso creando un *shock*.

El *shock* es un estado de supervivencia ante impactos fuertes con el cual el cuerpo se protege, y tiempo después del accidente tu cuerpo seguirá sufriendo el *shock*. Muchos de los síntomas para identificar este estado son: te sientes desorientado, no duermes bien, tienes depresión, ansiedad, enojo, falta de apetito, dolor físico sin saber por qué, miedo, etc.

Estos síntomas por lo general se presentan hasta terminando el primer mes y son desequilibrios del sistema nervioso. Pero la buena noticia es que existen varios métodos para regular tu sistema nervioso y estar mejor que incluso antes del accidente.

Lo primero que se recomienda es tomar terapia con un psicólogo, también con un quiropráctico o un acupunturista; hacer ejercicios de cardio o de relajación; comer naranjas ayuda a salir del *shock*. Pero ante todo hay que mantener la calma, reconocer la importancia del suceso, platicarlo con las personas que amas, llorar o enojarte si eso sientes.

No compares tu dolor con el de los demás, cada quien tiene su forma y su tiempo para salir adelante, tú date tu tiempo, trata de descansar y verás que después de todo esto estarás muy bien.

Ser curioso

Este mundo no sería el mismo si no existiera gente curiosa, lo podemos ver en los avances tecnológicos, en las relaciones humanas, en el trabajo, en la medicina, etc. Aunque no nos hayan enseñado a ser curiosos, esta vida es para descubrir todo lo que nos ofrece y, con ello, todo lo que puedes ganar.

Si buscas respuestas acerca de tus dudas, probablemente no serán respondidas todas, pero sí un porcentaje que te ayude a hacer nuevas preguntas; por ejemplo, si tienes una cita sentimental o vas a hacer una presentación, las personas quieren hablar más que ser escuchadas; por lo tanto, preparar tus preguntas es la mejor forma de que los demás vean tu interés y esas preguntas te llevarán a otras nuevas, y podrás saber más de aquellos con quienes convives.

El secreto está en preparar tus preguntas; si vas a hablar con tus hijos o con tu familia, primero conoce los cuestionamientos para ir preparado y así puedas obtener mejor información. Pero no solo eso, sé curioso en la vida, conoce, pregunta, aprende, vive aventuras creadas por tu curiosidad.

El único punto que te recomiendo evitar es ser imprudente, hacer preguntas fuera de lugar que puedan herir a la personas. Fuera de eso, el día de hoy sé curioso.

Recupera tu mojo

Conforme crecemos nos vamos haciendo más gorditos, menos ágiles, con arrugas, sentimos un deterioro que nos impulsa a sentir que estamos perdiendo nuestro mojo. Pero, ¿qué es el mojo? En este contexto, mojo es el *sex appeal*, el ser talentoso, seguro de sí mismo, atractivo, magnético. Esta vez voy a darte varios consejos que nunca debes olvidar, ¡hasta el último día de tu vida!

Vive tu vida en etapas no en edades, no vivas cronológicamente, vive con base en tu sentir y tu forma de expresarte, vive en abundancia. Acepta tu edad, no la ocultes, no digas que tienes menos años de los que tienes porque entonces, ¿a dónde se fue todo lo que aprendiste durante esos años? No pasaron de largo, ¿o sí?

Ama tus historias, tus actividades, tus relaciones, tus oportunidades, tus viajes, ama todo lo que te hizo quien eres hoy, no lo escondas; al contrario, las personas con historia son más interesantes que las que la ocultan.

Cambia de escenario porque vivir en el mismo lugar, con el mismo trabajo, con la misma gente, te envejece, todo se hace tedioso; reinvéntate, busca nuevos lugares y nuevas oportunidades.

No te vistas con colores oscuros. Deshazte de la creencia de que si eres mayor tienes que vestirte más serio y en tu clóset abundan los grises, cafés, negros y una que otra camisa azul marino. Usa *jeans*, suéteres de colores, siente la frescura de un nuevo día. Viste joven y alegre.

El trabajo es un juego

Aunque no lo creas, el trabajo puede ser un juego, solo es cuestión de enfoque.

Por lo general, la palabra *trabajo* nos representa esfuerzo, tiempo, cansancio, obligación y crea un ambiente de pesadez, monotonía y agotamiento, pero, ¿qué pasa si transformas el trabajo en un juego?

Por ejemplo, si tienes que entregar un trabajo o hacer una presentación, hazlo como si fuera un juego de mesa con tus amigos o con quienes estés haciendo el trabajo, hagan preguntas lo más difíciles posible acerca de ese trabajo y el que las conteste correctamente avanza dos casillas; también puedes hacer una obra de teatro sobre el tema de tu presentación. En fin, hay que ingeniárselas para hacer ameno el trabajo.

Créeme que llegado el momento de presentar el proyecto será sumamente sencillo, ¿y sabes por qué? Porque cuando juegas eres más agresivo, pones más energía, te esfuerzas más y tienes la ventaja de que jugar es divertido.

¡Siempre piensas que los trabajos divertidos los tiene quien sea menos tú!

Cualquier trabajo puede ser divertido, depende de nosotros y de nuestra creatividad convertirlos en un juego.

Horas felices

Una amiga me contó que una vez, un pajarito de esos que sacan papelitos de la suerte en parques y ferias, le dio el mensaje de que en los momentos más importantes encontraría el orden y la felicidad en su vida.

El mensaje le causó toda una revolución en su cabeza y le motivó tanto que decidió ver lo que la hacía feliz en su día a día. Después de analizarse a fondo, descubrió que nada de lo que hacía durante el día la acercaba a su felicidad, ¿sabes por qué? Porque siempre buscamos hacer las cosas más fáciles, no queremos esforzarnos por hacer cosas nuevas, pues entonces tendríamos que salir de nuestra área de confort y... qué flojera hacerlo.

Si realmente estás dispuesto a hacer de tu vida algo que valga la pena, tienes que trabajar en ello y desechar cosas que no te sirven pero que por comodidad siempre haces. Busca en tu día horas felices y haz con ellas cosas que siempre quisiste hacer. Mi amiga decidió hacerlo y cambió su vida por completo. Ahora hace muchas más cosas que antes como, por ejemplo, aprender un nuevo idioma.

Cien cosas antes de morir

El día de hoy vas a buscar en tu mente 100 cosas que te gustaría hacer antes de morir; puede ser subir a la Torre Eiffel, viajar al Polo Norte, escribir un libro, aventarte en paracaídas, no importa si son cosas extremas o sueños por realizarse, pero cuando uno aclara sus propósitos de vida es más fácil lograrlos. Es como un fondo de ahorro para la vejez, todos queremos y necesitamos uno para no tener que trabajar cuando seamos mayores, pero pocos hacemos algo por tenerlo.

Recuerda, son 100 cosas por hacer antes de morir, piénsalas bien y deja volar tu imaginación. Escríbelas y velas como metas que te has fijado y tienes que cumplirlas. Aquí te dejo unas ideas que puedes incluir en tu lista:

- Subirte a un globo.
- Casarte.
- Tener hijos.
- Conocer algunas partes de cada continente.
- Aprender a tocar un instrumento musical.
- Ir a un concierto.
- Correr en un maratón.
- Pasear montado en un elefante.
- Lanzar fuegos pirotécnicos.

Conforme se vayan realizando, las vas tachando de tu lista.

Mi refugio

Un refugio es un lugar donde nos sentimos acogidos y protegidos; un espacio donde nada nos va a pasar y nadie nos va a hacer daño.

Comúnmente asocias el refugio a tu casa porque durante la niñez tus padres eran tu refugio; te abrazaban si algo te pasaba, si te enfermabas o llorabas. Sus brazos representaban aquel refugio donde nadie podía tocarte.

Mi pregunta para ti es: ¿cuentas hoy con un refugio así? ¿Alguien que te abrace, consienta y acaricie tu cabeza cuando te sientes triste o desesperado?

Si no es así, hoy es el día de encontrarlo, busca ese refugio que se halla en el pecho, donde puedas esconderte de todo y de todos, siente ese calorcito humano y ese aroma a hogar, para cuando te sientas mejor, salgas de tan reconfortante amparo.

Quien te lo brinde puede ser tu pareja, tu amigo, tu hermano o hasta tus padres. Pídeles ese refugio y a cambio tú serás el refugio de ellos.

No se necesita tener un gran problema para buscar refugio, búscalo simplemente para sentir ese amor profundo que te lleva a un estado de paz.

Amor incondicional

Amor incondicional es aquel que el tiempo no desvanece, es el que da quien ama en su totalidad y no pide nada a cambio; es el amor de quien reconoce tus virtudes y tus defectos, y los acepta sin dudar. Es el amor de quien siempre está contigo y cuida de ti, es ese amor esperanzado, fuerte, vulnerable.

El amor incondicional crea vínculos indestructibles e intensos, como el de las mamás, pero todos podemos sembrar ese tipo de amor en nuestros corazones para expandir nuestra capacidad de amar y romper los límites de las emociones. Por eso te aconsejo que sepas promoverlo en ti.

El amor de la tierra hacia ti es inmenso e incondicional y tus vivencias son parte del aprendizaje que te ayudará a seguir por el camino. Siente tus emociones y percibe cómo recorren tu cuerpo experimentando sensaciones. Muchas veces quieres amar y que te amen, pero primero acepta el amor dentro de ti. Vive agradecido, en vez de quejarte, agradece. No importa qué tanto daño te hayan hecho, el objetivo es que perdones y le desees el bien al prójimo.

Escucha con la cabeza pero habla con el corazón; la expresión del corazón siempre te llevará a una verdad.

No te justifiques

Siempre hemos pretendido quedar bien y caerle en gracia a todo el mundo, no nos gusta que vean los errores que cometemos porque pensarán que somos almas débiles, poco preparadas e inmaduras.

Desde la infancia, cuando nos equivocamos, nuestra primera reacción es culpar a otro, y si no hay otro, entonces debe de haber algo más que no tenga que ver con tu persona. Nuestro cuerpo se acalora, se sube el color al rostro, tartamudeamos, mentimos, inventamos, exageramos. Todo eso por una tonta justificación.

¿Sabes lo que te afecta tratar siempre de justificarte? Tu cuerpo entra en estados de ansiedad, de culpa y miedo, que afectan tu sistema nervioso. Pero ponte del otro lado, cuando alguien intenta justificarse sin razón, ¿qué opinas de esa persona? Pues que te cae mal por su torpe actuación, que te hace sentir incómodo verla mentir, perder su valor, notar su pánico, su debilidad.

Por ello debe quedarte claro que no hay razón para justificarte, mejor acepta y di: *Sí, fui yo, la regué.* Y te mantienes en silencio. Ya después verás el modo de resolver las cosas.

Deja de justificarte, todos nos equivocamos, somos humanos. La persona que te quiere no lo necesita y la persona que no te quiere nunca te creerá.

Valora tu tiempo

*Lo que hago es tan importante porque le estoy dando
el tiempo de mi apreciada vida.*

Hacer cualquier cosa requiere tiempo y esfuerzo; hasta conciliar el sueño o mover el control remoto de la tele requieren de ti, pero muchas veces no valoras lo suficiente las cosas que haces. Ignoras que has dado un momento de tu vida que no va a regresar, aunque sea una hora o un instante.

Valora tu tiempo, dale la importancia que se merece, siéntete satisfecho de haber llegado a tu noche con gran ilusión de todo lo logrado, no te arrepientas de nada. Aunque sea el ratito del café en la mañana es un momento que no regresará; por lo tanto, ámalo tan simple como sea el hecho. Por ello, debes estar consciente de cada instante de tu vida.

Un día nunca será idéntico al otro y puede ser que esto no lo estimemos y lo veamos como un día eterno, y así se nos pasa la vida, sin darnos cuenta de que cada instante vale. Aprecia el tiempo que das porque las horas y los días están contados. Haz que tu tiempo valga la pena.

El jardín

Un rey fue a su jardín y descubrió que sus árboles y arbustos morían.

El roble dijo que se moría por no ser tan alto y fuerte como el pino. El pino estaba muy triste porque no podía dar uvas como la vid; y la vid moría porque no podía dar flores tan hermosas como la rosa; a su vez, la rosa no quería vivir porque nunca sería tan fuerte como el roble...

El rey, decepcionado de su jardín, caminó hasta encontrarse con un clavel que florecía con mucha vida y le preguntó:

—¿Cómo es que tú has podido crecer en medio de este jardín moribundo?

El clavel le respondió:

—Quizá porque cuando me plantaste supuse que querías un clavel, ya que si hubieras querido otro roble lo habrías sembrado en mi lugar. Por eso pensé: *seré el clavel más hermoso*. Y aquí estoy, el clavel más hermoso de tu jardín.

Siempre estamos envidiando la vida del otro, del que tiene éxito, la familia que tiene dinero, salud o trabajo, pero existe una verdad absoluta y es que somos lo que somos y nada ni nadie lo va a cambiar, y hasta que no aceptes tu realidad y la ames, no serás feliz.

Completa las frases

Esta es una manera de descubrir tu verdadero sentir acerca de cómo te encuentras en estos momentos; es una forma terapéutica de entrar a tu inconsciente y destapar tus verdaderos sentimientos.

El procedimiento es leer la pregunta y lo primero que llegue a tu mente decirlo, no trates de razonarlo tanto porque entonces pueden entrar ideas que no son reales. Completa la frase.

Siento que mi vida está llena de _____

Si tuviera _____ me sentiría más_____

Me siento frustrado por _____

Quisiera decirle a _____ que siento _____

La felicidad para mí es _____

El dolor que llevo es _____

Si pudiera mejorar mi vida sería _____

Si le agregara un 10 por ciento de motivación a mi vida lograría _____

Ahora, las siguientes preguntas son para cuando hay algo o alguien que te molesta.

- ¿Es real lo que siento?
- ¿Estás completamente seguro de que es real?
- ¿Cómo reaccionas al pensar que es real ese sentimiento?
- ¿Cómo serías si no tuvieras ese sentimiento?

Saber las respuestas de estas preguntas puede ayudarte a mover tus sentimientos a un siguiente paso.

¿Cuál es ese paso?

Escribe tu cuento

¿Alguna vez te has preguntado de dónde nacen los cuentos? De la imaginación. Sí, es cierto, pero requieren de algo más y es la forma y la perspectiva en que ve la vida quien lo escriba.

Los villanos, los buenos, los héroes, las princesas, los personajes en general pueden ser exagerados, pero finalmente son arquetipos que ve en su propia vida quien lo escribió. Como he comentado con anterioridad, todo son proyecciones de nuestro inconsciente. Pero ahora la idea principal del tema no es tanto analizar los cuentos, sino que escribas tu propio cuento. Hazlo en un cuaderno o en tu *scrapbook*.

Puede tener dragones o guerreros, hadas o unicornios. Lo importante es escribirlo y después contesta estas preguntas. Ten tu cuento en la mano y responde.

- ¿Quién es el protagonista?
- ¿Cómo te identificas con este personaje?
- ¿Quién es el villano del cuento?
- ¿Si le pusieras la cara de alguien que conoces, quién sería?
- ¿Si hay otro personaje importante en la historia, quién es?
- ¿Puedes identificarlo con alguien que conoces?
- ¿De qué trata la historia?
- ¿En qué se parece a tu historia real?
- ¿Cómo termina?

Este es un ejercicio psicológico que se hace con niños en terapia para encontrar sus problemas ocultos y descubrir los personajes reales en su vida y qué rol ocupan.

Mayor poder, mayor responsabilidad

Es chistoso que aparezcan frases tan reales hasta en películas como el *Hombre Araña*: *Mayor poder, mayor responsabilidad*; algo muy cierto.

Hay que tener cuidado con lo que pides porque podría hacerse realidad. Desde tu presente ves tus anhelos lejanos y desconoces lo que implicaría encontrarte en determinadas situaciones, como ser rico. Si analizaras lo que esto implicaría, lo pensarías dos veces. A veces somos necios y decimos: *No me importa el costo que tenga, yo lo quiero*, pero finalmente ese costo es mucho más caro de lo que creímos.

Quisiéramos estar en el lugar de alguien que se ganó la lotería, pero si le preguntaras a esa persona suertuda qué extraña de su vida anterior, respondería que extraña todo: su vida sencilla, sentirse libre por la calle sin tener miedo a ser secuestrada, antes se divertía en un modesto picnic, ahora tiene que ir a una costosa cena en París. Pero sobre todo, se siente solo, no sabe quién lo quiere por interés o por quien realmente es.

En un principio, tanta riqueza te apantalla, pero con el tiempo te encuentras preso del dinero y tu alegría se esfuma, tienes que estar haciendo más y más dinero y te olvidas de tu vida, de tu familia, de ti mismo.

Piensa dos veces lo que verdaderamente deseas y cuando lo hagas imagina la responsabilidad que vas a adquirir.

Ayer era mejor

Así como hay personas que les duele mirar al pasado, existen otras que piensan que el pasado era mejor y dicen:

Era más joven, activo y libre. Me aventaba a experimentar cualquier cosa. Las ciudades estaban más limpias y los niños podían salir a la calle. Reía más, valoraba más la vida y los presidentes eran mejores. Y de niño, mejor aún, no tenía que preocuparme de nada, solo de ir a la escuela.

¿Realmente eso es cierto? ¿Has pensado así? ¿Crees que el momento que vives ahora será igualmente recordado después como uno de los mejores?

Cuando algo que apreciamos vive en nuestro recuerdo, le quitamos todo lo feo y guardamos solo lo bonito, pero recuerda que hace unos años llorabas por un trabajo y probablemente ahora no. O sufrías por tener una pareja, que ahora ya tienes. O suspirabas por ser independiente y ahora lo eres. Claro, salías mucho con amigos y ahora ya tienes hijos.

¿No era lo que deseabas, tener hijos?

Los políticos siempre han dado de qué hablar, antes había agua en abundancia, ahora al agua se le valora porque escasea. Sí, éramos más jóvenes pero también con mucho menos experiencia. Los adolescentes en las escuelas padecen estrés, les salen granos, lloran, se enferman por la presión de un examen final, antes era igual.

Ama tu presente como si fuera el pasado mismo y dale todo lo que puedas darle.

Aprende de tu enfermedad

La enfermedad es una forma en que tu cuerpo te pide a gritos que lo escuches. En un curso con varios doctores y enfermeras, el 80% admitió que las enfermedades eran psicosomáticas (acción de la mente sobre el cuerpo o del cuerpo sobre la mente), lo que significa que tus emociones, acciones y situaciones te afectan a nivel físico. Por ejemplo: sudar cuando tienes miedo. Enfermedades como el cáncer son emociones reprimidas desde hace tiempo y no se trabajó en ellas.

El objetivo de este día es descubrir por qué puedes estar enfermo o llegar a estarlo. Con las siguientes preguntas vas a cuestionarte para localizar un posible dolor emocional y depurarlo para no enfermarte o para ayudarte a sanar:

- ¿Qué siente mi cuerpo?
- ¿Escuchas a tu cuerpo?
- ¿Qué te dice?
- ¿Hay alguna emoción escondida en mi cuerpo?
- ¿Puedo sentirla? ¿Dónde se localiza?
- ¿Cómo somatiza mi cuerpo algo malo que me sucedió?
- ¿Cuál es tu dolor físico más recurrente?
- ¿Qué representa esto para ti?
- ¿Qué haces para mejorarlo?
- ¿Aceptas estar enfermo cuando lo estás?
- ¿Opones resistencia al enfermarte, como no tomar las medicinas o no ir al doctor?
- ¿Con qué fin?
- ¿Al responder estas preguntas algo te hizo sentido?
- ¿Qué puedes hacer ahora para recuperar tu bienestar?

Este es un método para localizar tu emoción escondida, concientizarla y hacer las paces con ella para que el malestar desaparezca.

Hechizo de miel y menta

Este hechizo es muy benéfico para crear armonía en la casa, sobre todo si hay problemas o separaciones o para cuando no existe una buena relación entre padre e hijos.

La miel tiene propiedades mágicas que unen a las personas, y la menta suaviza el ardor y el enojo por problemas y situaciones conflictivas. He aquí lo necesario:

• Siete recipientes de barro o madera.
• Medio kilo de miel de abeja virgen.
• Un puñado de menta.

Mezcla la miel y la menta en una cazuela. Ya bien hecha la mezcla, distribúyela en los siete recipientes. Ahora, vas a colocarlos en toda tu casa el primer día del mes, de preferencia en cada cuarto, incluyendo cocina, comedor y sala.

Después de que hayas hecho esto, pide que regrese la armonía a la casa, trayendo el perdón y así tener momentos gratos. Terminando el día, puedes retirarlos y volver a utilizarlos durante los meses siguientes hasta que la armonía haya vuelto.

Si ves que no está funcionando, entonces cuando sea luna llena deja que su luz ilumine la miel para poderla usar el primer día del mes.

Merecemos cosas fáciles

Una cosa es aprender a merecer para tener y otra es saber que ya tienes algo, pero crees no merecerlo.

¿Sabías que uno de los principales motivos de rompimiento en las relaciones es porque alguien siente que no puede merecer tanto amor? Esta persona piensa: *Esto es demasiado bueno, creo que me va a hacer daño.* Y deja a alguien que sí le amaba.

O de pronto tienes todo: salud, amor, dinero, y aun así no eres feliz. Este es un caso muy común y se da porque desde pequeños nos enseñaron a que todo tenemos que ganárnoslo, todo debe requerir esfuerzo, y si no te costó trabajo, entonces no es bueno. Siempre luchamos y luchamos, y a pesar de tener todo, no nos relajamos; es una forma insaciable de buscar lo que nos cueste demasiado.

Por eso, una relación tormentosa puede volverse adictiva porque siempre hemos obtenido las cosas por las malas, y cuando las obtienes por las buenas, no te la crees.

Entiende que las cosas fáciles también son para ti, disfrútalas y no te sientas mal ni culpable por tener lo que tienes, al contrario, recuerda que lo mereces.

La fuente de los deseos

La tarea de hoy es muy simple, es casi como si fuera tu día libre porque lo único que tienes que hacer es tirar una moneda en una fuente.

¿Has visto en alguna película que se cumplan deseos por tirar monedas en una fuente? De pronto hay truenos en el cielo y llueve porque el universo escuchó. Son varias las creencias sobre el origen de esta tradición. Una afirma que proviene de la antigua Roma, de la fuente de Trevi, famosa por cumplir deseos, especialmente en asuntos de amor. Otra cuenta que en Irlanda se sabía que a los seres mágicos les gustaba todo lo que brillara, por ello la gente se adentraba en los bosques y arrojaba monedas en lagos y pozos, y estos seres les cumplían sus deseos.

Existe desde tiempos remotos la creencia de que el agua representa los sentimientos, y las monedas, las posesiones materiales; si unes las dos creas la fuente de los deseos.

Sea cual sea tu creencia, hoy es el día de hacerlo. Pide tu deseo con todo tu corazón y luego lanza la moneda.

¿Por qué?

Un *¿por qué?* contiene mucho más que solo seis letras. El libro de Simon Sinek, *Start with why* (Empezar con qué), nos habla de que las emociones y el comportamiento se originan en el sistema límbico, la parte más vieja del cerebro, situada debajo de la corteza cerebral.

La mejor forma para llegar al origen de tus emociones, que son las que impulsan tus acciones, es comprendiendo una simple interrogativa: *¿por qué?* Esto te ayudará a inspirarte y a crecer, en vez de enfocarte solamente en el *¿qué?* Por eso, siempre que nos encontramos ante un callejón sin salida la primera pregunta que llega a nosotros es *¿por qué?*

Si profundizas en esta pregunta descubrirás el sentido de tus propósitos más íntimos, surgirán tu claridad y tus motivaciones. Si se te complica llegar a ella, entonces empieza con *¿Qué? ¿Cómo? ¿Cuál? ¿Dónde? ¿Cuándo? ¿Para qué? ¿Quién?* Hasta llegar a la gran pregunta: *¿Por qué?*

Aplícala a lo que quieras, incluso para interpretar un sueño, y lo más seguro es que recibas la respuesta, si no es así, espera unos meses y vuelve a hacerte la pregunta, tal vez pasó el tiempo necesario para que te llegue la respuesta. Haz la prueba.

Fuera adicciones

Todos podemos tener algún tipo de adicción: cigarro, café, drogas, alcohol. Éstas son de las que más oímos, por lo mismo hay quien afirma: *Yo no soy adicto a nada.* ¿Pero sabías que hay adicción al deporte, a la comida y a otras cosas que ni sospechas que son adicciones? Entonces, no estés tan seguro de no ser adicto.

También se puede ser adicto al dolor emocional, le ocurre a quien busca relaciones que lo lastimen, aunque diga que no le guste. Hay adicción a sentirse inseguro, a fracasar, a equivocarse, al dolor físico.

Una de las formas más comunes para descubrir si eres adicto a alguna emoción es ver si te sigues quejando de lo mismo que hace un año, porque si es así ya te hiciste adicto a ese sufrimiento. Ahí te va un ejemplo, llega un paciente y me dice: *No tengo dinero y tengo miedo de nunca volver a tenerlo.* Pasa un año y vuelve a decir: *No tengo dinero y tengo miedo...* Pasa un tercer año y repite lo mismo.

Podrás darte cuenta de que en esos tres años al paciente no le pasó nada, no murió por falta de dinero, al contrario, sobrevivió, pero sigue obsesionado y todo el tiempo sufre. Esto es ser adicto a algo irreal, y si logra cambiar su mentalidad, se liberará de su adicción.

Ahora dime, ¿sufres alguna adicción? Para liberarte, un día imagina que tu vida es distinta y que puedes vivir sin eso que te atormenta. Solo un día...

El amigo verdadero

Siempre se ha dicho que los verdaderos amigos se cuentan con los dedos de una mano y lo creo tan cierto.

Nos empeñamos en llenarnos de amigos cuando en realidad solo son conocidos, claro, tenemos conocidos en el trabajo, para ir a enfiestar o para hacer travesuras. Pero los verdaderos amigos son los que están siempre, en los buenos y en los malos ratos. Un buen amigo se convierte en tu hermano en tiempos de angustia, siempre cuida tu espalda, se entrega y ce-de, deja el egoísmo y te apoya, puede que te lastime pero jamás lo hará con dolo. Encontrar amigos así no es tarea fácil, pero no es imposible. El amigo auténtico es un diamante en bruto que con el tiempo se pule y descubres su belleza.

El día de hoy trata de identificar a tus verdaderos amigos, y si tienes aunque sea uno, considérate afortunado y dile que lo amas. Cómo la frase *Te amo* puede ser tan fuerte, ¿no?

Pues es más fuerte el amor de un verdadero amigo, por ello vale la pena decírselo una y mil veces.

Cuídalo y, desde luego, también sé para él un amigo verdadero; no se peleen por cosas absurdas, dense un abrazo y sigan caminando juntos... que ellos, los Amigos (con mayúscula), al paso de los años te harán recordar quién fuiste.

Ley de Atracción y hechizos

Los hechizos se trabajan con el poder de la Ley de Atracción, esto puedo asegurarlo porque he dedicado buena parte de mi vida a estudiar el tema y en el camino me he topado con seres muy valiosos: las brujas. Quiero compartir contigo la enseñanza que he recibido de ellas.

Las brujas afirman que, efectivamente, puedes desarrollar poder para obtener lo que deseas, mas no es tan simple, tiene su ciencia hacer hechizos. Por ejemplo, los conjuros deben rimar, como en el caso de *Abra-Cadabra* y *Hocus-Pocus*. La razón es porque las palabras tienen un ritmo y una armonía indispensables para pedir cosas al universo; si no hay rima en las frases de la oración, se pierde el sentido y la fuerza y el hechizo se destruye.

El objetivo de un hechizo debes desearlo y después olvidarlo porque el deseo se queda atrapado en la mente y no se liberará al universo; solo piénsalo mientras lo deseas, luego lo mandas al universo como si nunca hubiera pasado.

Es necesario ser muy claro en lo que deseas porque si se pide sin estar seguro se echa a perder el hechizo.

No hay que dudar de la autenticidad de tu hechizo, debes estar seguro de que sucederá; si dudas, nada más no se da.

Date cuenta de que estamos hablando de la poderosísima Ley de Atracción; así que los hechizos existen, solo debes saber hacerlos.

Sábila

Otro extraordinario producto de la naturaleza que todos debemos tener en casa es la sábila, cuyas propiedades medicinales y espirituales son asombrosas. He aquí algunas:

Para la piel: su baba aliviana las ronchas o picazón por piquetes de insectos. Es ideal para quemaduras, incluyendo las solares. Elimina manchas en la piel y ayuda a suavizarla. En la India la aplican para evitar la caída del pelo.

Para el ambiente: es un excelente insecticida.

Usos internos: mejora la digestión, cura úlceras bucales, constipación, fiebres, problemas del tracto urinario.

Uso espiritual: para el mal de amores, contra el mal de ojo, las envidias y traiciones, te amarras en cada brazo un listón rojo bañado en sábila. En la entrada de tu casa, trozos de sábila combinados con cáscaras de huevo aleja los malos espíritus; si ésta se pone amarilla o se marchita pronto, es por la cantidad de energías negativas que hay en tu hogar.

Como podrás ver, se emplea para muchas cosas, por ello siempre debes tener una contigo.

Tipos de inteligencia

La Universidad de Harvard realizó un estudio acerca de la inteligencia humana que determinó que existen siete tipos distintos de inteligencia, sin que una sea mejor que otra. A ver si sabes cuál es la tuya.

Inteligencia lingüística: memoria fotográfica respecto a nombres, números, idiomas, fechas. Son grandes lectores y buenos para juegos que tengan letras.

Inteligencia lógica-matemática: sentido del orden, mentes analíticas, aptitudes para asuntos tecnológicos y filosofías complejas.

Mente espacial: habilidad para pensar en imágenes, memoria notable para recordar espacios y lugares, sentido de orientación, construyen y dibujan.

Inteligencia musical: excelente memoria auditiva, la música, los instrumentos y los sonidos son fundamentales en su camino, siempre tararean con el cuerpo o con la boca, oído extraordinario, coleccionan discos.

Inteligencia kinestésica-corporal: sensitivos, creativos, coordinados, deportistas, emplean muchos gestos y ademanes.

Inteligencia interpersonal: sociales, comunicólogos, intuitivos acerca de las emociones de los demás.

Inteligencia intrapersonal: solitarios, psíquicos, individualistas, se cuestionan todo, se rigen por una estructura y no les gusta pedir ayuda.

Trabajo en equipo

Había una vez en un pequeño pueblo una carpintería famosa por sus muebles tan bien hechos. Un día, las herramientas cansadas de escuchar tanto martilleo decidieron quejarse y pedirle al martillo que se fuera.

—Oye, martillo, te la pasas golpeando como si estuvieras de malas, por eso hemos decidido que te vayas.

El martillo, desconcertado y enojado a la vez, dijo:

—Está bien, solo si el tornillo deja de darle tantas vueltas a los asuntos sin concretar nada.

El tornillo sorprendido comentó:

—Por lo menos no soy la lija que es áspera y siempre tiene roces con todos.

La lija brincó y dijo:

—¿Por qué yo?, si quien siempre nos anda midiendo a todos es el metro, como si sus medidas fueran las ideales.

Entre tanto alboroto, el carpintero abrió la puerta y se puso a trabajar utilizando cada una de estas herramientas. Al terminar, creó un mueble maravilloso con el cual el cliente quedó muy satisfecho.

Cuando el carpintero se fue, las herramientas volvieron a juntarse y dijeron:

—Es evidente que tenemos nuestros defectos, pero nuestras cualidades unidas crean maravillas.

Y todas sonrieron.

La moraleja es reconocer que son nuestras virtudes y cualidades, y no nuestros defectos, las que nos hacen valiosos; trabajar en equipo es ver y sacar lo mejor del otro, para que cada uno logre hacer su trabajo exitosamente.

Día del planeta

Aunque debe ser una tarea de todos los días, el día de hoy vamos a hacer algo por nuestro planeta... por lo menos podemos empezar con el primer paso.

¿Qué haces para mejorar el planeta? ¿Cómo crees que podría mejorar el planeta? ¿Qué piensas hacer hoy para mejorarlo?

Por ejemplo: la basura que encuentres en la calle, tírala en un bote. Aprende a separar la basura orgánica de la inorgánica. Infórmate dónde hay acopio de materiales reciclables, como cartón, vidrio, pilas, etc.

Además, hoy haremos la siguiente meditación en favor del planeta:

Donde te encuentres, cierra los ojos y visualiza el planeta, ve los colores azules y blancos de su cielo y nubes, los verdes de la naturaleza, ve los animales y todos los seres que lo habitan. Todos esos seres, junto con los humanos, voltean a verte. Tú vuelas por los aires y empiezas a rociar una lluvia dorada que los riega a todos, incluyendo la tierra y el agua. Todo se empieza a pintar de un color dorado y hace brillar todo con una luz intensa. De pronto, la tierra se limpia, animales y personas sanan, la contaminación se desvanece, las aguas se purifican y sientes una alegría inmensa al ver esta transformación.

Cuando hayas terminado, abre los ojos y continúa tu día.

Aprende a comer

Pocos saben lo que se debe comer para llevar una vida sana. Hoy en día el problema ha aumentado en forma grave por los conservadores y químicos que contienen muchos alimentos. Sobrepeso en los niños, diabetes, cáncer, infartos por el colesterol alto, depresiones, suicidios y muchos otros problemas se han generado.

Hoy quiero proponerte que concientices esto y hagas algo al respecto. Empieza por cuestionarte:

- ¿Qué comes?
- ¿Cuántas veces al día comes?
- ¿Sabes qué contiene lo que comes?

Después de responder estas preguntas, voy a darte estos tips básicos de nutriólogos para que comas de manera saludable:

- *Come cinco veces al día:* debes aprender a comer cinco pequeñas porciones durante el día, esto hace que tu cuerpo sea más inteligente; si por alguna razón dejas de darle alimento, éste almacena nutrientes para tener reservas, y tenderás al sobrepeso.
- *Come a la misma hora:* ponte como disciplina tus horas de comida, es muy importante darle un ritmo a tu alimentación.
- *No te distraigas cuando comas:* ver televisión y otras actividades le quitan el placer a los alimentos.
- Toma agua durante el día.
- Evita la comida chatarra o frituras.
- Evita azucares refinadas como dulces y refrescos. Busca el azúcar natural en las frutas.
- Te recomiendo que vayas a un nutriólogo para que te aconseje cuáles son los alimentos más adecuados para tu cuerpo.

Algo que decir

Una de las entrevistas más interesantes que he visto fue la que le hicieron a Madonna, cuando le preguntaron:

—¿Por qué eres cantante?

Ella contestó:

—Porque tengo algo que decir.

Una respuesta tan simple nos lleva a preguntarnos si todos los seres humanos tenemos algo que decir. ¿Tú tienes algo que decir? Claro que sí: al mundo, a la vida, al universo. Hay veces que ni siquiera sabemos que nuestras vidas pueden enseñarles a los demás.

¿Cómo te repusiste de una pérdida, de un abandono familiar, de un aborto, de una separación después de muchos años juntos?

Todos somos sobrevivientes y tu historia tiene mucha sal y pimienta para seguirla escondiendo. Esta vez analiza todo lo que has vivido y qué podrías aportarles a los que se encuentran en una situación como la que tú tuviste. ¿Cómo podrías ayudarles?

Encuentra en tu historia tus guerras ganadas y describe cómo las ganaste. Es así como vas encontrando sentido a tu vida y, sobre todo, sabrás que siempre hay algo que decir.

Tu cumpleaños

Estudios han probado que desde un mes antes de cumplir años, las personas se sienten tristes, enojadas, volubles. (Si no sabías por qué, ahora ya lo sabes.) El cumpleaños representa un día importante, no debemos huirle; al contrario, hay que recibirlo con los brazos abiertos.

Cuando sea tu cumpleaños, lee esto:

Qué orgullo saber que existes, qué emoción decirte hoy en tu día más importante estas palabras y que las leas porque eres un ser de luz que, con el hecho de existir, el mundo tiene un perfecto equilibrio.

No importa si cumples 10 años o 100, lo importante es cómo los vivas, llénalos de amor, de experiencias, no importa si te equivocas, corrige tu camino más adelante, no te juzgues ni te critiques, no hay un ser con tu cara, con tu historia, con tus sueños y metas, eres único, auténtico y especial para muchos.

Aunque no lo sepas, hay alguien en el mundo a quien le cambiaste la vida, haciéndosela positiva.

Sin darte cuenta, hay personas que darían la vida por ti.

Hay personas que piensan constantemente en el ser que eres y te respetan.

Personas que te ven como un ser inteligente que puede salir adelante, sin importar las espinas de tus caminos.

No escondas tu edad, siéntete orgulloso de ella.

Trata de tocar el cielo, no importa si es de puntitas.

Cree en todo, sonríe y agradece un día más con el sol y la luna de tu lado.

Ama, entrégate pero, sobre todo, sé feliz.

Sopa de pollo

No podía faltar la sopa de pollo en este libro porque todo lo que quise incluir alimenta el alma de una u otra manera y la sopa de pollo lo hace muy bien. Científicos de la Universidad de Nebraska, entre otros muchos estudios nutriológicos, hablan sobre las propiedades de este maravilloso alimento.

La sopa de pollo con cebolla, zanahoria, perejil y apio es medicinal, sirve como antiinflamatorio, combate el catarro y dolencias de los pulmones. Contiene muchas vitaminas y ayuda en la actividad del sistema inmune para proteger el organismo. Hace entrar en calor al cuerpo y brinda sensación de bienestar.

Para preparar una rica sopa de pollo, los ingredientes son:

1 kilo de pollo
2 y medio litros de agua
100 gramos de cebolla
Una zanahoria
Un puerro
Un apio
125 gramos de pasta en fideo para sopa.
Perejil

Primero se limpian todos los ingredientes. En una olla con los dos litros y medio de agua agregamos la cebolla, el pollo y el perejil. Lo dejamos a fuego suave durante dos horas, extrayendo la grasa de vez en cuando. Retiramos el pollo antes de que se deshaga y, cuando enfríe un poco, lo pelamos a mano.

Se tritura la zanahoria, el puerro y el apio y extraemos la cebolla; colamos el caldo de pollo y añadimos las verduras trituradas junto con el pollo desmenuzado y la pasta.

Dejamos cocer por 10 minutos, ponemos sal al gusto y la servimos caliente.

El dilema

En la película *Matrix*, Morfeo le da a escoger a Neo entre la píldora azul que lo mantendrá en la inconsciencia o la roja, que le revelará la realidad; obviamente, Neo elige la roja, con lo cual se desarrolla la trama de la cinta. En la vida nos encontramos ante dilemas similares.

¿Si te dijeran que detrás de esa ventana estás tú dentro de 15 años, te gustaría verte? ¿Y qué sentirías si te asomas y ya no estás? Si un amigo tuyo sabe que tu pareja te engaña, ¿prefieres que te lo diga? Siempre nos hacemos cuestionamientos de este tipo difíciles de responder.

En la Universidad de Texas les preguntaron a estudiantes si preferían ser felices sin cuestionarse por qué o conocer la realidad. El 58% eligió ser feliz, el 42% conocer la realidad. Esto se debe a que el estado emocional es determinante, y si alguien conoce la realidad, tal vez se autodestruya por el impacto.

Algunos ejemplos: tu amigo te informa que tu pareja te es infiel. Te decepcionas, lloras, sin ni siquiera saber las razones dentro de ti cambia todo acerca de la relación. Una persona que se enferma recibe un diagnóstico terrible pero equivocado, lo cree y puede contraer esa enfermedad, aunque no la tenía.

Mi consejo es que primero te cerciores, y si crees que puedes con la verdad, enfréntala; si no es así, a veces es preferible no saber las cosas y enterarse cuando tenga que ser... mientras, vive feliz.

Autohipnosis

La autohipnosis es un método que ayuda a manejar el dolor, eliminar malos hábitos, controlar el estrés y a superar limitaciones personales. Para que funcione este ejercicio necesitas grabarlo con tu voz en un tono suave y escucharte.

Con los ojos abiertos, inhala profundo y exhala; vas a relajar cada parte de tu cuerpo, empezando por los pies, que sientes muy pesados. Aunque tus ojos traten de cerrarse, no dejes que se cierren. Ahora tus piernas, las sientes pesadas. Siguen tu estómago, pecho, hombros y brazos. Sientes mucho sueño, quieres dormir, pero no puedes. Tu cuerpo es muy pesado, tratas de levantarlo, pero es imposible. Te da más y más sueño, tus ojos pesan mucho, pero aún no puedes cerrarlos. Relajas tu cuello y cabeza. Voy a contar hasta tres y caerás en un sueño profundo:

1... te sigues relajando. 2... todavía no cierres los ojos.
3... cierra los ojos y estás completamente dormido.

Ahora identifica un espacio dentro de ti, el lugar más cálido y pacífico que tengas; estando ahí, te sientes más fuerte, más vivo y más determinante para sanar cualquier problema que te aqueje.

No tienes miedo; al contrario, eres valiente; acabas de encontrar a tu alma, abrázala, porque juntos lograrán cualquier cosa que se propongan.

Es momento de regresar; inhala profundo, siente bienestar en todo tu cuerpo, exhala, y mueve músculo por músculo... cuando gustes, abre los ojos.

La nada

Te has preguntado si existe o existió la nada. Si tenemos en claro que la nada es la inexistencia del todo, entonces sería difícil que se reproduzca, ¿cierto? Veamos...

Tienes un cuarto blanco donde no hay nada, ni siquiera aire, está completamente vacío. ¿Qué podrías hacer para que haya algo? No puedes introducir algo porque no puedes entrar a esa nada; no puedes esperar a que el tiempo haga algo, porque el tiempo es relativo. Si cocinas un pastel en el horno por 30 minutos, no es el tiempo el que lo cocina sino el calor, ¿estamos de acuerdo? Esa mezcla que dejamos por 30 minutos en el exterior no va a cocinarlo, ¿cierto?

Tampoco el tamaño afectaría a la nada porque si no hay nada, es igual de improbable que se cree un elefante o una oruga en tu cuarto blanco; la nada no los puede crear. Pero si metemos algo que sobreviva y genere algo más, entonces sería algo especial y no la nada, ¿verdad? Porque para que se genere algo se necesita un motivo. Si no, ¿cuál sería el caso de que algo creara algo más?

En conclusión, puede ser que la nada nunca existió, y el algo es eterno como un probable.

Por lo tanto, tú existes por un motivo, al igual que la existencia de todas tus experiencias; no hay nada que no tenga una razón de ser, siempre habrá un todo. Que tú existas tiene una razón de ser.

Elige 10 hábitos

A través del libro he tratado de fomentarte una serie de hábitos positivos y cosas por hacer, estamos llegando al final y tal vez ya has adoptado varios de ellos, pero debes comprometerte a adquirir 10 nuevos para el próximo año. No importa cuáles sean: prepararte licuados saludables, agradecer por las noches, escribir un diario, bailar para sacar tu enojo, tomar fotos, etc. La idea es que los sientas parte de ti, que sepas que son los que requieres precisamente en estos momentos de tu vida, aunque también es conveniente pensar a mediano y largo plazos.

Ahora, no es la cantidad de hábitos ni el tiempo que les dediques lo que vale la pena, sino la calidad de cómo los hagas. Dales su tiempo, su reconocimiento y deja que fluya cada uno de ellos. Proponte hacerlos en momentos del día que no te ocupen mucho tiempo.

Una persona hace lo que puede cuando quiere,
y también cuando quiere puede.

Descubre cuáles son los 10 hábitos que adoptarás, los que más necesites, los que te aporten mayores beneficios y te ayuden a transformar tu perspectiva de vida.

Celebra

Uno debe de aplaudirse cuando obtiene un logro o celebrar sus éxitos para darles el valor que se merecen. En este caso, estás a punto de acabar el libro, por lo tanto puedes organizar una fiesta.

Cuando un escritor termina un libro, por lo general hace una presentación para hablarles a los lectores acerca del contenido de su obra; ocurre lo mismo con un cantante que concluye un disco, un pintor un cuadro, los actores una obra de teatro; siempre se celebra con las personas que más quieres.

Hay que celebrar, y si no hay un motivo, no importa, siempre habrá algo de lo que podamos sentirnos orgullosos. ¿Acaso has visto triste a un ave o a un árbol enojarse?, todos celebran por el simple hecho de ser lo que son; no es necesario lograr algo para hacer una fiesta, con que tú quieras celebrar es suficiente.

A lo mejor hoy hiciste tus ejercicios del libro, puede ser que mañana compres un coche o te gradúes, o simplemente comprendiste que la vida es una fiesta a la que hoy fuiste invitado.

Hay infinidad de razones para la fiesta, la más importante: ¡celebrar la vida! Experimentar el estado de sentirte vivo, de saber que en ti existe la capacidad de construir, de viajar, de conocer, pero sobre todo de empezar de nuevo.

El peso corporal

El peso es un problema grave en las nuevas generaciones, ya que la moda es estar delgado, pero queremos obtener los beneficios de la sociedad que así lo determina, como tener una pareja o sentirnos adaptados. No se trata de ser anoréxico, sino de llevar una vida sana.

Pregúntate: ¿comes por hambre o nada más porque se te antoja? Porque hay quienes intentan escapar de su soledad o tristeza comiendo sin control; otros comen por guardar sus sentimientos ante los demás. En la mayoría de los casos el sobrepeso depende de cómo se siente la persona.

Si padeces sobrepeso, te recomiendo ir al doctor para descartar la posibilidad de que se deba a una reacción química en tu cuerpo, como hipotiroidismo o por algún medicamento.

Respondiendo a estas preguntas, descubrirás la raíz de tu problema, y la próxima vez que sientas ganas de comer, piénsalo, tal vez lo evites.

- ¿Cuál es la razón por la que quieres comer algo en este momento?
- ¿Cómo te encuentras emocionalmente ahora en tu vida?
- ¿Ese estado emocional a qué otra emoción te lleva?
- Por ejemplo, si estás triste, ¿a qué otra emoción te lleva la tristeza?
- *Me siento solo*, ¿qué piensas de sentirte solo?
- *Quiero una pareja.* ¿Comer te va a tapar el hueco de la pareja? Si te lo tapa, ¿qué puedes hacer? No taparlo, ¿cierto?

Date cuenta de que esa actitud te aleja más de lo que deseas, pero temes confrontarla y comer no lo resuelve.

Color turquesa

El turquesa es generoso, comunicativo, creativo, independiente, expresivo, cambiante, magnético, altruista, travieso, nervioso.

Además de ser un color que se le ve bien a la mayoría de la gente porque ilumina el rostro, vestirnos con turquesa también ofrece seguridad, confianza, llena de energía y espontaneidad, y ayuda a que fluyan los proyectos que tengamos atorados. El turquesa tiene una frecuencia vibratoria muy intensa, sobre todo cuando se trata de la piedra preciosa tan empleada en joyería.

Pero aguas si es el único color que usas porque, como en todos los colores, su exceso en este caso tiene un precio doloroso, ya que puede llegar a hacerte sentir frustrado debido a que las cosas no salen como esperas y eso te obsesiona demasiado. Quienes utilizan mucho turquesa por lo general son adictivos hacia cualquier cosa. Por ello, todo con medida.

No hay alimentos de color turquesa, pero el agua que tomamos se considera afín a este color, y el agua trae innumerables beneficios, como restablecer tu energía interna y externa.

Regala un beneficio

Lo que te dice un libro puede darte mucho si estás dispuesto a escucharlo y ponerlo en práctica. Pero también un libro puede inculcarte el hábito de la lectura y ampliar tu capacidad intelectual. Este libro contiene consejos para leerse en cualquier etapa de tu vida, siempre te enseñará algo de provecho en momentos difíciles, de separación, pérdidas, duelos, miedos, preocupaciones, estrés, soledad, incertidumbre, claridad, amor, deseo, sueños, crecimiento espiritual, ayuda laboral y un largo etcétera.

Por lo tanto, convierte este libro en tu aliado para toda la vida, y si quieres que a alguien más le ayude, regálaselo, te lo agradecerá. Pero no necesitas regalar este libro, la idea es regalar un beneficio a alguien, puede ser algo que a ti te haya ayudado mucho en su momento, un curso, un disco, flores, lo que tú quieras.

A través de mis consultas y terapias me he dado cuenta de que siempre queremos ayudar a nuestros seres queridos con lo mismo que nos ayudó a nosotros.

Desarrolla tu instinto

No hay nada que el entrenamiento no pueda conseguir.
Nada está fuera de su alcance. Puede transformar la mala
moral en buena, destruir los malos principios y recrear
otros buenos; puede elevar a los hombres al rango de ángeles.

—Mark Twain

Tal y como lo dicen estas palabras, tenemos el poder de conseguir lo que queramos, solo requiere de tu tiempo, dedicación, entrenamiento y práctica para lograrlo.

Solemos ser pesimistas y pensamos que muchas cosas están fuera de nuestro alcance. Ese ha sido el problema principal de la mente humana. Y cuando logramos algo que nos parecía imposible, casi ni lo creemos ni sabemos cómo fue.

Pero había algo dentro de ti que sabía que podías hacerlo; eso se llama instinto. Déjate llevar por ese instinto, y cuando identifiques bien tu instinto, verás que el mundo está en tus manos, solo necesitas estar seguro de que lo quieres hacer.

¿Cómo es que alguien valiente puede contra cualquier desafío? Porque sabe que en él habita lo necesario para triunfar.

Reflexiona sobre esta frase y aplícala a tu vida.

Anima a alguien

Este libro trata sobre todo lo que puedes llegar a ser y lograr, te da ánimos verdaderos para realizar tus sueños. Ahora que llegaste al final, comprende que una cosa es apoyar a los demás en lo económico y emocional y otra es animarlos.

Seguro hay alguien cercano a ti que necesita ese ánimo tuyo. Pero no nada más le digas: *¡Tú puedes! ¡Échale ganas!* Creo que son las palabras menos indicadas, ya que su respuesta será: *¡Pues eso hago!* Se trata de interesarte en su vida y en su historia; conviértete en todo oídos y escúchalo. Pregúntale:

- ¿Cómo se siente?
- ¿Cuál es la razón de su malestar?
- Si puedes hacer algo para ayudarle.
- Si puede hacer algo extra para ayudarse.
- ¿Qué opciones tiene?
- ¿Cuál es la decisión más coherente y accesible?

Abrázalo, dale cariño, si es necesario dale refugio. Si tú has estado en su situación, sabrás cómo necesita de tu ayuda.

El objetivo de este libro no es solo ayudarte a ti, sino que ayudes a alguien más con estos y otros consejos que hayas descubierto. Dale luz a su camino… ¡anímalo!

Tu discurso casero

Hombre precavido vale por dos, ¿cierto?

De pronto, te encuentras en un evento, Año Nuevo, Navidad, boda, cumpleaños, comida familiar o de negocios, y se te pide que digas unas palabras. Es tu prueba de fuego, aprovéchala porque ayuda a desinhibirte y te da un lugar especial en el entorno.

Para no improvisar demasiado, te conviene tener siempre a la mano una serie de frases hechas que bien puedan convertirse en discurso; te doy varios tips:

- Ser breve: si te extiendes más de cinco minutos, la gente se cansa y no te pone atención.
- Tener sentido: habla desde tu perspectiva, ya sea emocionante o de dolor (si es un funeral); emplea palabras como: *siento, deseo, amor, agradecimiento, cariño, respeto, paz, armonía, sueños, metas, fuerza, unión, paciencia, templanza, luz, camino, crecimiento, verdad.*
- No hacer chistes: solo con la entereza de tus palabras puedes cautivar a tu público, a menos que te caracterices por ser chistoso.
- Hablar con claridad y volumen: si barres las palabras la gente no te entiende.
- Incluye los nombres de las personas para hacerlas sentir parte de tu discurso.
- Acentúa y ponles intención a las palabras.
- Si lloras, ríes o te equivocas, es parte de tu naturalidad, dale esa frescura a tu mensaje.
- Último consejo: ten siempre un discurso a la mano, quién sabe cuándo se necesite.

Amor de pareja

Todo el tiempo esperamos a que llegue nuestra pareja ideal y ya que llega nos va de la patada porque nos han dicho que debemos entregarnos por completo, porque así es el amor, pero eso no es cierto. Ofreces tu amor de pareja, pero nunca tu amor propio ni ningún otro tipo de amor. Por ejemplo:

Imagina que tienes cinco frascos llenos de un líquido rojo y hay uno el doble de grande que se encuentra en el centro. Un frasco tiene el amor de pareja, otro el amor de familia, otro el amor de la amistad, otro el amor al trabajo, otro el amor a tu cuerpo y tu salud y el más grande es el amor a ti.

Cuando te enamoras de alguien y decides amarle, debes dar todo el amor que tienes en el frasco del amor de pareja, solo ese. Porque, ¿qué pasa cuando damos de más? Empezamos a vaciar los frascos del amor al trabajo, el de la familia y así vamos dando todo nuestro capital de amor y, de pronto, perdemos el trabajo porque ya no tenemos energía, nos alejamos de la familia, de los amigos, hasta que llega un momento en que entregamos nuestro propio amor personal, quedamos totalmente vacíos y perdemos el sentido de vivir.

Nunca permitas que eso pase, ama con todo el amor de pareja, pero jamás con otro amor.

Examen final

Este es un cuestionario simple que solo debe hacerse cuando hayas hecho varios ejercicios de los que aquí te he presentado y que hayan producido un cambio en ti. Es para que sepas cuál es tu verdadero estado emocional.

Cuestionario:

¿Me siento bien con mi vida?
a) Siempre
b) Usualmente
c) Normal
d) Nunca

¿Me siento bien conmigo mismo?
a) Siempre
b) Usualmente
c) Normal
d) Nunca

¿Me gusta cómo me veo?
a) Siempre
b) Usualmente
c) Normal
d) Nunca

¿Tengo buena relación con mi familia?
a) Siempre
b) Usualmente
c) Normal
d) Nunca

¿Tengo amigos que me apoyan?
a) Siempre
b) Usualmente
c) Normal
d) Nunca

¿Tengo buena salud?
a) Siempre
b) Usualmente
c) Normal
d) Nunca

¿Me siento fuerte?
a) Siempre
b) Usualmente
c) Normal
d) Nunca

¿Disfruto mi trabajo?
a) Siempre
b) Usualmente
c) Normal
d) Nunca

¿No me preocupa el futuro?
a) Siempre
b) Usualmente
c) Normal
d) Nunca

¿Me considero una persona feliz?
a) Siempre
b) Usualmente
c) Normal
d) Nunca

Si tu mayor puntuación fue **a** significa que estás equilibrado y funcionando satisfactoriamente, ves la vida muy positiva y te sientes bien contigo mismo.

Si tu mayor puntuación fue **b** estás bajo cierto estrés, y aunque con el tiempo has aprendido a manejarlo, hay veces que quieres salir corriendo, pero nunca te dejarás caer.

Si tu mayor puntuación fue **c** padeces un estrés importante que muchas veces no sabes cómo manejarlo, eres muy desesperado y esperas que las cosas se resuelvan rápidamente; necesitas no pelearte tanto contigo y ser más accesible a los cambios.

Si tu mayor puntuación fue **d** necesitas pedir ayuda a tu gente más cercana, en quien confíes; pueden ser amigos o familiares; es importante buscar ayuda profesional para mejorar tu estado de ánimo y saber que sí puedes.

El consejo que cambió tu vida

Además de todos estos consejos, la clave para completar el libro es que en el siguiente espacio escribas tu propio consejo que haya cambiado tu vida, aquellas palabras o frases que te hicieron moverte de donde estabas. No puedes utilizar ninguno de los consejos que aparecen aquí. Este consejo tuyo es tu aportación de algo nuevo al libro.

Cuando a mí me hacen la misma pregunta, aunque tengo muchos consejos, siempre contesto éste en especial:

Todo pasa, lo bueno y lo malo, y también algo que es muy cierto es que el dolor no es para siempre.

Si debes llorar, llora, si debes enojarte, hazlo, suficientes son las críticas que llevamos para que no nos permitamos ser libres con nosotros mismos.

Alcanza el cielo aunque sea de puntitas y con tus brazos estirados… sabrás que por lo menos todos los días intentas tocarlo.

Tu consejo:

_____

_____

_____

_____

_____

_____

Acerca del autor

Héctor *Apio* Quijano ha sido cantante, terapeuta, maestro, alumno y paciente. Fue parte del grupo Kabah por trece años y medio.

En el Instituto del Más Allá Alaya de Guillermo Altamirano, pionero de la dermopercepción, así como en Hispamap, desarrolló sus capacidades psíquicas: clarividencia, dermo-óptica, sanación, telepatía, hipnosis. Se enfocó en la medicina alternativa, estudiando flores de Bach, fisionomía, anatomía, nutrición, iridología, programación neurolingüística, homeopatía, auriculoterapia y herbolaria en la Universidad Holística de México. También estudió colorología, cámara Kirlian, numerología, lectura del rostro, aura y adivinación, meditación, niños de la nueva era.

Adquirió conocimientos de Remote Viewing con Ed Dames, y se certificó como canalizador de ángeles con Doreen Virtue, Aura-Soma con Edith Soto, pluma de luz con Shanto Dorsey, reiki con Jorge Edenberg y sanador de la estrella de la encarnación con Mike Booth.

Actualmente es terapeuta de Aura-Soma, sanador áurico, maestro de psiquismo, visión remota, numerología, adivinación, aura, lectura del rostro y colorología. También imparte un curso de sanación llamado Abriendo caminos.

Sus libros *Mirada mágica* y *Despierto en mí* continúan siendo éxitos de librerías.

365 tips para cambiar tu vida se convierte en su tercera publicación; un libro de prácticos consejos para cada día del año.

Twitter: @apioquijano
Mail: apioteam@gmail.com
Facebook: Mirada Magica
Web: hectorapioquijano.com

Índice